现代交通安全技术丛书

共享汽车概论

李　旭　王建春　周　勇
任传祥　管德永　王胜利　编著

内 容 简 介

共享汽车代表了一种新的汽车使用模式，其研究内容可按共享汽车运营的关键技术分为信息平台、监控平台和保险维护三大部分。本书除了介绍汽车发展史、汽车基本结构、现有交通模式外，重点介绍了介于私家车交通和公共交通之间的汽车共享模式的运营特征、关键技术及配套保障，还给出共享开取教练车项目作为具体实施共享汽车的案例，同时结合无人驾驶汽车、电动汽车对未来的汽车发展作出预测。

本书可作为高等学校车辆工程专业、交通运输专业的教学用书，也可供相关工程技术人员参考使用。

图书在版编目(CIP)数据

共享汽车概论/李旭等编著. —北京：北京大学出版社，2017.6
（现代交通安全技术丛书）
ISBN 978-7-301-28491-9

Ⅰ.①共… Ⅱ.①李… Ⅲ.①汽车—商业模式—研究 Ⅳ.①F570.71

中国版本图书馆 CIP 数据核字（2017）第 162161 号

书　　　名	共享汽车概论 Gongxiang Qiche Gailun
著作责任者	李　旭　王建春　周　勇　任传祥　管德永　王胜利　编著
策 划 编 辑	童君鑫
责 任 编 辑	黄红珍
标 准 书 号	ISBN 978-7-301-28491-9
出 版 发 行	北京大学出版社
地　　　址	北京市海淀区成府路 205 号　100871
网　　　址	http://www.pup.cn　新浪微博：@北京大学出版社
电 子 信 箱	pup_6@163.com
电　　　话	邮购部 62752015　发行部 62750672　编辑部 62750667
印 刷 者	北京鑫海金澳胶印有限公司
经 销 者	新华书店
	720 毫米×1020 毫米　16 开本　16.5 印张　387 千字
经 销 者	2017 年 6 月第 1 版　2017 年 6 月第 1 次印刷
定　　　价	42.00 元

未经许可，不得以任何方式复制或抄袭本书之部分或全部内容。
版权所有，侵权必究
举报电话：010-62752024　电子信箱：fd@pup.pku.edu.cn
图书如有印装质量问题，请与出版部联系，电话：010-62756370

前　　言

汽车自产生以来，为人类提供了诸多便利。汽车行业作为支柱型的龙头产业，带动了众多上下游企业的发展，对促进各国就业、扩大内需、促进国民经济发展起到了非常关键的作用，极大地推动了人类社会的进步。然而，汽车产业的发展不是孤立的，而是一个综合的社会化问题。随着汽车保有量的逐年增加，能源危机、环境污染、交通拥堵及交通事故等社会问题日益凸显。

有人曾做出预测，如果所有国家的人均拥有轿车量与美国一样多，世界已知的石油资源将在 10 年内耗尽。汽车尾气排放已然成为很多城市大气环境的主要污染源。我国约 1/5 的城市大气污染严重，113 个重点城市中 1/3 以上空气质量达不到国家二级标准；交通日益拥堵，北京、上海、广州等大城市在上下班高峰时城区道路交通经常瘫痪，部分车道每小时饱和度高达 95%，全天饱和度超过 70%，车速也下降到 10km/h 左右，与自行车速度相当；同时我国每年因交通事故死亡的人数超过 10 万人，占全球交通事故死亡人数的 1/5，居世界各国之首。不可否认，汽车给人们带来了极大的便利，但由其引发的负面问题同样不可忽视。

一方面是汽车保有量的不断增长造成能源短缺、环境污染、交通拥堵问题的不断加剧，另一方面却是现实中私家车的利用率非常低，一个普通的上班族每天驾驶私家车的时间不超过 3h，一天中汽车的空闲率甚至达到 92%。在这种大环境下，"汽车共享"这种新形式的汽车文明应运而生。

共享汽车，即 car-sharing，意指多人合用一辆车，也就是开车人对车辆只有使用权，而没有所有权，类似于租车行业的短时间包车模式。共享汽车的关键技术在于将汽车电子技术和网络技术进行了完美融合，而物联网和互联网技术的快速发展则是其高效运行的基础。随着汽车电子技术的不断发展，共享汽车的核心技术也将与时俱进，不断发展。

共享汽车突出的是"共""开""分"概念，强调共同享有、开放存取、信息独立、分别负责。与传统的私家车模式相比，共享汽车在保证灵活、自由的基础上，融入了公共汽车大量、快速交通的特点及资源共享、闲置资源充分利用的性质。作为一种优于传统租车的更加先进、便捷的汽车服务方式，共享汽车对于有效降低汽车保有量、提高汽车使用效率、缓解交通及环境问题具有至关重要的意义。甚至可以说，共享汽车是解决城市拥堵的根本出路。

本书的特色如下：

(1) 给出一种全新的汽车使用模式，启发人们对当前汽车产业重新进行思考。由现有分时租赁系统出发论述了汽车共享模式的可能，同时详细论述了共享汽车实现用户身份认证、信息匹配，共管共监功能的技术架构，并从信息安全、保险及维护等方面提出配套保障措施，论述了一套完整的共享汽车运营模式。

(2) 提出一种共享开取驾驶模式，并介绍了共享开取教练车概念，使汽车共享模式落地生根。目前该项目已处于实施运营阶段。

(3) 将共享汽车模式与传统的汽车使用模式——私家车、公共汽车模式进行对比，突出其"共享""开取""分责"的特点，表明共享汽车是对现有交通模式的补充和提升，是时代发展的必然潮流。

(4) 内容与时俱进。书中介绍了 2015 年全新宝马 7 系汽车的增强型辅助驾驶功能，在保险及维护章节参考了 2016 年颁发的《关于深化改革推进出租车汽车行业健康发展的指导意见》和《网络预约出租车经营服务管理暂行办法》，具有很好的参考意义。

本书由李旭、王建春、周勇、任传祥、管德永和王胜利编著。

在本书的编写过程中，我们得到了"山东科技大学人才引进科研启动基金项目"资助，并查阅了大量的文献资料，在此表示衷心的感谢。

由于编者水平有限，疏漏之处在所难免，恳请读者批评指正。

编　者

2017 年 4 月

目　　录

第1章　引言 1
  1.1　汽车的发展史 1
    1.1.1　古代文明时期 2
    1.1.2　近代文明时期 4
    1.1.3　现代汽车的发展 7
  1.2　共享汽车时代 8
    1.2.1　当前汽车社会现状 8
    1.2.2　共享汽车的概念及
          特点 12
    1.2.3　共享汽车技术支撑 15
    1.2.4　共享汽车理论及
          研究综述 16
    1.2.5　共享汽车与共享交通 19

第2章　私家车 21
  2.1　汽车的分类 21
    2.1.1　内燃机汽车的分类 21
    2.1.2　新能源汽车的分类 23
    2.1.3　其他分类方式 27
  2.2　内燃机汽车主要构造 27
    2.2.1　发动机 28
    2.2.2　底盘 32
    2.2.3　汽车车身 56
    2.2.4　电气装置与电子
          控制系统 62
  2.3　电动汽车构造 73
    2.3.1　电动汽车用动力电池 73
    2.3.2　电动汽车用电动机 80
    2.3.3　电控系统 84
  2.4　私家车与共享汽车 86
    2.4.1　私家车出现的原因 86
    2.4.2　私家车运行的特点 89

第3章　公共汽车 90
  3.1　公共交通概述 90
    3.1.1　公共交通的分类 90
    3.1.2　公共交通的运营方式 92
    3.1.3　公共交通的应用特征 92
  3.2　内燃机公交的主要构造 94
  3.3　新能源公交车的分类与构造 ... 99
    3.3.1　新能源公交车的分类 99
    3.3.2　纯电动公交车的构造 ... 101
  3.4　电动汽车的充电设备和
      充电方式 108
    3.4.1　电动汽车的充电设备 ... 108
    3.4.2　电动汽车的充电方式 ... 110
  3.5　公共交通与共享汽车的关系 ... 113

第4章　共享开取汽车 114
  4.1　现有分时租赁系统 114
    4.1.1　滴滴出行系统 114
    4.1.2　自行车共享系统 119
  4.2　共享汽车关键技术 124
    4.2.1　汽车电子技术 124
    4.2.2　网络融合技术 130

第5章　共享汽车信息平台系统 135
  5.1　汽车内部信息平台的
      电子电气组成 135
    5.1.1　车载信息系统 135
    5.1.2　车载信息系统电子
          组成 137

5.2 汽车用户认证、匹配的实现 147
　　5.2.1 身份认证 147
　　5.2.2 共享汽车如何实现
　　　　用户认证、匹配 148
5.3 汽车共管、共监的实现 152
5.4 现有共享汽车案例 154
　　5.4.1 EVCARD 154
　　5.4.2 Car2Share 156
　　5.4.3 宝驾租车 158

第6章 共享汽车监控系统 161

6.1 搜集信息中心 162
　　6.1.1 车载终端系统平台 162
　　6.1.2 互联网技术 163
6.2 对接交警信息系统平台 164
　　6.2.1 视频交通检测系统 164
　　6.2.2 车路通信系统 165
6.3 对接维修、维护信息
　　系统平台 166
　　6.3.1 电子诊断技术 167
　　6.3.2 电子仪表诊断技术 167
　　6.3.3 计算机管理系统 168
　　6.3.4 远程监控系统 169
　　6.3.5 紧急救援系统 169
　　6.3.6 安全运行维护方式 169
6.4 对接保险信息系统平台 170
　　6.4.1 信息安全 170
　　6.4.2 出行安全 171
　　6.4.3 意外保险安全 172

第7章 共享汽车保险及维护 173

7.1 共享汽车保险 174
　　7.1.1 中国现有车辆保险
　　　　概况 174
　　7.1.2 现有私家车及
　　　　出租车保险 176

　　7.1.3 网约车的保险 178
　　7.1.4 共享汽车的保险
　　　　现状及预测建议 180
7.2 汽车保养维护 182
　　7.2.1 共享汽车保养维护的
　　　　必要性 183
　　7.2.2 共享汽车的周期维护 183
　　7.2.3 车辆的日常维护 184
　　7.2.4 车辆的二级维护 186

第8章 共享开取驾驶模式 188

8.1 共享开取驾驶案例概述 188
　　8.1.1 运营计划 189
　　8.1.2 社会价值 189
　　8.1.3 应用前景 189
　　8.1.4 发展规划 190
　　8.1.5 竞争壁垒 190
8.2 共享开取驾驶模式概述 191
　　8.2.1 技术支撑 192
　　8.2.2 项目配套情况 197
8.3 共享开取教练车 199
　　8.3.1 仿真驾驶模拟器 199
　　8.3.2 驾校模拟器数据采集 202

第9章 自动驾驶与共享汽车 207

9.1 自动驾驶 207
　　9.1.1 自动驾驶概述 207
　　9.1.2 自动驾驶的阶段划分及
　　　　类型 218
9.2 智能互联网技术 221
　　9.2.1 大数据 221
　　9.2.2 云计算 227
　　9.2.3 车联网 232
9.3 自动驾驶与共享汽车的
　　发展前景 245

参考文献 248

第 1 章 引 言

自 19 世纪 80 年代以来，汽车凭借其数量多、普及广、活动范围大、运输量多的特征，极大地影响着人们的出行方式，在人类文明的历史上留下了浓墨重彩的一笔。随着人们生活水平的提高，汽车已从奢侈品逐渐演变为生活的必需品，成为现代人出行不可缺少的交通工具。然而，这份依赖的背后也伴随着能源危机、环境污染等一列的问题，如何解决这些问题？如何引导汽车产业和人类社会和谐发展？汽车共享，这种新型的汽车使用模式或许能给我们很好的启发。

1.1 汽车的发展史

何谓汽车？在普通人眼中，汽车或许就是一种消耗燃油、用发动机提供动力的有轮子的机械。对于这种在生活中随处可见的工具，我们可能只有一个模糊的认识，并不了解其真正含义。国家标准 GB/T 3730.1—2001《汽车和挂车类型的术语和定义》将汽车定义为由动力驱动，具有四个或四个以上车轮的非轨道承载车辆，它主要用于载运人员和/或货物、牵引载运人员和/或货物的车辆及特殊用途，此外还包括与电力线相连的车辆(如无轨电车)和整车整备质量超过 400kg 的三轮车辆。汽车这种代步工具的出现，无疑在人类文明的历史上带来了翻天覆地的变化。

1.1.1 古代文明时期

我国是最早开始发明和使用车的国家。古代神话中,便有黄帝造车的说法。《考工记》云"察车自轮始",轮子的出现和使用是车辆产生和发展的先决条件。原始社会时期,人们将圆木垫在木橇之下,借其滚动而移动木橇,这种圆木与木橇的结合可以说是车的雏形。后来为了不受圆木直径大小的影响,改用木板拼接的轮子,并且逐渐出现轮辐。西周时期,马车已经十分盛行。到了春秋战国时期,由于各国之间频繁的战争,马车被纳入战争行列,战车兵成为各国军队的主力,拥有战车数量的多寡,成为衡量一个国家强弱的标志,当时常有"千乘之国""万乘之君"的说法。图 1.1 所示为秦始皇陵兵马俑出土的青铜马车。

图 1.1　秦始皇陵兵马俑出土的青铜马车

西汉末东汉初,出现了一种手推的独轮车,后期又被称为"鹿车"(图 1.2)。相传三国时蜀相诸葛亮发明了"木牛流马"(图 1.3),用来运输粮草。"木牛流马"由汉代的鹿车改制而成。"木牛"即指辘车,不用牛马也能行车,好像一只不吃草的牛;"流马"意即转动灵活,运行轻快,如同能流转疾奔的马。值得一提的是,独轮车(图 1.4)也是我国古代交通史上的一项重大发明,它以自身经济而实用的长处,历经两千余年而未绝迹,至今在我国的一些山区或边远乡村，各式各样的独轮车仍在使用，尽管形态已有所变化，但可以说都源于汉代的鹿车。

(a) 武氏祠画像石　　(b) 思创成都画像砖

(c) 四川彭县画像砖　　(d) 四川渠县蒲家湾石阙浮雕

图 1.2　汉代的鹿车

图 1.3　诸葛亮发明的"木牛流马"

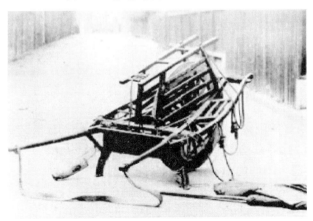

图 1.4　独轮车——民间运输工具

这一时期，人类工作劳动几乎完全由人力来完成，在未使用牛、马等畜力之前使用的多是"人体"这台发动机，奴隶就是一种"生物发动机"。古代官宦所乘舆车、步辇，都是由人力完成的。随着人类的进步与发展，人们对自然界的认识越来越深，利用自然、改造自然的能力日益加强，开始使用风力、水力进行驱动。

1.1.2 近代文明时期

可以说，东方是车发展的起源地，而真正意义上的汽车却是在西方成型和发展起来的。

16世纪时期，荷兰人西蒙·斯蒂芬(Simon Steven)将双桅帆船装在双轴四轮上，利用风力使乘载28名人员的"风帆车"以34km/h的速度行驶起来，第一次实现了"自动行驶车辆"的创新。后来因风力的不定，风力车不能扩大应用，人们被迫重新寻找新的动力。

英国人瓦特(Watt)发明蒸汽机后，蒸汽机不可避免地被应用到所有能应用的地方。1705年，纽可门(Newcomen)首次发明了不依靠人和动物做功而依靠机械做功进行驱动的实用化蒸汽机，开始了划时代的第一次工业革命。随着蒸汽驱动的机械的诞生，人类社会拉开了永无休止的汽车发展的序幕。

1771年(一说是1769年)，法国人古诺(Cugnot)制造出世界上第一辆蒸汽驱动的三轮汽车(图1.5)，蒸汽锅炉在车的前方，前轮驱动，车很笨重，并且有个致命缺点，每走15min后，锅炉内的压力就损耗殆尽，只得停下来再加上水烧开成蒸汽，它的车速按照最快的一种说法也只有3~4.5km/h。一次试车时，刚行驶不久就撞到墙上，毁了，酿成了世界上第一例交通事故。值得纪念的世界上第一辆蒸汽汽车被撞得七零八落、面目全非，就这样结束了短暂的一生。

图1.5 古诺发明的蒸汽汽车

然而，蒸汽机汽车并没有就此失败。1831年，美国的哥德史沃奇·勒(Coldsworthy Gurney)将一辆蒸汽汽车投入运营，相距15km的格斯特夏和切罗腾哈姆之间便出现了有规律的运输服务，这辆运输车用 45min 走完全程。此后的 3 年内，伦敦街头出现了蒸汽公共汽车。这种车比现在筑路用的压道机还重，速度又慢，常常损坏未经铺修的路，引起各种事故。

由于蒸汽汽车本身又笨又重，乘坐蒸汽汽车又热又脏，为改进蒸汽机，出现了使燃料在发动机内部燃烧的发动机，人们后来称这类发动机为内燃机。1876 年，德国工程师奥托(Otto)在前人基础上制成了第一台有预压缩，具有进气、压缩、做功、排气 4 个行程的发动机，是内燃机历史上的一次重大突破。1894 年，鲁道夫·狄塞尔(Rudolf Diesel)针对点火困难的问题另辟蹊径，制成了压缩自燃的柴油机，是为现代柴油机之祖。

1883 年 10 月，德国工程师卡尔·本茨(Carl Benz)创立奔驰公司和莱茵煤气发动机厂。1885 年在曼海姆(Mannheim)制成了第一辆奔驰专利机动车。该车为三轮汽车(图 1.6)，采用一台两冲程单缸 0.66kW 的汽油机，此车已经具备现代汽车的一些基本特点，如火花塞点火、水冷循环、后轮驱动、前轮转向和制动手把等。1886 年，德国人戴姆勒(Daimler)在与威廉·迈巴赫(William Maybach)合作制成第一台高速汽油试验性发动机的基础上，又制成了世界上第一辆"无马之车"。该车装用功率为 0.8kW、转速为 rad/min 的发动机，以 18km/h 的速度从斯图加特驶向康斯塔特，世界上第一辆由汽油发动机驱动的四轮汽车诞生了。也是在 1886 年，卡尔·本茨第一次把三轮汽车卖给了一个法国人，由于这种三轮汽车设计合理，选材和制造精良，因此受到好评，销路日广。

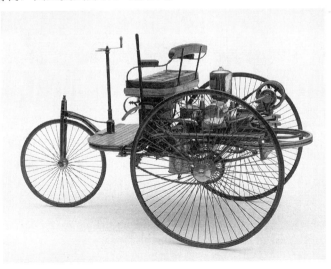

图 1.6 Karl Benz 发明的以汽油机为动力的三轮车

由于上述原因，人们一般都把1886年作为汽车元年，也有些学者把卡尔·本茨制成第一辆三轮汽车的1885年视为汽车诞生年。本茨和戴姆勒则被尊为汽车工业的鼻祖。

需要说明的是，当时的汽车驾驶员必须是勇敢、机智的机械修理工，在许多场合下他不得不从汽车内爬出或爬到汽车下或者到乡下铁匠那儿去修车，所以一般人是望车莫及的。尽管如此，坐在极为嘈杂和震动非常厉害的汽车上，不仅要饱受路人的嘲笑和日晒雨淋，而且全然没有今日驾驶员的舒适和气派，况且马车手还认为汽车抢了他们的生意，当汽车与马车并行时，他们常常扬起皮鞭抽汽车驾驶员。

进入20世纪以后，汽车不再仅是欧洲人的专利，我们所熟知的T型车(图1.7)便出自这个世纪。1913年，福特公司首次采用流水装配线方式大规模生产汽车，使汽车成本大跌，汽车不再是贵族和有钱人的奢侈品，而开始逐渐成为大众化的商品。自此，美国汽车迅速成为世界宠儿。所以，人们说，汽车发明于欧洲，但获得巨大发展是在20世纪30年代的美国。福特公司采用流水作业方式生产汽车，在汽车发展史上树起了一座里程碑。

图1.7　福特T型车

短短几年时间，汽车从一种试验性的发明转变为关联产业最广、涉及工业技术最丰富的综合性工业。因此，汽车工业的发展不仅依赖汽车行业本身的技术进步，而且也取决于汽车工业应用这些技术的能力和世界汽车市场的容量，两者相互影响并受到整个经济形势发展、人们对环境要求和能源及原材料供应、意外变化及国家政策等的影响。

例如，第一次世界大战中培训了不少驾驶军用卡车的驾驶员，他们中的很多人还学习了一些汽车机械技术，于是战后汽车买卖兴隆。在美国，汽车制造商和附件供应商全负荷生产仍不能满足需求的迅速增长，汽车价格也几倍于战前。但时隔不久，由于经济萧条，汽车高需求即宣告结束。到了第二次世界大战后，在英国，汽车的需要量比第一次世界大战后更高，几乎生产多少就可售出多少。第二次世界大战使美国发了横财，战后的美国工业越发兴旺，汽车生产在世界上始终处于遥遥领先的地位。汽车业、钢铁业、建筑业曾被誉为美国经济的"三大支柱"，而汽车工业更是美国工业的骄傲和象征。但当1973年首次发生石油危机时，美国汽车工业便受到很大的冲击。而日本似乎对此早有察觉，他们大量研制生产小型节油汽车，终于在1980年把美国赶下了"汽车王国"的宝座，并取而代之。日本是汽车行业的"后起之秀"，20世纪后日本才出现第一辆汽车，几年后才开始研制汽车。但谁又能想到，1925年才第一次出口汽车的日本，60年后竟然出口汽车达6400万辆，登上了"汽车王国"的宝座。这引起了全世界的广泛关注，成为汽车发展史上一个特大新闻。

1.1.3 现代汽车的发展

未来的汽车市场仍是世界市场中竞争最为激烈的市场。整个产业链已形成寡头垄断的格局，产业集中度较高。通过收购、兼并、控股和参股等联合和重组手段，形成的十大汽车集团公司，占据世界汽车产量的80%以上。有人因此预言，只有大公司才能在汽车行业取得长远发展。不过由于政府及社会各界支持，未来汽车舞台也不是大公司唱独角戏，中小型汽车公司也会有很大的发展。

为了占领未来汽车市场，如今已有许多公司把各种先进技术和装备，如微型电子计算机、无线电通信、卫星导航等新技术、新设备和新方法、新材料广泛应用于汽车工业中，汽车正在走向自动化和电子化。电动化、智能化、轻量化和汽车共享四大趋势正在驱动汽车行业走向新的未来。

目前，中国已超越日本等国成为世界上最大的汽车市场，未来的发展趋势呈现以下特点。

1. 新能源汽车前景广阔

目前我国发展新能源汽车有以下几个契机：一是环境问题严重；二是海外新

能源汽车市场初现规模化迹象；三是国家出台财政补贴等实质性扶持政策；四是该产业有一定的技术积累。

随着国家产业升级、转型的步伐越来越快，投资者越来越重视新能源汽车产业链的成长性。对新能源汽车的政策扶持也给电池产业、电池电动机上游的锂和稀土资源行业、充电站行业、乘用车企业带来新的机遇。在这种政策推动带来行业性投资机会的大背景下，整个新能源汽车行业处于上升阶段，值得长期看好。

2. 汽车与互联网紧密结合

迅猛发展的移动互联网技术已经向汽车领域渗透，不断扩展的互联功能让汽车看上去更像是奔跑在公路上的计算机终端。互联为汽车工业打开了一扇新的大门，与此同时，许多原本与汽车相去甚远的企业，也正通过这扇大门进入这一传统工业领域，如 IBM、Google、苹果，它们在软件、数字技术方面有着得天独厚的优势，它们将计算机技术、互联网技术和传统汽车技术结合起来，向消费者提供更具智能互联功能的汽车产品。

同时互联网是实现完全自动驾驶的重要前提。要真正实现完全自动驾驶，就必须借助互联网。未来安全驾驶想要实现的功能越多，对车车之间、车路之间、车与基站之间联网通信的要求就越高。要想实现流动道路中的联网驾驶，至少一半的车辆需要与其他车辆实时进行数据共享。因而，汽车+互联网已然成为汽车产业的发展趋势。

1.2 共享汽车时代

1.2.1 当前汽车社会现状

汽车产业的发展不是孤立的，而是一个综合的社会化问题。当汽车发展到一定程度时，相应的社会问题会随着汽车的大规模使用而出现。随着汽车产业的发展，能源紧张、交通拥堵、环境污染、交通事故频发等社会问题日益凸显。

1. 汽车保有量不断增长引发能源危机

有人曾做出预测，如果所有的国家人均拥有轿车量和美国一样多，那么世界已知的石油资源将在 10 年内耗尽。世界及中国现有能源预计消耗年限如图 1.8 所示。如果每个中国人拥有一辆摩托车，世界将在一夜之间陷入石油危机的境地。以美国为例，其 65%的石油消耗在交通运输上。美国汽车数量和燃油消耗增长比率为人口增长的两倍。

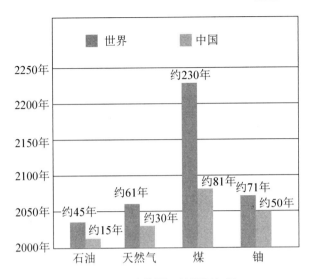

图 1.8 现有能源预计消耗年限

我国乘用车单车油耗远高于发达国家水平,每年新增汽车的成品消耗油相当于新建一个 2000 万 t 级的炼油厂。"十一五"规划新增的 1 亿 t 左右的炼油能力,几乎全部用来供应 5 年间新增车辆的消耗。而我国石油储藏量和开采量又非常有限,石油的需求越来越多地依靠进口。中国石油集团经济技术研究院发布的 2016 年度《国内外油气行业发展报告》显示,中国 2015 年石油消费 5.43 亿 t,对外依存度首破 60%(图 1.9)。对于一个发展中的能源消费大国,在缺乏国际石油定价权的情况下,石油对外依存度过高显然是不安全的。

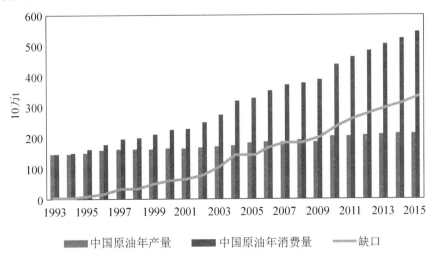

图 1.9 近几年中国原油年产量与年消费量走势图

2. 汽车尾气排放污染城市环境

汽车有害气体排放物是一氧化碳(CO)、碳氢化合物(HC)和氮氧化合物(NO_x)，以及柴油机排放的碳微粒(碳烟)。2003年中国机动车HC、CO和NO_x排放量分别是1995年相应污染物排放总量的2.51倍、2.05倍和3.01倍。2004年，中国机动车的排放水平是美国的4~6倍。2005年中国机动车尾气排放在城市大气污染中的分担率已达到79%左右。到2011年，全国机动车排放污染物已达到4607.9万t，比2010年增加3.5%。《2016年中国机动车环境管理年报》公布的2015年全国机动车环境管理情况如下：我国已连续七年成为世界机动车产销第一大国，机动车污染已成为我国空气污染的重要来源，是造成灰霾、光化学烟雾污染的重要原因，机动车污染防治的紧迫性日益凸显。2015年，全国机动车排放污染物初步核算为4532.2万t，其中NO_x 584.9万t，HC 430.2万t，CO 3461.1万t，颗粒物(PM) 56.0万t。汽车是机动车污染物排放总量的主要贡献者，其排放的NO_x和PM超过90%，HC和CO超过80%。汽车尾气排放已然成为很多城市大气环境的主要污染源，汽车尾气已经成为城市居民生命健康的头号"杀手"。

3. 城市交通拥堵和停车难现象日益严重

2010年，我国城市道路面积48.2亿m^2，人均拥有的道路面积仅$12.8m^2$，高速公路总里程达到6.5万km，10年间平均每年新增5000km。然而每年增长的道路面积几乎都被同时增长的汽车占有，汽车增长带来的交通压力成为困扰城市生活的一大难题。北京、上海、广州等大城市在上下班高峰时城区道路交通经常瘫痪，部分车道每小时饱和度高达95%，全天饱和度超过70%，车速也下降到10km/h左右，与自行车速度相当。图1.10所示为某城市晚班高峰期交通拥堵状况。

图1.10 某城市晚班高峰期交通拥堵状况

高德地图发布的《2015年度中国主要城市交通分析报告》显示,北京高峰拥堵延时指数为2.06,平均车速为22.61km/h,也就是说北京驾车出行的上班族通勤要花费畅通情况下两倍的时间才能到达目的地,拥堵时间成本全国最高。而这种交通拥堵的状况已经从北京、上海、广州、深圳等一线城市及一些省会等大城市向中小城市蔓延,未来随着汽车保有量的不断增加,即便是二三线城市,原来可能是很舒适的宜居城市,也会被交通拥堵所困扰。

城市交通拥堵日益严重不仅给人们出行带来不便,更重要的是还造成了严重的经济损失和社会代价,大大影响了城市效率。因为交通拥堵和管理问题,中国15座城市日均损失近10亿元,而北京这类大城市的月均拥堵成本高达60亿元。

与此同时,由于汽车数量的增长远远高于停车泊位的增长,停车泊位供需矛盾引起的停车难问题日益凸显,停车难又会引起汽车无效占用道路时间增加、汽车行驶速度缓慢及车道边随意停车等现象,从而进一步加剧了交通拥堵。

4. 交通事故频发让人担忧

近年来,随着各种汽车保有量日益增多,交通事故不断发生。根据2004年10月世界卫生组织公布的交通事故死亡报告中可知:中国汽车总量仅占全球汽车总量的1.9%,但中国交通事故死亡人数占世界交通事故死亡人数的比例却高达15%。2012年统计资料显示,日本的万车死亡率是0.77,英国是1.1,加拿大是1.2,澳大利亚是1.17,法国是1.59,美国是1.77,而我国为6.2,是发达国家的4~8倍。2014年全世界交通事故死亡人数为50万人。其中,中国交通事故死亡人数为10.4万人,超过总人数的20%。据了解,目前,我国的道路交通事故死亡人数在全国总死亡人数中排在脑血管、呼吸系统、恶性肿瘤、心脏病、损伤与中毒及消化系统疾病后面,居第七位,而全世界的道路交通事故死亡人数在总死亡人数中居第十位。20世纪末开始,世界道路交通事故从总体上来说或趋于下降,或趋于稳定,而我国道路交通事故近年来却仍处于上升趋势。中国由于交通事故每年死亡人数超过10万人,而且死者大多是年轻人,占全球交通事故死亡人数的1/5,居世界各国之首。世界上每年接近死于车祸的人数近50万人,伤残者1300万人。汽车在给人们出行带来便利、快捷的同时,由汽车而引发的安全问题正在给人们带来莫大的恐慌和担忧。

5. 汽车资源大量闲置

发达国家为有效促进经济发展,大量生产汽车,加之居民购买能力的提高,使得汽车保有量不断增加。图1.11所示为2011—2015年我国私家车保有量的变化情况。2006年年末,我国民用汽车保有量为4985万辆(包括三轮汽车和低速货车1399万辆),其中私人汽车保有量2925万辆,到2015年6月我国汽车保有量已经突破了 1.63 亿辆，保有量已经仅次于美国，成为全球第二。其中私人汽车保有量为 1.24 亿辆。在 2006—2015 年这短短的 10 年间，私人汽车的保有量增长 7000 多万辆。然而，现实却是私家车的利用率非常低，一个普通的上班族每天驾驶私家车的时间不超过 3h，一天中剩余的时间汽车处于闲置状态，更有甚者汽车空闲率能达到 92%。一方面是汽车保有量的不断增长造成能源短缺、环境污染、交通拥堵问题的不断加剧；另一方面是汽车闲置资源的不断浪费，同时政府不断鼓励支持公共交通的发展，在这种大环境下，"共享汽车"这种新形式的汽车文明应运而生。

图 1.11　2011—2015 年我国私家车保有量情况(单位：万辆)

1.2.2　共享汽车的概念及特点

其实共享汽车并不是一个全新的概念，早在 19 世纪 40 年代，瑞士人便在全国组织了"自驾车合作社"，一个人用完车后，将车钥匙交给下一个人，这便是最初的汽车共享概念。后来日本、英国等国争相效仿，但都未形成规模。在日本，主要是汽车制造商不支持这个计划，而且日本人喜欢拥有一辆自己的私家车。而在英国，这种模式虽然获得政府的支持，但汽车租赁费用低廉，从而阻碍了共享汽车的发展。

根据西方学者对共享汽车的定义，共享汽车是指在一天或者几个小时内多个消费者可以合用一辆车或者单独一个人租赁一辆车，通常可以在交通中转站、工作地点、各小区停车场完成取车和还车，车辆使用费一般按照驾驶的时间和路程交付。汽车的共享模式是介于私家车和公共交通之间的交通创新模式，它是共享经济形态的一种。共享经济最早源自一家名叫 Airbnb 的美国房屋租赁网站，它将有租房需求的游客和有空房出租的房东联系起来，并且由此衍生出了车位短租、汽车短租、拼车、自行车短租、宠物寄存、闲置物品短租、餐桌分享、办公场地短租等各类共享服务。共享经济的内核就是把闲置的物品提供给需要的人，由此创造价值。而年轻一代对于所有权观念的转变，更是成为共享经济崛起的主要力量。共享汽车最初的主要用户就是高学历、高薪、有环保意识的年轻人，随后扩展到其他群体。

共享汽车，是英语"car-sharing"的直译，意指多人合用一辆车，也就是开车人对车辆只有使用权，而没有所有权，类似于租车行业里的短时间包车模式。从汽车共享模式的运营方式来说，汽车共享形式可分为3种。第一种是最简单的汽车共享模式，即私车拼车，住在附近的人可以互相捎带着上班，减少不必要的资源浪费。第二种是汽车公司主导的车辆共享，如德国戴姆勒公司的Car2Go业务，这种共享模式是用户通过充值的方式加入企业俱乐部，企业直接把汽车停放在路边，会员有使用需求时，可以通过移动互联网的方式搜索附近的车辆进行使用，用完后直接停在路边，继续供他人使用。第三种是专门设置的汽车共享平台，车主可以通过汽车共享平台将自己的车辆租借给他人使用，这也是目前最主要的汽车共享模式，如我国的宝驾租车、凹凸租车、滴滴顺风车等均属于这种模式。

目前，欧美的汽车共享模式比较规范，一般包括以下几个步骤(图1.12)。

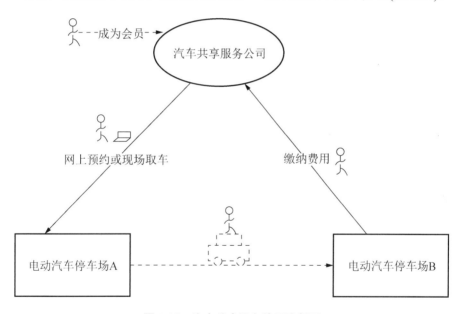

图1.12　汽车共享服务使用流程图

(1) 注册会员。用户通过计算机或手机在网上填报基本材料，包括驾照号、年龄和驾龄、银行借记卡或贷记卡账号等。美国要求申请者年龄为21～80岁，驾龄在3年以上，通过审核即可成为会员。

(2) 网上预约。会员通过网站预订自己需要的车辆，公司即把根据所选车型和使用时间做出的费用概算信息发送给用户，并将车辆的位置信息一并发送。接着，会员的智能卡(或手机)得到打开预订车辆的授权。

(3) 自助用车。用户收到预订汽车的消息后，直接去相应的停车场取车。用智能卡在风窗玻璃的阅读器上刷卡成功后打开车门，在一个带有计算器的小盒子上输入密码后，将汽车钥匙和一张行程卡片从读卡器上拔下来，即可开启汽车。用户旅途中用车钥匙开关车门。用车结束后，使用智能卡锁车后即可离开。延时用车需提前打电话或发短信通知公司。

(4) 自动收费。用智能卡锁车后(或是将行程卡片插入读卡器后)，会员用车信息自动发送到公司的结算系统，共享公司自动从用户的账户上扣款。用户可以在网上查看自己的用车记录及费用清单。

与传统汽车租赁模式相比，共享汽车模式在原有租赁模式的基础上增加了自助式分时租赁，如图 1.13 所示。这种模式的主要特点是无人值守、远程预约、刷卡开门、分时计费，如图 1.14 所示。

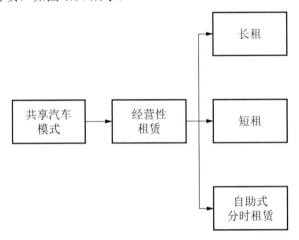

图 1.13　共享汽车模式

图 1.14　汽车分时共享的特点

而传统汽车租赁模式主要以租车公司为主,通常分为长租和短租(图 1.15),适合使用时段较长的情况,如神州租车之类的租车模式。

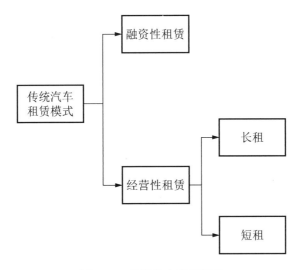

图 1.15　传统汽车租赁模式

共享汽车的特点可以用"共""开""分"概括。

"共",共享(sharing),即资源的共同分享和共同使用。包含两层含义:①私家车主将闲置的汽车(个人资源)提供出来,使其在短时期或某一时期内成为公共资源,供大家选取使用。②用户在不具有车辆的所有权的同时即可拥有车辆的使用权。以此达到资源共享的地步。

"开",开取(open access),即存取开放。强调用户可随时随地,按需取用,具有极高的自由度。

"分",分别(respectively),即分别负责。强调共享汽车运行过程中信息独立,明确到人。其保险、安全问题奉行追人不追车原则,用户信息分别独立,责任明确到个人。这也是共享汽车区别于当前的私家车、公共汽车运营模式的最主要的特点。

1.2.3　共享汽车技术支撑

以物联网和(移动)互联网技术为核心的新一代信息技术,为汽车共享系统便捷、智能、高效的运行提供了强有力的技术支持。共享汽车模式的实现,需要利用电子标签(即射频识别)的无线传输、可识别高速运动的物体的功能进行共享汽车的标识和传感数据的采集(欧美各国的共享汽车一般将含有射频识别、传感器、

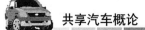

智能芯片等技术的"盒子"即读卡器直接粘贴于汽车的风窗玻璃上);利用无线通信技术、移动通信技术和互联网技术,实现海量数据传输;利用云计算技术和大数据技术,实现数据存储、查询、分析、挖掘和利用,达成对汽车共享系统的智能监控、数据安全保障和低成本高质量解决方案供给及 App 开发应用,为智能终端应用提供技术支持和平台支撑。

通过手机、车载智能设备等智能终端,各共享主体都可获得相应的共享服务。具体如下。

认证系统:该系统实现一系列智能的自动注册、申请审批和计量收费工作,包括身份信息和驾驶证的审核、会员费的收取、会员卡的制作与寄送、驾驶记录的认证、费用的计量与支付、电子账单的生成与发送等。

租赁系统:该系统可为用户提供实时信息查询、位置信息、车况信息、行驶路线导航、车辆租赁、充换电设施使用及预约服务。

监管系统:该系统包括电动汽车监管、动力电池监管和充换电设施监管;系统应用传感设备、视频设备和远程控制设备等,进行视频监控、安防监测、车况监测、车辆调度和远程控制等。

综上所述,随着汽车保有量的不断增加,现代汽车社会处于一种生产过剩、资源匮乏、环境危机却不断加剧的境地,同时以物联网和(移动)互联网技术为核心的信息技术不断在各个领域取得成熟性的应用。前者说明了共享汽车出现的必要性,后者则为共享汽车的出现提供了可能。而共享汽车相比于传统的租车业务具有时间上更为灵活、空间上更为分散、费用上更低廉的优势。可以预测,汽车共享在将来很可能会发展成为一种日常的用车服务方式,获得广泛推广,并长期存在。

1.2.4　共享汽车理论及研究综述

汽车共享的概念最早起源于欧洲,20 世纪 40 年代,由于经济条件的限制,无法独立负担汽车税费的个人通过合作购买和使用汽车实现了汽车共享,其刚开始主要通过在各个社区设置网点以供小区居民使用。从 20 世纪 80 年代末开始,汽车共享得到广泛推广。目前,欧洲已经有约 200 家进行汽车共享的服务平台,这些服务机构遍布在欧洲的各个角落,进行汽车共享的会员已达到 12.5 万人。

汽车共享服务兴起时间不长,目前也只在一些经济发达国家的部分城市成功实施,学术上对其的研究也非常少且深度较浅,大多站在宏观角度,从理论上分析该模式的实施意义、现状及前景等,仍有待进一步深入研究。

1. 问卷调查类

国内外对汽车共享问题的研究最初以调查研究为主,主要有 Foo Tuan Seik 分析了新加坡的 Car Sharing 现实条件,调查了会员和非会员特征以及参与态度;Susan A. Shaheen 和 Adam P. Cohen 通过搜集 33 个汽车共享专家对 21 个国家共享汽车行为的调查,指出促使人们使用该出行方式的最主要因素是节约费用、使用方便、停车有保证,同时也对比了世界各地汽车共享的异同点,预示其未来的广阔发展前景;Susan A. Shaheen 和 Elliot Martin 针对我国北京交通系统的现状,在 2006 年春对北京 840 个人进行了抽样,调查其对共享汽车的熟悉度和反应,接受和选择意愿,涉及交通方式和需要、车辆购买意愿和对汽车共享的兴趣,以调查其潜在的用户市场,并为未来发展提供依据,揭示了中国北京地区对汽车共享服务的潜在需求;Susan A. Shaheen 和 Matthew 的研究表明,普通人对汽车共享没有兴趣与不了解其情况有关,因为在决策过程中,信息和经验起到重要作用,并采用社会营销理论对旧金山海湾地区的一个汽车共享项目 CARLINK 进行了实验研究,发现学习过该模式的人群中,有近 54%的人表示有兴趣加入汽车共享组织,而未学习的人群中仅有 18%的人有兴趣加入。

国外学者对采用汽车共享服务模式后用户出行行为的变化也进行了调研。Muheim 和 Inderbitzin 通过对 146 名接受过瑞士 ATG 汽车共享公司服务的用户的调查发现,该组织会员年平均行驶里程数是普通人的 71%,而使用公共交通出行的次数是普通人的 26%,会员的出行方式选择有了显著变化。

通过以上学者的调研报告可归纳出,汽车共享公司的会员主要为无力买车但有用车需求者、不常使用汽车者、常进行短距离出行者等众多人群。会员则呈现出年轻化、文化程度较高、收入较高等特点,反映出新型模式推出后的消费人群特点。

2. 定性分析类

自 1980 年以来,欧洲、北美的许多学者对汽车共享服务进行了进一步深入研究。Baum 和 Pesch 研究德国汽车共享参与者的动机时发现,接受汽车共享服务的最主要原因并不是使用成本,而是可靠的停车位保证和邻近居住地;在美国波特兰的研究发现,接受汽车共享服务的最主要原因则是使用成本低和多车型的灵活选择服务。以上研究的结论是,如果能在成本不超过私家车的同时,像使用私家车一样方便快捷,那么汽车共享服务就会被市场接受。

Meijkamp R.G 从成本-收益角度分析发现,很多私家车使用率并不高,但又不能没有,而通过汽车共享就可以解决矛盾、减少固定费用。汽车共享的优势在于将固定成本和使用成本都分摊到每次具体的出行上，因此每次用车的边际费用很接近平均费用，费用将介于公共交通和私家车之间。他的研究表明，用户接受汽车共享服务的主要动机是从经济角度考虑，并可极大降低出行拥挤度。

Susan A. Shaheen 和 Matthew Barth 在则简要阐述了 3 种基本的汽车共享模型：邻里共享、站车、多网点共享，并对 3 种模式在我国实施的可行性进行了探讨；David Brook 讨论了实施汽车共享服务项目的主要考虑因素包括商业形式选择、定价问题、目标市场群体、车辆选择等，并提出一种利用电子数据表格方式对比各种价格和费用的方法。

3. 定量分析与实际操作

Murakami 对汽车共享的实际操作进行了系统分析，并利用先进的信息管理技术和网络技术，实行全自动系统管理。基于计算机的智能电子系统主要用于管理车辆预订、提取和记录用户使用情况等方面，网点的计算机控制系统可通过 ID 卡识别用户，并可通过智能交通系统的信息服务，提供到达用户目的地的最短路径。汽车共享服务的具体操作流程如下：会员注册成功→输入起始地、目的地、用车时刻、持续时间、希望上车地点、车型等→车辆可用→显示等待时间、取车地点→接受→停车站取钥匙→取车开走→目的地还车→个人账户自动缴费。

在定性分析汽车共享服务特征的基础上，国外一些学者开始了定量研究。Franz E. Prettenthaler 研究表明，在不考虑保险和汽车折旧率的情况下，对于每年驾驶汽车少于 18000km 的人来说，使用共享汽车优于私家车；在充分考虑上述两个因素的前提下，平衡点则变为 15000km；Matthew Barth 和 Michael Todd 通过建立多网点汽车共享服务的仿真模型，详细评估了汽车共享服务车辆的分配、具体使用情况等，并通过例证表明该系统的决策与服务车辆和出行次数的比值有紧密联系；Abdolreza Karbassi 和 Matthew Barth 描述了一种汽车共享中路线预测和到达时间评估的方法，这种方法可以在多站台车辆系统中实现，且能测算出实际的运送路径和到达时间。

此后，Alvina G. H. Kek 和 Ruey Long Cheu 等对汽车共享多车场间车辆调配问题进行了定量研究，创建了解决该问题的三阶段最优模拟决策系统，建立了在需求确定情况下单车型的混合整数线型规划模型，其以总费用最小化为决策目标，利用启发式算法求解出结果。他们还以新加坡的一家汽车共享公司为例进行实证分析，得出在该系统下公司员工雇佣费用将减少 50%，无车辆及时满足服务的时间下降 4.6%~13%，无可用停车位及时满足服务的时间下降 37.1%~41.1%。

与此同时，我国学者也在逐步加入汽车共享服务的研究中。早期，黄肇义在分析汽车共享可能产生的效益和意义的基础上，提出了在国内发展实施汽车共享服务的一些具体举措。此后，晋江月采用哈耶克自然自发的市场经济制度理论，从经济角度对拼车市场进行了分析，表明拼车能更好地满足与提高供需双方的效用，且可改善城市交通状况。雷孟林对汽车共享模式之一的"卡普"进行了研究，阐述了其种类和性质，提出政府可以对经营性"卡普"给予适当鼓励的观点，并提出具体建议措施。薛跃、杨同宇、温素彬在对汽车共享概念和发展历程的研究基础上，对其经济社会特性和创新发展模式等进行了研究。夏凯旋、何明升采用实证研究方法，以北京市非正式的汽车共享服务为对象，通过模型对其服务水平进行了实证分析，重点是对服务质量评价影响因素进行了探索和证明。

纵观目前国内外对汽车共享问题的研究文献，仍大多以定性研究和理论分析为主，问卷调研也多集中于探讨其社会的认可度和使用人群的特征，以及给社会带来的效益等方面，而对于实际操作中所涉及的定量分析方面的研究很少，缺乏对于该服务具体操作层面中问题的研究，如车辆调配、车站选址、车辆与顾客的比率设置、动态定价等定量问题，这就迫切需要我们从定量角度进一步完善对汽车共享相关问题的研究，从而促进该模式在我国的应用实施。

1.2.5 共享汽车与共享交通

共享交通是一种有别于公共交通，但又类似于公共交通，针对交通工具共用、共享的交通系统，共享交通的使用者对交通工具只有使用权，而没有所有权。共享交通既可以作为个体交通工具被大众使用，又可以通过公用而提高整体的使用效率，是一种可持续交通模式。共享交通早在 20 世纪 40 年代的欧洲已开始，当年的共享交通主要是由于小汽车刚刚面市，价格较高，邻里之间共用一辆汽车可节省成本。而共享交通近年来的兴盛，则主要归因于石油的高价、中心城的停车及拥堵问题，以及人们的环保意识逐渐增强。

传统的共享交通模式包含汽车共享和自行车共享两种。根据美国加利福尼亚州大学伯克利分校可持续交通发展研究中心对共享汽车发展状况的研究统计，截至 2012 年 10 月，全球共有 27 个国家的 600 多个城市开展了汽车共享，会员数共计 178.8 万人，共享车辆达到 4.35 万辆，平均 41.1 人共享一辆汽车。最大的汽车共享运营商 Zipcar 拥有约 9300 辆车，在美国、加拿大、英国、西班牙等国家的 17 个主要的大都市区和超过 250 所大学校园，为超过 70.9 万的会员提供方便的汽车共享服务。截至 2012 年，汽车共享服务已遍布全球约 1100 个城市，分布于五大洲的 26 个国家，具体分布情况如图 1.16 所示。全球的共享自行车同样发展迅速，截至 2011 年 5 月，全球共有 136 个自行车共享项目，在 165 个城市运行，除中国外共有 11.7 万辆共享自行车投入运行。

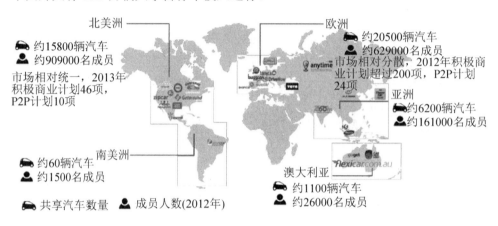

图 1.16　2012 年汽车共享服务的分布情况

共享交通的最大作用在于通过共用交通工具，来提高交通工具的使用效率，减少设施停放用地，在提高经济性的同时降低整体的能耗排放。通过共享汽车的形式可有效减少小汽车拥有量、降低汽车依赖度。Zipcar 的运营数据显示，平均每辆共享汽车可替换 20 辆左右的私人汽车。此外 Zipcar 的会员中，32%因为加入 Zipcar 卖出已有车辆，39%会员延缓购车计划，从而减少行驶里程 79.8%，相应缓解停车、拥堵等问题。而自行车共享基本的日使用率可达到 10 次/(车·天)，通过提供门到门的衔接交通服务，成为有效的公共交通补充模式。

第2章 私家车

2.1 汽车的分类

2.1.1 内燃机汽车的分类

目前，我国汽车分类标准比较混乱，汽车生产销售市场上没有统一的车型分类标准，就连国家各管理部门中，对于汽车的分类也不能做到整齐划一。

我国汽车分类旧标准(GB/T 3730.1—1988《汽车和半挂车的术语及定义 车辆类型》)是 1988 年制定的，将汽车分为三大类，即载货汽车、客车和轿车，各类按照不同的划分标准进行了细分类，具体如下：

轿车按照发动机排量划分，有微型轿车(1L 以下)、轻级轿车(1~1.6L)、中级轿车(1.6~2.5L)、中高级轿车(2.5~4L)、高级轿车(4L 以上)。

客车按照长度划分，有微型客车(不超过 3.5m)、小型客车(3.5~7m)、中型客车(7~10m)和大型客车(10m 以上)。

货车按照载重量划分，有微型货车(1.8t 以下)、轻型货车(1.8~6t)、中型货车(6~14t)、重型货车(14t 以上)。

新的车型分类参考 GB/T 3730.1—2001《汽车和挂车类型的术语和定义》和 GB/T 15089—2001《机动车辆及挂车分类》两个国家标准，并与国际较为通行的称谓一致，将汽车分为乘用车和商用车两大类，由于各国在车型细分上没有统一的标准，因此对于乘用车和商用车之下的细分类是按照我国自身的特点进行划分的。新分类具体情况描述如下：

乘用车(passenger car)是指在设计和技术特征上主要用于载运乘客及其随身行李和/或临时物品的汽车，包括驾驶员座位在内最多不超过9个座位，它也可以牵引一辆挂车。

与旧分类相比，乘用车涵盖了轿车、微型客车及不超过9座的轻型客车，而载货汽车和9座以上的客车全部不属于乘用车。有一类特殊情况，即考虑到部分车型如金杯海狮同一长度的车既有9座以上的，又有9座以下的，在实际统计中，该车均列为商用车，在以下商用车的解读中不再重复叙述。

乘用车下细分为基本型乘用车、多功能车(Multi-purpose Vehicles，MPV)、运动型多用途车(Sport Utility Vehicle，SUV)和交叉型乘用车4类。

商用车(commercial vehicle)是指在设计和技术特征上用于运送人员和货物的汽车，并且可以牵引挂车。乘用车不包括在内。

相对旧分类，商用车包含了所有的载货汽车和9座以上的客车。在旧分类中，整车企业外卖的底盘是列入整车统计的，在新分类中，将底盘单独列出，分别为客车非完整车辆(客车底盘)和货车非完整车辆(货车底盘)。商用车分为客车、货车、半挂牵引车、客车非完整车辆和货车非完整车辆，共5类。

GB/T 3730.1—2001将汽车分为乘用车(不超过9座)和商用车。乘用车下设11种类型，分别是普通乘用车、活顶乘用车、高级乘用车、小型乘用车、敞篷车、仓背乘用车等；商用车分为客车、货车和半挂牵引车。其中，客车有8种类型，分别是小型客车、城市客车、长途客车等；货车有6种，分别是普通货车、多用途货车、全挂牵引车等。按规定，该标准是汽车行业的"通用性分类"，可作为一般概念、统计、牌照、保险、政府政策和管理的依据。

中国汽车工业协会目前采用的车型分类分为乘用车和商用车两大类，乘用车分为基本型乘用车、多功能乘用车、运动型乘用车和交叉型乘用车；商用车分为客车、货车、半挂牵引车、客车非完整车辆和货车非完整车辆。据介绍，中国汽车工业协会原本计划废止标准中"轿车"的分类，但考虑到"轿车"这个词在我国使用广泛，为了避免混乱，在现行分类时将过去人们认为属于轿车的车型归在"基本乘用车"的类别中。

在税收方面，GB/T 3730.1—2001也逐渐成为通用的标准。财政部和国家税务总局2008年对消费税进行调整时，将小汽车分为乘用车和中轻型商用客车两个子目，但具体分类仍然使用了排量的细分方法。其中，对乘用车(包括越野车)适用了六挡税率，即小于1.5L(含)、1.5~2.0L(含)、2.0~2.5L(含)、2.5~3.0L(含)、3.0~4.0L(含)和4.0L以上。

由于历史沿袭的问题，很多管理部门的车型分类依然延续了老的汽车分类方法。例如，公安交管部门进行机动车登记时，按照《机动车登记工作规范》，将汽车分为载客汽车、载货汽车、三轮汽车和低速汽车。

交通部在征收养路费时，根据《公路养路费征收管理规定》，按照车辆吨位大小进行收费。以北京为例，养路费按载重量计算，家用轿车 1 个座位为 0.1t，载重量一般按 0.5t 计算。而在收取收费公路车辆通行费时，交通部又以客车座位和货车吨位进行分类，收取费用。

2.1.2 新能源汽车的分类

新能源汽车是指采用非常规的车用燃料作为动力来源(或使用常规的车用燃料，但采用新型车载动力装置)，综合车辆的动力控制和驱动方面的先进技术，形成的技术原理先进，具有新技术、新结构的汽车。新能源汽车包括混合动力汽车(Hybrid Electric Vehicle，HEV)、纯电动汽车(Battery Electric Vehicle，BEV)、燃料电池汽车(Fuel Cell Electric Vehicle，FCEV)、氢发动机汽车及燃气汽车、醇醚汽车等。

1. 混合动力汽车

混合动力是指采用传统燃料，同时配以电动机/发动机来改善低速动力输出和燃油消耗的车型。按照燃料种类的不同，可将混合动力主要分为汽油混合动力和柴油混合动力两种。目前国内市场上，混合动力车辆的主流都是汽油混合动力，而国际市场上柴油混合动力车型发展也很快。

混合动力汽车的优点包括：①采用混合动力后可按平均需用的功率来确定内燃机的最大功率，此时处于油耗低、污染少的最优工况下工作。需要大功率内燃机功率不足时，由电池来补充；负荷少时，富余的功率可发电给电池充电，由于内燃机可持续工作，电池又可以不断得到充电，故其行程和普通汽车一样。②因为有了电池，可以十分方便地回收制动、下坡、怠速时的能量。③在繁华市区，可关停内燃机，由电池单独驱动，实现"零"排放。④有了内燃机可以十分方便地解决耗能大的空调、取暖、除霜等纯电动汽车遇到的难题。⑤可以利用现有的加油站加油，不必再投资。⑥可让电池保持在良好的工作状态，不发生过充电、过放电，延长其使用寿命，降低成本。混合动力汽车的缺点是长距离高速行驶基本不能省油。

2. 纯电动汽车

电动汽车顾名思义就是主要采用电力驱动的汽车，大部分车辆直接采用电动机驱动,有一部分车辆把电动机装在发动机舱内,也有一部分直接以车轮作为 4 台电动机的转子,其难点在于电力储存技术。电动汽车本身不排放污染大气的有害气体,即使按所耗电量换算为发电厂的排放,除硫和微粒外,其他污染物也显著减少。由于电力可以从多种一次能源获得,如煤、核能、水力、风力、光、热等,解除了人们对石油资源日见枯竭的担心。电动汽车还可以充分利用晚间用电低谷时富余的电力充电,使发电设备日夜都能充分利用,大大提高其经济效益。有关研究表明,同样的原油经过粗炼,送至电厂发电,经充入电池,再由电池驱动汽车,其能量利用效率比经过精炼变为汽油,再经汽油机驱动汽车高,因此有利于节约能源和减少二氧化碳的排放。正是这些优点,使电动汽车的研究和应用成为汽车工业的一个"热点"。有专家认为,对于电动汽车而言,目前最大的障碍就是基础设施建设及价格影响了产业化的进程,与混合动力相比,电动汽车更需要基础设施的配套,而这不是一家企业能解决的,需要各企业联合起来与当地政府部门一起建设,才会有大规模推广的机会。

纯电动汽车的优点是技术相对简单成熟,只要有电力供应的地方都能够充电;缺点是目前蓄电池单位重量储存的能量太少,还因电动车的电池较贵,且未形成经济规模,故购买价格较高。至于使用成本,有些试用结果比汽车贵,有些结果仅为汽车的 1/3,这主要取决于电池的寿命及当地的油、电价格。

3. 燃料电池汽车

燃料电池汽车是指以氢气、甲醇等为燃料,通过化学反应产生电流,依靠电动机驱动的汽车。其电池的能量是通过氢气和氧气的化学作用,而不是经过燃烧,直接变成电能的。燃料电池的化学反应过程不会产生有害产物,因此燃料电池汽车是无污染汽车,燃料电池的能量转换效率比内燃机要高 2~3 倍,因此从能源的利用和环境保护方面来说,燃料电池汽车是一种理想的车辆。

单个的燃料电池必须结合成燃料电池组,以便获得必需的动力,满足车辆使用的要求。近几年来,燃料电池技术已经取得了重大的进展。世界著名汽车制造厂,如现代汽车将于 2018 年 1 月份向全球市场推出一款全新的氢燃料电池 SUV,预计新车的续航里程将达到 348mile(约 560km)。目前,燃料电池轿车的样车正在进行试验,以燃料电池为动力的运输大客车正在北美的几个城市中进行示范项目。在开发燃料电池汽车过程中仍然存在技术性挑战,如燃料电池组的一体化,提高燃料电池的稳定性、耐久性,降低成本,成为行业面临的突出课题。

与传统汽车相比,燃料电池汽车具有以下优点:①零排放或近似零排放;②减少了机油泄漏带来的水污染;③减少了温室气体的排放;④提高了燃油经济性;⑤提高了发动机燃烧效率;⑥运行平稳、无噪声。

4. 氢动力汽车

氢动力汽车是一种真正实现零排放的交通工具，排放的是纯净水，其具有无污染、零排放、储量丰富等优势，因此，氢动力汽车是传统汽车最理想的替代方案。与传统动力汽车相比，氢动力汽车成本至少高出20%。中国长安汽车在2007年完成了中国第一台高效零排放氢内燃机点火，并在2008年北京车展上展出了自主研发的中国首款氢动力概念跑车"氢程"。随着"汽车社会"的逐渐形成，汽车保有量在不断地呈现上升趋势，而石油等资源却捉襟见肘。另外，吞下大量汽油的车辆不断排放着有害气体和污染物质。最终的解决之道当然不是限制汽车工业发展，而是开发替代石油的新能源，燃料电池车的四轮快速又安静地滚过路面，辙印出新能源的名字——氢。

几乎所有的世界汽车巨头都在研制新能源汽车。电曾经被认为是汽车的未来动力，但蓄电池漫长的充电时间和重量使得人们渐渐对它兴味索然。而目前的电与汽油合用的混合动力车只能暂时性地缓解能源危机，只能减少但无法摆脱对石油的依赖。最近，本田发布了2017款Clarity汽车。该车没有设置传统的汽油发动机，而是使用了一组氢燃料电池。以氢气为汽车燃料这种说法刚出来时吓人一跳，但事实上是有根据的。氢具有很高的能量密度，释放的能量足以使汽车发动机运转，而且氢气与氧气在燃料电池中发生化学反应只生成水，没有污染。因此，许多科学家预言，以氢为能源的燃料电池是21世纪汽车的核心技术，它对汽车工业的革命性意义，相当于微处理器对计算机业那样重要。

氢动力汽车的优点是排放物是纯水，行驶时不产生任何污染物；缺点是氢燃料电池成本过高，而且氢燃料的储存和运输按照目前的技术条件来说非常困难，因为氢分子非常小，极易透过储藏装置的外壳逃逸。另外，最致命的问题是氢气的提取需要通过电解水或者利用天然气，同样需要消耗大量能源，除非使用核电来提取，否则无法从根本上减少二氧化碳排放。

5. 燃气汽车

燃气汽车是指用压缩天然气(CNG)、液化石油气(LPG)和液化天然气(LNG)作为燃料的汽车。近年来，世界各国政府都积极寻求解决这一难题的途径，开始纷纷调整汽车燃料结构。燃气汽车由于排放性能好、可调整汽车燃料结构、运行成本低、技术成熟、安全可靠，被世界各国公认为是当前最理想的替代燃料汽车。目前，燃气仍然是世界汽车代用燃料的主流，在我国代用燃料汽车中占到90%左右。2015年美国能源部公布的数据显示，在美国共有824个CNG加气站及74个LNG加气站。与此形成对比的是同样被认为可降低排放的电动汽车，在美国目前共有 9572 个充电站及 24450 个充电桩。业内专家指出,替代燃料的作用是减轻并最终消除由于石油供应紧张带来的各种压力及对经济发展产生的负面影响。近期,中国仍将主要用压缩天然气、液化气、乙醇汽油作为汽车的替代燃料。汽车代用燃料能否扩大应用,取决于中国替代燃料的资源、分布、可利用情况,替代燃料生产与应用技术的成熟程度及减少对环境污染等;替代燃料的生产规模、投资、生产成本、价格决定着其与石油燃料的竞争力;汽车生产结构与设计改进必须与燃料相适应。

天然气是世界公认的较好的、可行的汽车替代燃料。我国应尽快组织力量,制定出国家级燃气汽车政策。考虑到我国能源安全主要是石油的状况,发展包括燃气汽车在内的各种代用燃料汽车,已经刻不容缓,根据国情应该做到:一是要限制燃气价格,使油、气价格之间保持合理的差价,如四川省、重庆市的油、气差价,即可保证燃气汽车适度发展;二是鉴于加气站投资大,回收期长,政府适当给予一定补贴,在加气站售出的气价和汽车用户因用气节省的燃料费用之间,调节好利益分配;三是对加气站的所得税,应参照高新技术产业开发区政策,采取免二减三的税收政策;四是将加气站用电按照特殊工业用电对待,电价从优;另外,对加气站用地,能按重大项目和环保产业对待,特事特办,不要互相推诿、扯皮,积极采用国外先进建站标准,科学确定消防安全距离,节省土地资源。

6. 生物乙醇汽车

乙醇俗称酒精,通俗地说,使用乙醇为燃料的汽车,也可叫酒精汽车。用乙醇代替石油燃料的活动历史已经很长,无论是从生产上还是从应用上的技术都已经很成熟,近来由于石油资源紧张,汽车能源多元化趋向加剧,乙醇汽车又被提到议事日程。

目前世界上已有 40 多个国家不同程度应用乙醇汽车,有的已达到较大规模的推广,乙醇汽车的地位日益提升。在汽车上使用乙醇,可以提高燃料的辛烷值,增加氧含量,使汽车缸内燃烧更完全,可以降低尾气有害物的排放。

乙醇汽车的燃料应用方式:①掺烧,指乙醇和汽油掺和应用(在混合燃料中,乙醇和容积比例以"E"表示,如乙醇占 10%、15%,则用 E10、E15 来表示),目前,掺烧在乙醇汽车中占主要地位;②纯烧,即单烧乙醇,可用 E100 表示,目前应用并不多,属于试行阶段;③变性燃料乙醇,指乙醇脱水后,再添加变性剂而生成的乙醇,这也是属于试验应用阶段;④灵活燃料,指燃料既可用汽油,又可以使用乙醇或甲醇与汽油比例混合的燃料,还可以用氢气,并随时可以切换,如福特、丰田汽车均在试验灵活燃料汽车(Flex-fue Vehicles,FFV)。

2.1.3 其他分类方式

1. 私家车

所谓私家车,是来自香港的概念,主要指家用的车辆,车型以轿车为主,还有一些越野车和小面包。

私家车(private-car),是指私人自己购买的,拥有使用支配权的汽车,在不违法的情况下可以自由地使用支配。

由此可见,私家车仅仅是私人汽车的一部分,其数量要大大小于私人汽车。一辆汽车属于私人汽车还是公车,是以在车管所登记时车主的身份确定的。如果以机关、团体、单位名义登记,就是公车;如果以个人名义登记,就是私车,所有权属于个人,私人拥有。

私车中既有卡车一类商用车,也有小轿车一类乘用车。前者主要是生产资料,后者则属于生活资料。国内不少城市的出租车是私车,是以个人名义登记购买的,这些小轿车也属于生产资料。

2. 公共汽车

公共汽车,即巴士或大巴,是客车类中大、中型客车的典型车型,是为专门解决城市和城郊运输而设计及装备的商用车。

公共汽车的分类有多种,按照运行区间,可以分为短途(市区内)和长途(市区间)公共汽车;按照燃料种类的不同,可以分为燃油、燃气和电动公共汽车;按照车型结构的不同,可以分为单层、双层、铰接式公共汽车等。

最初,城市公共汽车大都由载货汽车底盘改装而成,现代城市公共汽车的底盘一般都是根据客车的要求专门设计和制造的。发达国家的城市公共汽车,均已实行无人售票,因此装有收款机或验票机,中国的公共汽车除市郊外已基本实现无人售票。

2.2 内燃机汽车主要构造

传统的私家车多为内燃机汽车,是由动力驱动,且具有4个或4个以上车轮的非轨道承载的车辆,主要用于载运人、货物及一些特殊用途。大部分汽车从总体来看,都是由发动机、底盘、车身和电气设备4个基本部分组成的。图2.1所示为一个典型轿车总体结构示意图。

共享汽车概论

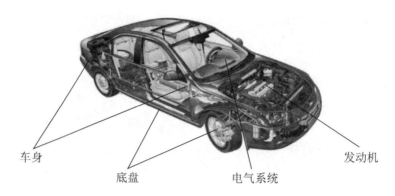

图 2.1 典型轿车总体结构示意图

2.2.1 发动机

发动机是汽车的心脏,它的作用是使供入其中的燃料燃烧,为车辆的行走提供动力。一般汽车都采用往复活塞式内燃机,根据所用燃料的不同,常见的发动机可分为汽油发动机和柴油发动机两种。

汽油发动机(图2.2)应用最多的是将汽油直接喷入气道,使汽油和空气混合后再吸入发动机气缸内,用电火花强制点燃使其燃烧,产生热能而膨胀做功。

柴油发动机(图2.3)是利用喷油泵使柴油在高压下由喷油器直接喷入发动机气缸内,并与气缸内已经被压缩的高温空气混合形成混合气,自燃后产生热能而膨胀做功。

图 2.2 汽油发动机

图 2.3 柴油发动机

1. 发动机的总体构造(图 2.4)

汽油发动机通常由两大机构五大系统组成，即曲柄连杆机构、配气机构、燃料供给系统、冷却系统、润滑系统、点火系统、起动系统。柴油发动机仅无点火系统。

图 2.4　发动机总体构造

(1) 曲柄连杆机构一般由机体组、活塞连杆组和曲轴飞轮组 3 部分组成。曲柄连杆机构的作用是提供燃烧场所，把燃料燃烧后气体作用在活塞顶上的膨胀压力转变为曲轴旋转的转矩，不断输出动力。

(2) 配气机构由气门组和气门传动组组成。气门组包括气门、气门导管、气门座及气门弹簧等零件。气门传动组主要包括凸轮轴、正时齿轮、挺柱及其导杆、推杆、摇臂和摇臂轴等,其作用是使进排气门按配气相位规定的时刻进行开闭,并保证有足够的开度。

配气机构的作用是根据发动机的工作顺序和各缸工作循环的要求,及时地开启和关闭进、排气门,使可燃混合气(汽油发动机)或新鲜空气(柴油发动机)进入气缸,并将废气排入大气。

(3) 燃料供给系统由油箱、油管、燃油泵、燃油滤清器、空气滤清器、燃油压力调节器、喷油器、冷起动喷油器、油压脉冲衰减器、进气管、排气管等组成。

燃料供给系统的作用是控制每循环投入气缸燃油的数量,以调节发动机的输出功率和转速。

(4) 冷却系统由散热器、水泵、风扇、冷却水套和温度调节装置等组成。

冷却系统使发动机在所有工况下都保持在适当的温度范围内。冷却系统既要防止发动机过热,又要防止冬季发动机过冷。

(5) 润滑系统的作用是减少摩擦力,延长发动机的使用寿命。

润滑方法分为润滑油润滑(或称稀油润滑)、润滑脂润滑(或称干油润滑)、固体润滑、气体润滑等。

(6) 点火系统通常由蓄电池、发电机、分电器、点火线圈和火花塞等组成。

汽油机在压缩接近上止点时,可燃混合气是由火花塞点燃的,从而燃烧对外做功,为此,汽油机的燃烧室中都装有火花塞。点火系统的功用就是按照气缸的工作顺序定时地在火花塞两电极间产生足够能量的电火花。

(7) 起动系统由蓄电池、点火开关、起动继电器、起动机等组成。起动系统的功用是通过起动机将蓄电池的电能转换成机械能,使曲轴旋转完成发动机起动过程。

柴油发动机与汽油发动机在结构上的主要区别如下:汽油发动机有点火系统,而柴油发动机没有点火系统。另外,在燃料供给系统上也存在一定的区别。柴油发动机的燃料供给系统主要由燃油供给装置、空气供给装置、混合气形成装置和废气排出装置4部分组成。柴油发动机燃料供给系统的功用是不断供给发动机经过滤清的清洁燃料和空气,根据柴油发动机不同工况的要求,将一定量的柴油以一定压力定时喷入燃烧室,使其与空气迅速混合并燃烧,做功后将燃烧废气排出气缸。

2. 四冲程发动机的工作原理

四冲程发动机每完成一个工作循环需要经过进气、压缩、膨胀(做功)和排气4个行程,对应活塞上下往复运动4次,对应的曲轴旋转720°(两圈)。四冲程发动机工作原理如图2.5所示。

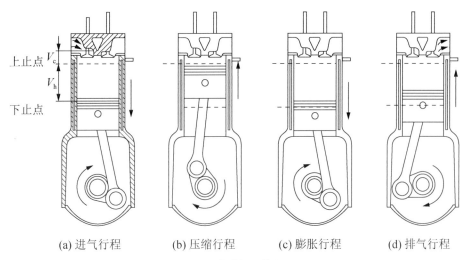

图 2.5 发动机工作原理

1) 进气行程

此时，活塞被曲轴带动由上止点向下止点移动，同时，进气门开启，排气门关闭。当活塞由上止点向下止点移动时，活塞上方的容积增大，气缸内的气体压力下降，形成一定的真空度。由于进气门开启，气缸与进气管相通，混合气被吸入气缸。当活塞移动到下止点时，气缸内充满了新鲜混合气及上一个工作循环未排出的废气。

2) 压缩行程

活塞由下止点移动到上止点，进、排气门关闭。曲轴在飞轮等惯性力的作用下带动旋转，通过连杆推动活塞向上移动，气缸内气体容积逐渐减小，气体被压缩，气缸内的混合气压力与温度随着升高。

3) 膨胀行程

此时，进、排气门同时关闭，火花塞点火，混合气剧烈燃烧，气缸内的温度、压力急剧上升，高温、高压气体推动活塞向下移动，通过连杆带动曲轴旋转。在发动机工作的 4 个行程中，只有在这个行程才实现能量转化，即热能转化为机械能，所以这个行程又称为做功行程。

4) 排气行程

此时，排气门打开，活塞从下止点移动到上止点，废气随着活塞的上行，被排出气缸。由于排气系统有阻力，且燃烧室也占有一定的容积，所以在排气终了，不可能将废气排净，这部分留下来的废气称为残余废气。残余废气不仅影响充气，对燃烧也有不良影响。

排气行程结束时，活塞又回到上止点，也就完成了一个工作循环。随后，曲轴依靠飞轮转动的惯性作用仍继续旋转，开始下一个循环。如此周而复始，发动机就不断地运转起来。

2.2.2 底盘

汽车底盘(图 2.6)由四大系统组成,即传动系统、行驶系统、转向系统、制动系统。汽车底盘的作用是支承、安装汽车发动机及其各部件、总成,形成汽车的整体造型,并接受发动机的动力,使汽车产生运动并按照驾驶员的操控而正常行驶。动力传递流程示意图如图 2.7 所示。

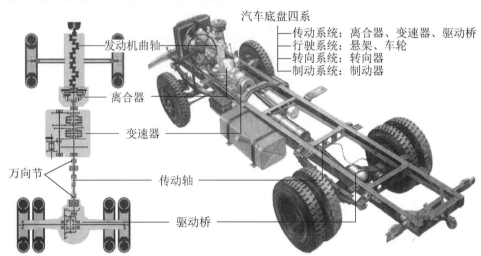

图 2.6 汽车底盘

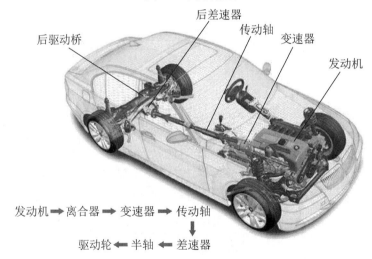

图 2.7 汽车动力传递流程示意图

1. 传动系统

传动系统包括离合器、变速器、万向传动装置、驱动桥等部件。汽车传动系统的基本功用是将发动机发出的动力传给驱动车轮,使汽车行驶。

1) 离合器

(1) 分类及结构组成。

① 离合器按控制方法不同,可分为操纵离合器(必须通过操纵元件才具有接合或分离功能的离合器)和自控离合器(在主动部分或从动部分某些性能参数变化时,接合元件具有自行接合和分离功能的离合器)。

② 离合器按操纵方式不同,可分为机械离合器、电磁离合器、液压离合器和气压离合器 4 种。

③ 自控离合器分为超越离合器、离心离合器和安全离合器 3 种。

④ 机械离合器(在机械机构的直接作用下具有离合功能的离合器)可分为牙嵌式(离合式)离合器和摩擦式离合器两种。

离合器的结构如图 2.8 所示。

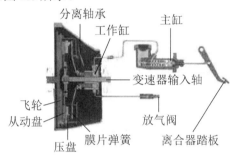

图 2.8 离合器的结构

① 主动部分:飞轮、压盘、离合器盖等。

② 从动部分:从动盘、从动轴(即变速器第一轴)。

③ 压紧部分:压紧弹簧,主要由螺旋弹簧、膜片弹簧等组成,大多数汽车常用的是膜片弹簧。

④ 操纵机构:分离杠杆、分离杠杆支承柱、摆动销、分离套筒、分离轴承、离合器踏板等。

(2) 功用。离合器是汽车传动系统中直接与发动机相连接的部件,用来分离或结合发动机与变速器之间的动力传递。离合器的主要功用有平稳起步,换挡平顺,防止传动系统过载。

(3) 应用。机械传动系统的起动、停止、换向及变速等操作。

2) 变速器

(1) 分类及结构组成。

① 变速器按传动比,可以分为有级式变速器、无级式变速器和综合式变速器 3 种。

a．有级式变速器：具有若干个数值一定的传动比，传动比的变化呈阶梯式或跳跃式。

b．无级式变速器：无级式变速器的传动比可以在一定数值范围内连续变化。

c．综合式变速器：由液力变矩器和齿轮式有级变速器组成的液力机械式变速器，其传动比可以在最大值和最小值之间的几个间断的范围内做无级变化。

② 变速器按操纵方式，可分为强制操纵式变速器、自动操纵式变速器和半自动操纵式变速器3种。

③ 变速器按使用方法，可以分为手动变速器(Manual Transmission，MT)、自动变速器(Automatic Transmission，AT)、手自一体变速器、无级变速器(Continuously Variable Transmission，CVT)、双离合变速器(Dual Clutch Transmission，DCT)和EMT、AMT序列变速器等。

a．手动变速器：手动车型到目前为止还是车市中最主流的车型。目前手动变速器的技术已经非常成熟，它是通过齿轮的啮合来传动发动机的动力的。因其传动效率高，结构简单，维修保养成本低，所以备受青睐。

轿车手动变速器大多为四挡或五挡有级式齿轮传动变速器，并且通常用同步器，换挡方便，噪声小。手动变速在操纵时必须踩下离合器踏板，方可拨得动变速杆。手动变速器是相对自动变速器而言的，其实在自动变速器出现之前所有的汽车都采用手动变速器。手动变速器是利用大小不同的齿轮配合而达到变速的。图2.9所示为五挡手动变速器，从图中可以清楚看出动力传递路线。

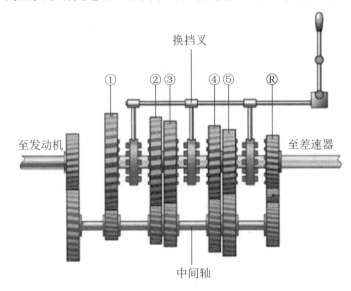

图2.9　五挡手动变速器

b. 自动变速器：自动变速器是通过液力变矩器(图2.10)及行星齿轮来传动发动机的动力的，传动效率低，经济性较差。同时行星齿轮结构复杂，维修成本较高。

一般来讲，汽车上常用的自动变速器有液力自动变速器、液压传动自动变速器、电力传动自动变速器、有级式机械自动变速器和无级式自动变速器。液力自动变速器主要由液压控制的齿轮变速系统构成，主要包含自动离合器和自动变速器两大部分。它能够根据节气门(油门)的开度和车速的变化，自动进行换挡。

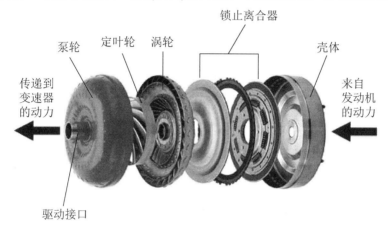

图2.10　液力变矩器

c. 手自一体变速器：手自一体变速器按原理可以分为两种。一种是建立在自动变速器的基础上，通过计算机模拟出手动换挡动作的手自一体变速器。这种变速器更改的是软件而不是硬件，因此其性能也是建立在自动变速器的基础之上。另外一种手自一体模式是电控机械自动变速器(Automated Mechanical Transmission, AMT)。它是在传统手动变速器的基础上，加装了一套速选器(selectspeed)系统。该系统是由电子控制的液压操控系统。变速器的工作依然与原来的手动变速器相同。只不过原来由驾驶员完成的踩离合器踏板换挡的动作，现在由速选器来完成，而且由速选器选择的换挡时机要比驾驶员完成得更准确。

通过上面的介绍可知，AMT的核心是速选器系统(图2.11)。下面以马瑞利公司的速选器系统为例介绍它的工作原理。

该系统主要由传感部分、计算部分和执行部分3部分组成。传感部分包括各种传感器及从发动机控制单元传送过来的各种信号；计算部分由变速器电控单元(TCU)完成；执行部分主要是指液压组件，包括油箱、油泵、储能罐、电磁阀等部分。在这套系统中并不存在离合器，换挡杆的作用通过若干个触点信号向TCU给出换挡或者手自动切换的命令，而并不直接控制变速器。

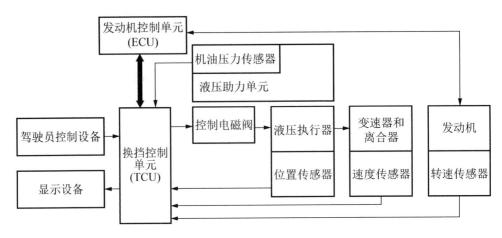

图 2.11 速选器系统

d. 无级变速器：无级变速器主要零部件包括主动轮组、从动轮组、金属带及液压泵等，具体结构和工作原理如图 2.12 所示。

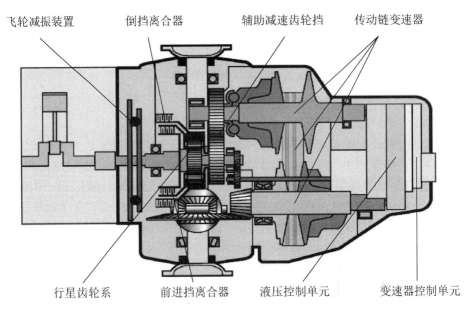

图 2.12 无级变速器

金属带的主要结构是数百个金属片还有两束金属环，主、从动轮组的主要构件全部是固定盘和可动盘，距离油缸较近的一侧的带轮能够在轴上顺畅滑动，另一侧是固定不动的。固定盘和可动盘的几何结构都是锥面 V 形槽状，可与同是 V

形的金属传动带进行啮合。汽车发动机输出的动力最先传给主动带轮,再通过主动带轮 V 形传动带传送给从动带轮,最后通过减速器和差速器装置,把动力传给车轮并进而驱动汽车运行。汽车发动机工作时,通过主、从动带轮可动盘的轴向移动,进而改变主、从动轮锥面和 V 形传动带啮合的工作半径,最后改变传动比。

随着电子、材料、加工技术、油品及液压系统等关键技术的发展,无级变速器正朝着以下几方面发展:向大排量的汽车上发展,以实现更广泛的应用;具有更加优越的控制及快捷的反应;具有更高的传动效率;具有更宽的变速比范围;小型化及轻量化;价格更低廉;向混合动力的高度集成应用发展。

e. 双离合变速器:双离合变速系统采用两组离合器交替进行工作,来减少或消除单个离合器工作时所产生的动力中断现象,使汽车变速换挡的过程更加平顺。

双离合变速器的工作原理如图 2.13 所示。汽车在挂上奇数挡行驶时,离合器 1 结合,输入轴 1 工作,变速器在某一奇数挡位工作,此时离合器 2 处于分离状态,输入轴 2 不工作,但有一偶数挡位的同步器处于接合状态(预啮合);当要进行换挡时,将离合器 1 分离的同时让离合器 2 接合,实现平稳、快速地换挡(换挡时间通常只有 0.1~0.2s,有的升挡仅需 0.008s);接着,某一奇数挡位的同步器又处于接合状态(预啮合),即在双离合变速器的工作过程中总是有两个挡位是结合

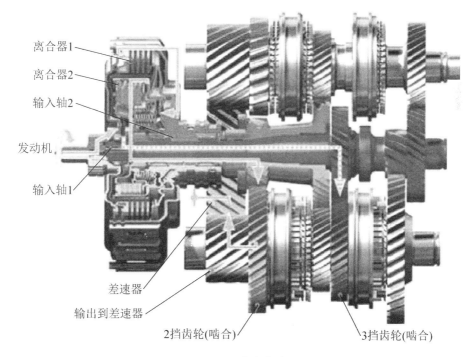

图 2.13 双离合变速器

的,一个正在工作,另一个则为下一步做好准备,这就使汽车在换挡过程中大大减少或消除了动力的中断。另外,在手动模式下可以进行跳跃换挡,若初始挡位和目标挡位属同一离合器控制,则会通过另一离合器控制的挡位转换一下,如果初始挡位和目标挡位不属同一离合器控制,则可以直接跳跃换至所定挡位。

(2) 功用。变速器的主要功用如下。

① 在较大的范围内改变汽车的行驶速度和汽车驱动轮上转矩的数值。

② 在汽车发动机旋转方向不变的前提下,利用倒挡实现汽车倒向行驶。

③ 在发动机不熄火的情况下,利用空挡中断动力传递,便于发动机起动、怠速和变速器换挡或动力输出。

(3) 应用。手动变速器由于具有机械可靠性高、结构简单、动力性好等优点,成为目前使用最广泛的变速器。

在国内,电控机械自动变速器目前主要应用于一些 A0 级的车型,如 Smart 系列、奇瑞 QQ、比亚迪 F0 及雪佛兰赛欧等车型。由于涉及车型范围较少、车辆也比较低端,电控机械自动变速器缺少推广的平台,发展前景是三类新型自动变速器中最不乐观的。

双离合器变速器是以大众集团为首的欧洲车系主推的一款新型自动变速器,在我国拥有广泛的市场基础,因此拥有广阔的推广平台。

目前,无级变速器的电子控制又进一步向智能化方向发展,如对湿式离合器的结合采用模糊控制来改善汽车的起动性能等。同时无级变速器的结构也越来越小巧和紧凑,加上对前轮驱动的无级变速器进行结构上的修改,使其可用于后轮驱动的汽车,进一步扩大了无级变速器的应用范围。

3) 万向传动装置

万向传动装置一般由万向节和传动轴组成,有时还要加装中间支撑。万向传动装置用于两轴之间相交且相对运动处的动力传递。

(1) 万向节的分类、结构。

① 分类:在汽车上使用的万向节可以从不同的角度分类。按其刚度大小,可分为刚性万向节和柔性万向节。刚性万向节按其速度特性分为不等速万向节(常用的为十字轴式)、准等速万向节(如双联式和三销轴式)、等速万向节(包括球叉式和球笼式)。

目前在汽车上应用较多的是十字轴式刚性万向节和等速万向节。十字轴式刚性万向节主要用于发动机前置后轮驱动的变速器与驱动桥之间,等速万向节主要用于发动机前置前轮驱动的内、外半轴之间。

② 结构:十字轴式刚性万向节主要由十字轴、万向节叉等组成,如图 2.14

所示。普通的万向节即十字轴万向节。十字轴式刚性万向节允许相邻两轴的最大交角为15°～20°。

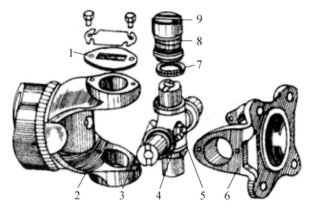

图2.14 十字轴式刚性万向节

1—轴承盖；2、6—万向节叉；3—油嘴；4—十字轴；
5—安全阀；7—油封；8—滚针；9—套筒

(2) 传动轴的分类、结构。

① 分类。汽车传动轴主要有两种形式：实心轴和空心轴。实心轴多用于转向驱动桥和断开式驱动桥连接半轴与车轮，空心轴多用于传动系统中变速器和驱动桥的连接。

② 结构。传动轴的结构如图2.15所示。

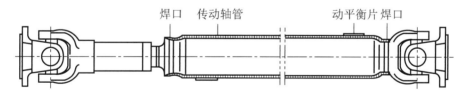

图2.15 传动轴的结构

(3) 功用。万向传动装置在汽车上有很多应用，结构也稍有不同，但其功用都是一样的，即在轴线相交且相互位置经常发生变化的两转轴之间传递动力。

(4) 应用。汽车上任何一对轴线相交，并且相对位置经常发生变化的转轴之间进行动力传递，均需要用万向传动装置。其应用主要体现在以下方面。

① 变速器与驱动桥之间(图2.16)。为保证变速器与驱动桥二者之间任何情况下均能传递动力，必须采用万向传动装置，对于轴距比较大的汽车，由于变速器与后桥距离较远，有时还将传动轴分为两段。

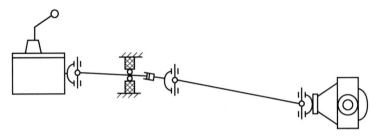

图 2.16　变速器与驱动桥之间的万向传动

② 在多轴驱动的越野汽车上，在分动器与各驱动轴之间、驱动桥与驱动桥之间、变速器与分动器分开时，它们之间的动力传递都是靠万向传动装置来实现的，如图 2.17 所示。

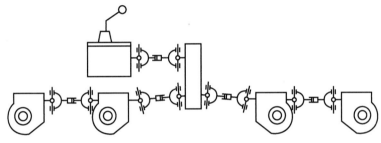

图 2.17　越野汽车上的万向传动

③ 在采用独立悬架的转向驱动桥上，靠近主减速器处都需要有万向节；若采用非独立悬架，只需在转向轮附近装一个万向节，如图 2.18 所示。

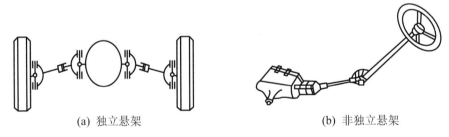

(a) 独立悬架　　　　　　　　　　　(b) 非独立悬架

图 2.18　万向节在悬架中的应用

4）驱动桥

(1) 分类及结构组成。驱动桥一般分为非断开式驱动桥和断开式驱动桥两种。驱动桥一般由主减速器、差速器、半轴、轮毂和桥壳组成，如图 2.19 所示。

非断开式驱动桥通常由主减速器、差速器、半轴和驱动桥壳组成。整个驱动桥通过弹性悬架与车架相连，驱动桥壳是刚性整体结构，因而两根半轴和驱动轮在横向平面内无相对运动。

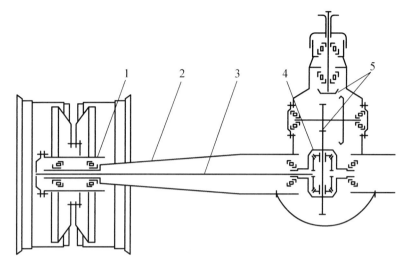

图 2.19 驱动桥的组成

1—轮毂；2—桥壳；3—半轴；4—差速器；5—主减速器

断开式驱动桥如图 2.20 所示，其左、右半轴的内端通过万向节与主减速器相连，外端通过万向节与驱动轮相连，主减速器固定在车架或车身上，驱动桥壳制成分段并以铰链方式相连，同时半轴也分段且各段之间用万向节连接。断开式驱动桥可以提高汽车行驶的平顺性和通过性，可采用独立悬架。

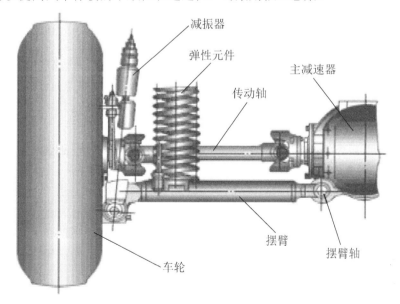

图 2.20 断开式驱动桥

(2) 功用。驱动桥是传动系统最后一个总成。其作用是将万向传动装置传来的发动机动力降速增矩、改变传动方向后，分配给左、右驱动轮，并允许左、右驱动轮以不同转速旋转。

(3) 应用。前置前驱及前置后驱的驱动桥安装位置、结构的区别如下。

前置前驱：离合器、变速器、主减速器、差速器、驱动桥组件都安装在变速器壳体中，位于汽车前部，动力传递给前轮。

前置后驱：主减速器、差速器、驱动桥组件安装在驱动桥壳体内，位于汽车后部，动力传递给后轮。

5) 主减速器

(1) 分类及结构组成。主减速器种类繁多，有单级式和多级式；有单速式和双速式；还有贯通式和轮边式等。下面主要介绍以下几种。

① 单级式主减速器：仅有一对弧齿锥齿轮或双曲面齿轮传动，它具有结构简单、质量轻、体积小、传动效率高等特点。轿车和轻型载货汽车多采用单级式主减速器。

万向传动装置传来的动力经叉形凸缘传给主动锥齿轮，经从动锥齿轮减速改变方向后，由螺栓传给差速器壳，最后由差速器半轴齿轮、半轴传到两侧驱动轮，使驱动轮旋转。

② 双级式主减速器。根据使用条件不同，要求主减速器有较大传动比时，单级式主减速器不能保证有足够的离地间隙，这时需要用由两对齿轮传动的双级式主减速器。

③ 贯通式主减速器。在多轴(如三轴)驱动的越野汽车上，动力不仅要传给中桥，还要穿过中桥直接传到后桥，传到中桥的主减速器称为贯通式主减速器。贯通式主减速器的齿轮可以是蜗杆蜗轮(结构最为简单)，也可以是锥齿轮。

(2) 功用。主减速器的功用是将输入的转矩增大并相应降低转速；根据需要，还可以改变转矩的传递方向。

(3) 应用。前桥驱动的车型主减速器安装在前桥上，后桥驱动的车型主减速器安装在后桥上，多桥驱动的车型每个驱动桥上都安装减速器，其减速比相同。

6) 差速器

(1) 分类及结构组成。两驱车只有驱动桥需要安装差速器，因为非驱动桥上的两车轮并未相连，所以没有必要安装差速器。而对于四轮驱动和全轮驱动车辆来说，由于前、后轴均为驱动桥，必须分别在两个前轮和两个后轮之间安装轮间差速器。

差速器按工作特性分为普通差速器和防滑差速器。

① 普通差速器。普通差速器如图 2.21 所示。

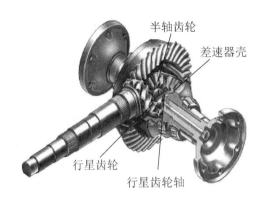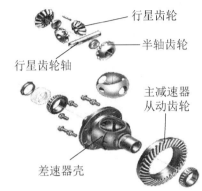

图 2.21　普通差速器结构

普通差速器在车辆直线行驶时，左、右车轮受力相等，两半轴齿轮不存在转速差，所以行星齿轮不发生自转，主减速器从动齿圈相当于直接驱动两半轴齿轮。半轴齿轮通过驱动半轴与车轮相连，因此实质上经过一系列动力传递过程后，车轮得到了和主减速器从动齿圈相同的转速。车辆转弯时，外侧车轮希望能够获得比内侧车轮更高的转速，此时行星齿轮介入，在维持转矩传递的同时允许两半轴齿轮出现轻微的转速差。

目前广泛使用的对称式锥齿轮差速器，转矩总是平均分配的。差速器转矩的平均分配特性对于汽车在良好路面上直线或转弯行驶时，都是满意的。而当汽车在坏路面行驶时，却严重影响了它的通过能力。

② 防滑差速器。防滑差速器正是为克服开放式差速器的窘境而生的。防滑差速器仍然保留了开放式差速器的所有部件，但额外增加了两个关键部分。一是弹簧压盘，即布置于行星齿轮架两半轴齿轮间的一对弹簧和压盘组件。弹簧压盘推动半轴齿轮向外运动。二是离合器组件。半轴齿轮背面涂有摩擦材料，在与行星齿轮架内侧的离合器片挤压接触后能够产生摩擦力。这种结构意味着离合器一直迫切渴望工作，试图让两半轴齿轮的速率和主减速器从动齿圈及行星齿轮架保持一致，如同普通差速器直线行驶时一样。

③ 托森差速器。托森差速器是开放式差速器的一个衍生形式。当分配给左、右两车轮的转矩相等时，托森差速器和普通的开放式差速器无异。当分配给左、右两车轮的转矩不等时，二者间的差别就会显现出来。例如，当一个车轮处在低附着力的路面上时，差速器内的蜗轮蜗杆机构便会发生自锁。

托森差速器(图 2.22)是一个无需离合器、液压系统、执行机构或传感器的全机械装置。托森差速器的蜗轮不但与半轴上的蜗杆相啮合，蜗轮两端还额外通过常规直齿轮彼此啮合。此连接特性使托森差速器在转矩均匀时能够和普通开放式差速器一样工作；一旦转矩分配不均，便立刻产生转矩感应作用。

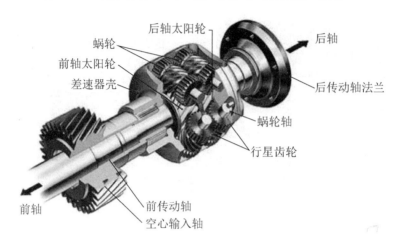

图 2.22　托森差速器

(2) 功用。差速器的功用是当汽车转弯或在不平路面上行驶时，允许左、右车轮以不同的转速旋转，使车轮在地面上做纯滚动。

(3) 应用。在内燃机驱动的汽车、电动汽车上，对称式锥形齿轮用于主动驱动轮之间的差速，将符合车轮行车状况的动力输送到车轴上。对称式锥齿轮常用在公交汽车、小型家用车上；电子控制防滑差速器在中高级轿车及 SUV 上应用越来越广，是提高汽车主动安全性的重要总成。托森差速器主要应用于中高端车及中高端 SUV 上，如奥迪 A4、奥迪 A5、奥迪 A6、奥迪 A8、奥迪 Q7、奥迪 R8、大众辉腾、雷克萨斯 GX470(即国内的丰田霸道)、雷克萨斯 SC430、丰田 4Runner、丰田 FJ 巡洋舰、路虎揽胜等。

2. 行驶系统

行驶系统包括车架、车桥、悬架和车轮等部分。

汽车行驶系统的主要功用如下。

(1) 支承着汽车的总质量。

(2) 接受由发动机经传动系统传来的转矩，并通过驱动轮与地面之间的附着作用，产生驱动力，保证汽车正常行驶。

(3) 传递并承受路面作用于车轮上的各种反力及其所形成的力矩。

(4) 尽可能地缓和不平路面对车身造成的冲击和振动，保证汽车行驶的平顺性。

汽车行驶系统一般由车架,前、后桥,前、后轮和前、后悬架组成,如图2.23所示。

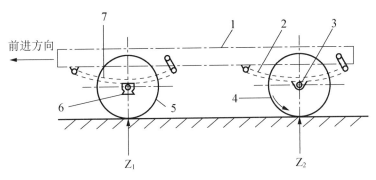

图2.23 汽车行驶系统的组成

1—车架；2—后悬架；3—驱动桥；4—后轮；5—前轮；6—从动桥；7—前悬架

1) 车架

(1) 分类及结构组成。汽车车架是整个汽车的基体,俗称"大梁"。其上装有绝大多数汽车部件和总成,如发动机,变速器,传动轴,前、后桥,车身等部件。目前,汽车车架的结构形式主要有3种:边梁式车架、中梁式车架及综合式车架。

① 边梁式车架。边梁式车架由两根位于两边的纵梁和若干根横梁组成,用铆接法或焊接法将纵梁与横梁连接成坚固的刚性构架,如图2.24所示。

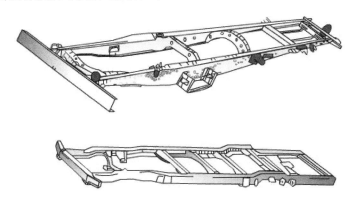

图2.24 边梁式车架

纵梁通常用低合金钢板冲压而成,断面形状一般为槽形,也有的做成Z形或箱形断面。根据汽车形式不同和结构布置的要求,纵梁可以在水平面内或纵向平面内做成弯曲的及等断面或非等断面的。横梁不仅用来保证车架的扭转刚度和承受纵向载荷,而且可以支承汽车上的主要部件。通常载货汽车有多根横梁,有时采用管形或箱形断面的横梁。

② 中梁式车架。中梁式车架(图 2.25)只有一根位于中央而贯穿汽车全长的纵梁。中梁的断面可做成管形、槽形或箱形。中梁的前端做成伸出支架,用以固定发动机,而主减速器壳通常固定在中梁的尾端,形成断开式驱动桥。中梁上的悬伸托架用以支撑汽车车身和安装其他机件。若中梁是管形的,传动轴可在管内穿过。

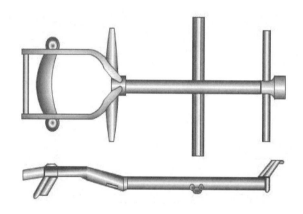

图 2.25　中梁式车架

③ 综合式车架。由边梁式车架和中梁式车架联合构成的车架,称为综合式车架。如图 2.26 所示,其前端是边梁式结构,用以安装发动机;中后部是中梁式结构,其悬伸出来的支架可以固定车身。传动轴从中梁的中间穿过,使之密封防尘。

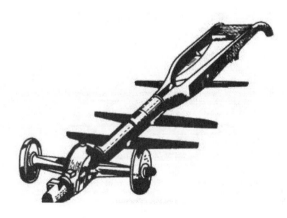

图 2.26　综合式车架

(2) 功用。车架的功用是支承、连接汽车的各零部件，并承受来自汽车内部的各种载荷。车架通过悬架装置坐落在车轮上。

(3) 应用。边梁式车架结构简单、制造成本低、抗弯冲强度高、工艺要求低、制造容易，故在小轿车及其他车辆上均有采用。

用焊接法形成的中梁式立体架式结构，适用于底盘零件和车身安装的需要。这种车架选材轻、刚度好，适用于运动型汽车或赛车的单个或小批量生产。

公共汽车及长途大客车，多数采用全金属承载式车身，其中大部分是有骨架式，而无骨架承载式车身在一部分大客车上有所采用。

2) 车桥

(1) 分类及结构组成。车桥(也称车轴)通过悬架与车架(或承载式车身)相连接，两端安装汽车车轮。

根据悬架的结构形式，车桥可分为整体式和断开式两种。断开式车桥为活动关节式结构，与独立悬架配用。大部分现代轿车左、右车轮之间实际上没有车桥，而是通过各自的悬架与车架相连接，然而习惯上仍称它们为断开式车桥。

按照车桥上车轮的运动方式和作用，车桥可分为转向桥、驱动桥、转向驱动桥和支持桥 4 种类型。其中转向桥和支持桥都属于从动桥。一般汽车的前桥多为转向桥，后桥或中、后两桥多为驱动桥。越野汽车和一些轿车的前桥既是转向桥又是驱动桥，故称为转向驱动桥。以图 2.27 所示的前桥为例进行介绍。

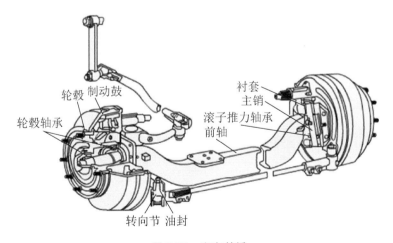

图 2.27　汽车前桥

转向桥是利用转向节使车轮偏转一定的角度以实现汽车的转向,同时还承受和传递车轮与车架之间的垂直载荷、纵向力和侧向力,以及这些力形成的力矩。转向轮通常位于汽车的前部,因此也称为前桥。

(2) 功用。车桥的功用是传递车架与车轮之间的各向作用力及其所产生的弯矩和扭矩。

(3) 应用。整体式车桥因强度和刚度性能好,便于主减速器的安装、调整和维修,而得到广泛应用;断开式车桥一般与独立悬架匹配,在轿车中较为常见,货车一般只有军用货车才会使用,民用货车中不常见;转向驱动桥具有转向功能,在轿车中比较常见,货车一般在全轮驱动车型中才会有。

3) 悬架

悬架是车架与车桥之间一切传力连接装置的总称,如图 2.28 所示。

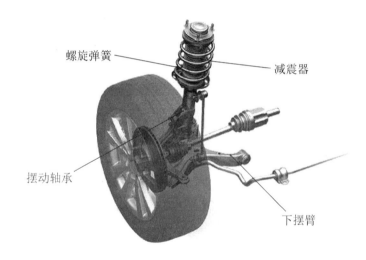

图 2.28 汽车悬架

(1) 分类及结构组成。悬架的结构形式很多,分类方法也不尽相同。按控制力的角度,可将悬架分为被动悬架、半主动悬架和主动悬架三大类。按导向机构的形式分,可将悬架分为独立悬架和非独立悬架两大类。现代汽车多采用独立悬架。

独立悬架系统每一侧的车轮都是单独地通过弹性悬架系统悬架在车架或车身下面。其优点是质量轻,减少了车身受到的冲击,并提高了车轮的地面附着力;可用刚度小的较软弹簧,改善了汽车的舒适性;可以使发动机位置降低,汽车重心也得到降低,从而提高了汽车的行驶稳定性;左、右车轮单独跳动,互不相干，能减少车身的倾斜和振动。其中，麦弗逊式悬架、横臂式悬架应用较为广泛。

① 麦弗逊式悬架。麦弗逊式悬架由滑动立柱和横摆臂组成，也称滑柱连杆式悬架，结构如图2.29所示。

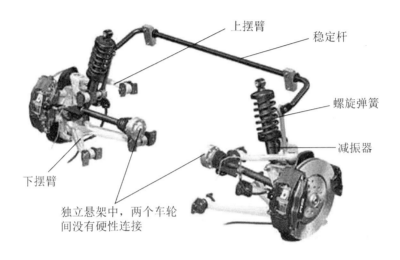

图 2.29　麦弗逊式悬架

筒式减振器为滑动立柱，横摆臂的内端通过铰链与车身相连，外端通过球铰链与转向节相连。减振器的上端与车身相连，减振器的下端与转向节相连，车轮所受的侧向力大部分由横摆臂承受，其余部分由减振器活塞和活塞杆承受。筒式减振器上铰链的中心与横摆臂外端球铰链中心的连线为主销轴线，此结构也为无主销结构。

② 横臂式悬架。横臂式悬架分为单横臂式悬架和双横臂式悬架两种。

a．单横臂式悬架：其结构如图 2.30 所示。在该结构中，后桥半轴套管是断开的，主减速器的左侧有一个单铰链，半轴可绕其摆动。在主减速器上面安装着可调节车身水平位置的油气弹性元件，它和螺旋弹簧一起承受并传递垂直力。作用在车轮上的纵向力主要由纵向推力杆承受。中间支承不仅可以承受侧向力，而且可以部分地承受纵向力。当车轮上下跳动时，为避免干涉，其纵向推力杆的前段用球铰链与车身连接。

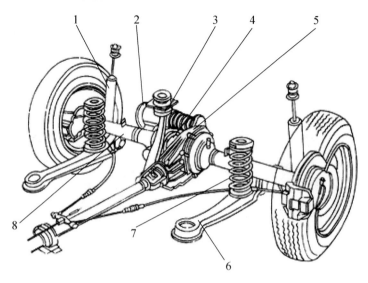

图 2.30 单横臂式悬架

1—减振器；2—油气弹性元件；3—中间支承；4—单铰链；
5—主减速器壳；6—纵向推力杆；7—螺旋弹簧；8—半轴套管

b. 双横臂式悬架：这种悬架的两个横臂长度可以相等，也可以不相等，其结构如图 2.31 所示。不等长的双臂式悬架若两臂长度选择合适，则可以使主销角度与轮距变化均不过大，不大的轮距变化在轮胎较软时可以由轮胎变形来适应。因此不等长双横臂式悬架在轿车的前轮上应用较为广泛。

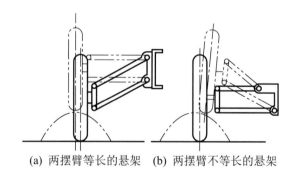

(a) 两摆臂等长的悬架　　(b) 两摆臂不等长的悬架

图 2.31 双横臂式悬架

③ 纵臂式悬架。纵臂式悬架分为单纵臂式悬架和双纵臂式悬架。

a. 单纵臂式悬架：其结构如图 2.32 所示。单纵臂式悬架在车轮上下运动时，主销后倾角会产生很大的变化，一般不用在前悬架中。

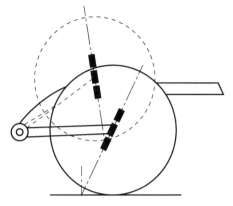

图 2.32 单纵臂式悬架

b. 双纵臂式悬架：其结构如图 2.33 所示。这种悬架的两个纵臂长度一般做成相等的，形成平杆机构。这样可使车轮上下运动时，主销后倾角不变，因而这种形式的悬架适用于转向轮。

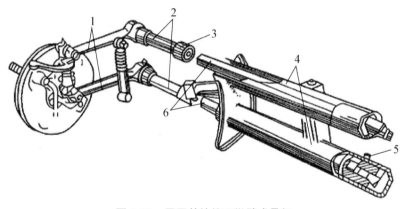

图 2.33 用于前轮的双纵臂式悬架

1—纵臂；2—纵臂轴；3—衬套；4—横梁；5—螺钉；6—扭杆弹簧

(2) 功用。悬架的主要功用是把路面作用于车轮上的垂直反力、纵向反力和侧向反力，以及这些反力所形成的力矩传递到车架上；与轮胎一起吸收和缓冲路面不平所造成的振动和冲击，提高乘客的乘坐舒适性和运输货物的安全性。

(3) 应用。根据导向装置的不同，被动悬架分为非独立悬架和独立悬架。被动悬架主要应用于中低档轿车上，非独立悬架结构简单、工作稳定，主要用于客车、货车上(有时用于轿车后悬架)。独立悬架采用断开式车桥，每侧车轮可相对独立运动，平顺性较好，但它的结构较复杂，制造成本较高，广泛应用于现代轿车及一些轻型货车上。例如，麦弗逊式悬架广泛应用在发动机前置、前轮驱动的前悬架中。

3. 转向系统

1) 分类及结构组成

按转向能源的不同，转向系统可分为机械转向系统和动力转向系统两大类。

(1) 机械转向系统是以驾驶员的体力作为转向能源的转向系统，如图 2.34 所示。其中所有传力件都是机械的(也称为人力转向系统)。

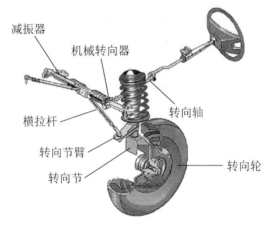

图 2.34 没有助力装置的机械转向系统

(2) 机械式液压助力系统主要包括齿轮齿条转向结构和液压系统(液压助力泵、液压缸、活塞等)两部分。其结构如图 2.35 所示。工作原理是通过液压泵(由发动机皮带带动)提供油压推动活塞，进而产生辅助力推动转向拉杆，辅助车轮转向。

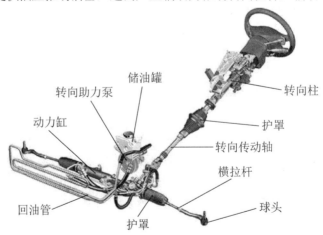

图 2.35 机械式液压助力系统

(3) 电子式液压助力系统(图 2.36)的结构原理与机械式液压助力系统大体相

同,最大的区别在于提供油压油泵的驱动方式不同。机械式液压助力系统的液压泵直接通过发动机皮带驱动,而电子式液压助力系统采用的是由电力驱动的电子泵。

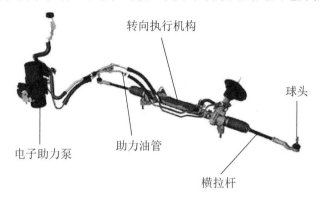

图 2.36　电子式液压助力系统

(4) 在电动助力转向系统中不再有油液、管路,取而代之的是直接的电子线路和设备,主要组件有电控单元、车速传感器、转矩传感器、电动机等。其结构如图 2.37 所示。工作原理如下:传感器把采集到的车速、转角信息输送给 ECU,ECU 决定电动机的旋转方向和助力电流大小,把指令传递给电动机,电动机将辅助动力施加到转向系统,这样实时调整的转向助力便得以实现。

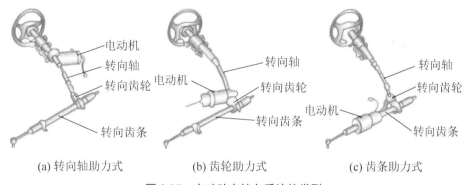

(a) 转向轴助力式　　　　(b) 齿轮助力式　　　　(c) 齿条助力式

图 2.37　电动助力转向系统的类型

2) 功用

汽车转向系统的功能是按照驾驶员的意愿控制汽车的行驶方向。

3) 应用

上述几种助力方式是我们日常能见到的最为主流的方式,它们有着各自的优点和缺点。从长远来看,电子式液压助力系统似乎成为发展趋势所在,轻便、节能、响应迅速,不过其在驾驶层面的劣势短期内还不能得到很好的弥补,所以机械式液压助力系统和电子式液压助力系统也还拥有自己的市场。

4. 制动系统

1) 分类及结构组成

按制动系统的作用,制动系统可分为行车制动系统、驻车制动系统、应急制动系统及辅助制动系统等。

按制动操纵能源,制动系统可分为人力制动系统、动力制动系统和伺服制动系统等。

汽车制动系统主要由供能装置、控制装置、传动装置和制动器等组成,如图2.38所示。

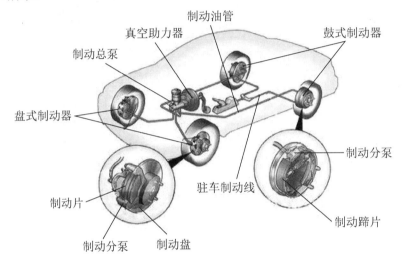

图2.38 汽车制动系统的结构示意图

常见的制动器主要有鼓式制动器和盘式制动器。下面主要介绍这两种制动器。

(1) 盘式制动器:由摩擦衬块从两侧夹紧与车轮共同旋转的制动盘后产生制动。其结构如图2.39所示。

盘式制动器的优点是机械部分外露,散热性能好。有人担心被雨水淋湿后会降低制动的效果,但是旋转的制动盘可以靠离心力使雨水飞散得不到积存,仍可获得稳定的制动力。制动盘可分实心盘和通风盘,通风盘的散热性要好于实心盘,但制造困难、成本高,多用于负载大的前轮。其缺点是较鼓式制动器制造成本高。

(2) 鼓式制动器:制动蹄片随车轮扩张后挤压在制动鼓的内侧,从而获得制动力。其结构如图2.40所示。鼓式制动器的优点是制造成本相对低,一般多用负载小的后轮或驻车制动,此时有较好的制动力。其缺点是由于摩擦面不外露的结构,散热性不如盘式制动器。另外,在深水中行驶时制动鼓中的水不易排出,会降低制动力。

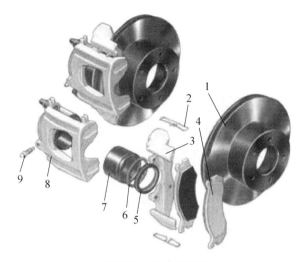

图 2.39 盘式制动器

1—前制动盘总成；2—卡子；3—制动钳安装支架；4—制动摩擦块；
5—防尘罩；6—油封；7—制动钳活塞；8—制动钳；9—放气螺栓

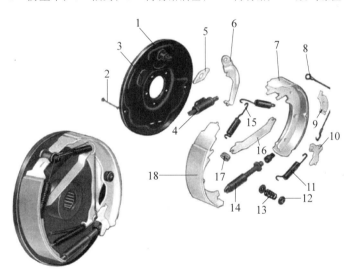

图 2.40 鼓式制动器

1—制动底板；2—拉紧销钉；3—凸台；4—轮缸；5—制动蹄导向板；6—驻车制动拉臂；
7—从蹄；8—调整拉索；9—拉索导向块；10—调整棘片；11—调整蹄拉簧；12—弹簧保持器；
13—压紧弹簧；14—调整螺栓总成；15—回位弹簧；16—驻车制动导向板；17—弹簧；18—领蹄

2) 功用

制动系统的功用是使行驶中的汽车降低速度甚至停车，使下坡行驶的汽车的速度保持稳定及使已经停驶的汽车保持不动。

3) 应用

汽车设计者从经济与实用的角度出发，一般轿车采用了混合的形式，即前轮采用盘式制动器，后轮采用鼓式制动器。四轮轿车在制动过程中，由于惯性的作用，前轮的负荷通常占汽车全部负荷的 70%～80%，因此前轮制动力要比后轮大。轿车生产厂家为了节省成本，前轮采用盘式制动器，后轮采用鼓式制动器。四轮盘式制动的中高级轿车，前轮采用通风盘式制动器是为了更好地散热，至于后轮采用非通风盘式制动器同样也是成本的原因。毕竟通风盘式制动器的制造工艺要复杂得多，价格也就相对高了。随着材料科学的发展及成本的降低，在轿车领域中，盘式制动器有逐渐取代鼓式制动器的趋向。

2.2.3 汽车车身

汽车车身是容纳乘客、货物和驾驶员工作的场所。车身应具备使乘客和货物免受尘土、风雪、振动、噪声、废气侵袭，以及为驾驶员提供工作便利的条件。车身上的一些结构措施和设备还应保证行车安全和减轻事故后果。

车身的造型应能保证有效地引导周围的气流，以减少空气阻力和燃料消耗，且有助于提高汽车行驶稳定性和改善发动机冷却条件，保证车身内部通风良好。

1. 轿车车身分类

按承载方式，轿车车身分为承载式车身、非承载式车身和半承载式车身 3 种。

(1) 承载式车身。其结构特点是没有车架。车身由底板、骨架、内蒙皮、外蒙皮、车顶等组成，整个车身构件全部参与承载，也称无车架车身。其结构如图 2.41 所示。

图 2.41 承载式车身结构

(2) 非承载式车身。如图 2.42 所示，非承载式车身装有独立的车架，车身通过弹簧或橡胶垫安装在车架上方。轿车底盘安装在车架上，车身只承受乘客和行李的重量。因此车身承受的载荷小，受到路面的冲击和振动较小，乘坐的舒适性提高了；但整备质量有所提高，对改善整车的经济性和行驶稳定性不利。

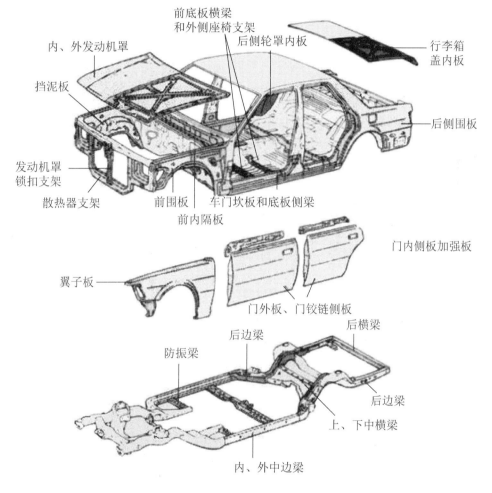

图 2.42　非承载式车身结构

按轿车车身构件分类，有三厢式轿车和两厢式轿车，如图 2.43 所示。

(1) 三厢式轿车：由发动机室、乘客室、行李箱分段隔开形成相互独立的三段布置，故称为三厢车。

(2) 两厢式轿车：后部形状按较大的内部空间设计，将乘客室与行李箱同一段布置，故称为两厢式轿车。

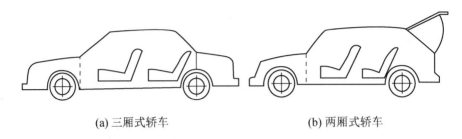

(a) 三厢式轿车　　　　　　　(b) 两厢式轿车

图 2.43　轿车车身构件

按轿车外形，有阶背形车身、溜背形车身、短背形车身和平背形车身等。

(1) 阶背形车身有发动机舱和行李箱，车身顶盖和车身后部呈折现连接。

(2) 溜背形车身的后风窗与行李箱连接线近似直线。溜背形车身流线型比较好，可满足空气动力性的要求。

(3) 短背形车身的后风窗与行李箱为一整体的后部车门，车身顶盖向后延伸与车身后也成折线。这种车身可使整车总长缩短，后悬长较短，离去角增大，提高了汽车的通过性。

按车身的门数，轿车分为两门轿车、四门轿车、五门轿车等。

2. 轿车车身组成

轿车车身由车身本体、车身外部装饰件、车身内部装饰件和电气附件等组成。

车身本体是轿车承载的主体，它由梁、支柱、加强板等车身机构件和翼子板、车门、发动机罩和行李箱盖等车身覆盖件组合而成，是车身内、外装饰件和电气附件的装载基础件。车身覆盖件是指车身上各种具有不同曲面形状及大小尺寸的薄板，安装在车身本体上，使车身形成一个完整的封闭体，供乘员乘坐。

车身外部装饰件是指车身外部起保护或装饰作用的一些部件，如前、后保险杠，各种车身外部装饰件、密封条，车外后视镜，散热器罩，车门等。

车身内部装饰件是指车内对人体起保护作用的或起内装饰作用的部件。车身内饰件有仪表板、座椅、安全带、安全垫、安全气囊、遮阳板、车内后视镜、车门、底板等。

电气附件指除用于轿车底盘以外的所有电气及电子装置，如各种仪表及开关、灯光、音响、电视、空调装置、刮水器、洗涤器、除霜装置等。

1) 轿车车身本体结构

轿车车身本体是指车身结构件与覆盖件焊接而成的总长，由前部、中部、后部组成。其结构如图 2.44 所示。

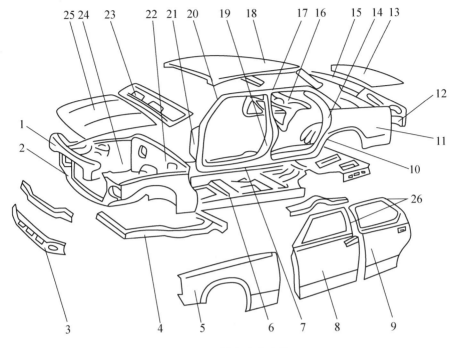

图 2.44 轿车车身本体

1—发动机罩前支撑板；2—散热器固定框架；3—前裙板；4—前框架；5—前翼子板；
6—地板总成；7—门槛；8—前门；9—后门；10—车轮挡泥板；11—后翼子板；
12—后围板；13—行李箱盖；14—后立柱(C柱)；15—后围上盖板；16—后窗台板；
17—上边梁；18—顶盖；19—中立柱(B柱)；20—前立柱(A柱)；21—前围侧板；
22—前围板；23—前围上盖板；24—前挡泥板；25—发动机罩；26—门窗框

(1) 车身前部：主要由前翼子板、前纵梁、前围上盖板、中间隔板、发动机罩等组成。

(2) 车身中部：由前柱、中柱、车顶边梁、后挡泥板、车门槛、车门及其覆盖件组成。

(3) 车身后部：主要由后翼子板、车后窗柱、车后门槛、后纵梁及其后部覆盖件组成。

2) 轿车车身覆盖件结构

轿车车身前部覆盖件：主要包括发动机罩、散热器面罩、前翼子板和前围上盖板等。

轿车车身后部覆盖件：主要包括后翼子板、行李箱盖或后舱背门等。

轿车车身顶盖：用来遮风挡雨，且在轿车翻转时可保护乘客安全。

3) 车门、车窗及附件

车门是车身上重要的部件之一,用门铰链安装在车身上。车门按其开启方式可分为以下几种。

(1) 顺开式车门(图2.45):即使在汽车行驶时仍可借气流的压力关上,比较安全,而且便于驾驶员在倒车时向后观察,故被广泛采用。

图 2.45　顺开式车门

(2) 逆开式车门(图2.46):在汽车行驶时若关闭不严就会被迎面气流冲开,因此用得比较少,一般只是为了改善上下车方便性及适应迎宾礼仪的需要才采用。

图 2.46　逆开式车门

(3) 水平移动式车门(图2.47):它的优点是在车身侧壁与障碍物距离较小的情况下仍能全部启动。

(4) 上掀式车门(图2.48):广泛用作轿车及轻型客车的后门,也应用于低矮的汽车。

图 2.47　水平移动式车门

图 2.48　上掀式车门

汽车的前、后车窗通常采用有利于视野而又美观的曲线玻璃,现代汽车前车窗广泛采用较安全的夹层玻璃。夹层玻璃中间夹有树脂薄膜,具有较高冲击强度。为了自然通风,汽车的侧窗玻璃通常可上下或前后移动,上下移动时,在车门内安装有手动或电动玻璃升降器。

4) 汽车空调暖风装置

(1) 通风、采暖装置。利用汽车行驶时的迎面气流进行车内空气换气的形式称为自然通风。

车外新鲜空气被鼓风机经冷空气进口强制压入车内,进行车内通风,这种通风形式为强制通风。

(2) 空调装置。汽车空调系统主要由压缩机、冷凝器、蒸发器和膨胀阀组成,如图 2.49 所示。

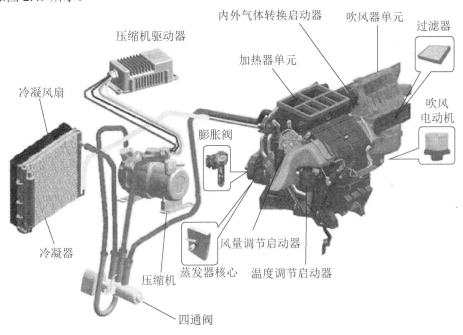

图 2.49　汽车空调系统

汽车空调的作用是调节车厢内部的空气温度、湿度、流速和清洁度等,为驾乘人员提供一个比较舒适的车内环境。

5) 风窗刮水器及风窗玻璃洗涤器

汽车风窗玻璃上都装有刮水器,以刮去附着在玻璃上的雨水或尘土,电动风窗刮水器结构如图 2.50 所示。

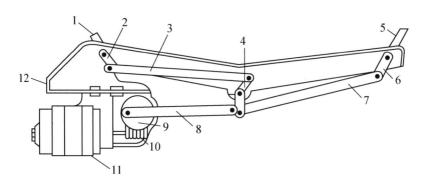

图 2.50 电动风窗刮水器

1、5—刷架；2、4、6—摆杆；3、7、8—拉杆；9—蜗轮；10—蜗杆；11—电动机；12—底板

风窗玻璃洗涤器的作用是将洗涤液或清洁的水喷射到风窗玻璃上，清洗风窗玻璃上的脏物和尘土，使驾驶员有良好的视野。其结构如图 2.51 所示。

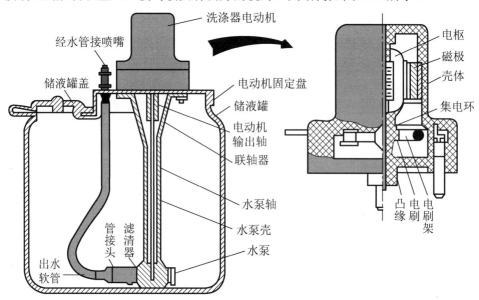

图 2.51 风窗洗涤器结构示意图

2.2.4 电气装置与电子控制系统

汽车的电气装置与电子控制系统可分为电气装置和电子控制系统两大部分。

1. 电气装置

电气装置主要由供电系统、用电设备、检测装置和配电装置 4 部分组成。

1) 供电系统

供电系统包括蓄电池、发电机及调节器和其他能源提供设备等。汽车上用电所需的电能，由发电机和蓄电池两个电源供应。发电机是主要电源，蓄电池是辅助电源。发电机配有调节器，其主要作用是在发电机转速和负荷变化时，自动调节发电机电压，使之保持稳定。传统的发电机为直流发电机，现在大都用硅整流交流发电机。

(1) 蓄电池。蓄电池是一种可逆的低压直流电源，既能将化学能转化为电能，也能将电能转化为化学能。蓄电池主要由极板与极板组、隔板、电解液、壳体、蓄电池技术状态指示灯组成。

除电动汽车外，蓄电池在汽车运行中只能充当发电机起动、停运或怠速等工况下的备用电源。在发电机正常工况下，汽车的用电设备主要靠发电机供电。同时，当蓄电池存电不足时，发电机又是蓄电池的充电电源。

(2) 交流发电机的构造。汽车用普通交流发电机的结构(图 2.52)大同小异，基本结构都是由转子、定子、整流器和端盖 4 部分组成的。

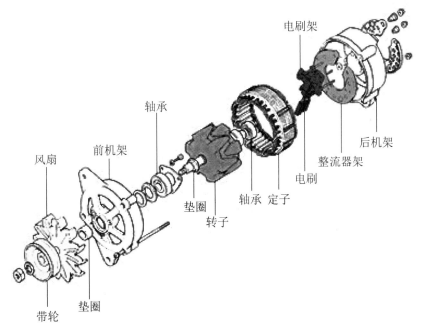

图 2.52 普通交流发电机的结构

汽车交流发电机的转子是发电机的磁极部分，其功用是产生磁场。交流发电机的定子是发电机的电枢部分，其功用是产生交流电。整流器的作用是将三相定子绕组产生的交流电转变为直流电。

2) 用电设备

汽车上用电设备的数量众多,大致可分为以下几种。

(1) 起动系统:主要指起动机,其任务是起动发动机。

(2) 点火系统:包括传统点火系统和电子点火系统的全部组件,其作用是产生高压电火花,点燃汽油发动机气缸内部的可燃混合气体。

(3) 照明与显示系统 包括车内外各种照明灯及保证夜间安全行车所必需的灯光,其中以前照灯最为重要;电子仪表为驾驶员提供汽车行驶时最基本的操作信息,这些信息显示在仪表板上,以示驾驶员。

(4) 信号系统:包括电喇叭、闪光器、蜂鸣器及各种信号灯,主要用来保证车辆运行时的人车安全。

(5) 附属电气设备:包括电动刮水器、风窗洗涤电动泵式喷水器、低温起动电热塞、电磁喷油器和电加热器、空调电磁离合器和风机、玻璃升降电动机、座椅调节电动机、音响设备、喇叭、防盗报警装置的报警蜂鸣器、灯光及点烟器、倒车雷达等。

(1) 起动机。起动机一般由以下3部分组成,其结构如图2.53所示。

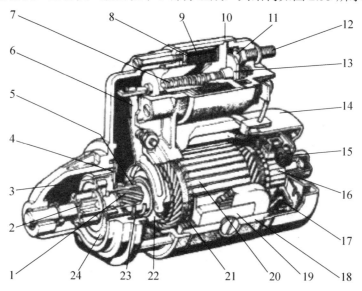

图2.53 起动机结构剖视图

1—电枢轴螺旋键槽;2—驱动齿轮;3—离合器驱动座圈(外座圈);4—离合器制动盘;
5—啮合弹簧;6—拨叉;7—复位弹簧;8—保持线圈;9—吸引线圈;10—电磁开关壳体;
11—电动机开关触点;12—接线端子;13—开关接触盘;14—换向器端盖;
15—电刷弹簧;16—换向器;17—电刷;18—电动机壳体;19—磁极;20—电枢;
21—磁场绕组;22—集电环;23—支撑盘;24—单向离合器

① 直流串励式电动机：其作用是产生转矩，即将蓄电池的电能转变为机械能的装置。

② 传动机构：其作用是在发动机起动时，使起动机驱动齿轮啮入飞轮齿环，将起动机转矩传给发动机曲轴；而在发动机起动后，使驱动齿轮自动打滑，避免起动机发生电枢飞散的"飞车"事件。

③ 控制装置：用来接通和切断电动机与蓄电池之间的电路，控制起动机驱动齿轮与发动机飞轮的啮合与分离。在有些汽油机上，还具有接入和隔除点火线圈附加电阻的作用。

(2) 点火系统。在火花点燃式发动机中，点火系统的作用是适时地为汽油发动机气缸内已压缩的可燃混合气提供足够能量的电火花，使发动机及时、迅速地燃烧做功。点火系统的好坏对发动机的工作有十分重要的影响，这就要求发动机在各种工况和使用条件下均能迅速、及时地产生足以击穿火花塞电极间隙的高电压，所产生的火花应具有足够的能量，且点火时刻应与发动机各种工况相适应。

总的来说，点火系统可分为传统点火系统和电子点火系统两大类。传统点火系统可分为蓄电池点火系统和磁电机点火系统；电子点火系统可以分为晶体管点火系统、半导体点火系统和无分电器点火系统。下面主要介绍无分电器点火系统。

无分电器电子点火系统完全取消了传统的分电器，没有分电器盖和分火头，由点火线圈产生的高压电，直接送到火花塞。无分电器点火系统目前常采用以下两种点火方式。

① 同时点火式：两个气缸合用一个点火线圈，即一个点火线圈有两个高压输出端，分别与一个火花塞相连，负责对两个气缸进行点火。同时点火的两个气缸一个缸在排气行程末期，另一个缸在压缩行程末期。

图2.54所示为丰田皇冠汽车采用的无分电器电子点火系统原理框图。

② 单独点火式：每个气缸的火花塞上配用一个点火线圈，单独对本缸进行点火。这种单独点火方式的控制电路大致相同，但随车型不同也存在一些差异。图2.55所示为一典型的无分电器点火系统的电控原理，它主要由各缸分别独立的点火线圈和点火器、电控单元(ECU)等组成。各缸点火线圈的初级点火线圈分别由点火器中的一个功率管控制，点火线圈的高压回路中没有高压二极管。

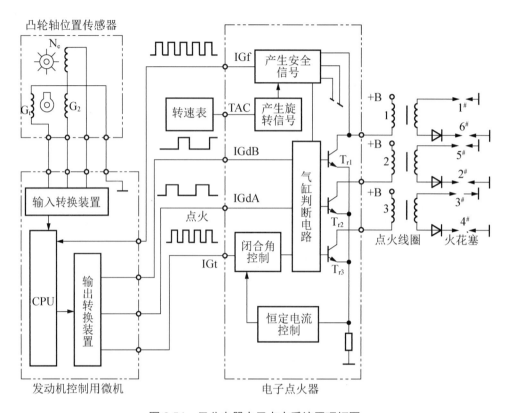

图 2.54 无分电器电子点火系统原理框图

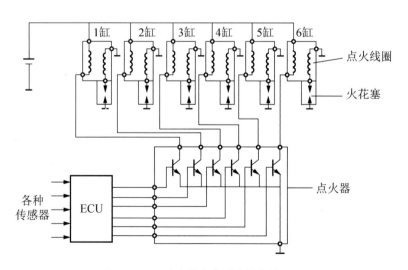

图 2.55 无分电器点火系统的电控原理

(3) 照明与显示系统。汽车照明与显示系统是汽车安全行驶的必备系统之一。它主要包括外部照明灯具、内部照明灯具、外部信号灯具、内部信号灯具、警报器、电喇叭和蜂鸣器等。

汽车灯具按照功能功用划分，主要有两个种类：汽车照明灯和汽车信号灯。

① 汽车照明灯按照其安装的位置及功用分为前照灯、雾灯、牌照灯、仪表灯、顶灯、工作灯。

② 汽车信号灯又分为转向信号灯、危险报警灯、示宽灯、尾灯、制动灯、倒车灯。

3) 检测装置

检测装置包括各种电气检测仪表和检测传感器，如电流表、电压表、机油压力表、温度表、燃油表、车速里程表、发动机转速表和自检装置，用来监视发动机和其他装置的工作情况。

4) 配电装置

配电装置包括中央配电盒、电路开关、保险装置、插接件和导线等，以保证线路工作的可靠性和安全性。

2. 电子控制系统

电子控制系统可以分为以下 4 个部分。

(1) 发动机和动力传动集中控制系统：包括发动机集中控制系统、自动变速控制系统、制动防抱死和牵引力控制系统等。

(2) 底盘综合控制和安全系统：包括车辆稳定控制系统、主动式车身姿态控制系统、巡航控制系统、防撞预警系统、驾驶员智能支持系统等。

(3) 智能车身电子系统：包括自动调节座椅系统、智能前灯系统、汽车夜视系统、电子门锁与防盗系统等。

(4) 通信与信息/娱乐系统：包括智能汽车导航系统、语音识别系统、"ON STAR"系统(具有自动呼救与查询等功能)、汽车维修数据传输系统、汽车音响系统、实时交通信息咨询系统、动态车辆跟踪与管理系统、信息化服务系统(含网络等)等。

下面简单介绍目前较多见且较成熟的部分汽车电子控制装置。

1) 发动机控制部分

(1) 废气再循环控制(Exhaust Gas Recirculation，EGR)。废气再循环系统的作用是将发动机产生的一小部分废气再送回气缸。再循环废气由于具有惰性将会延缓燃烧过程，这就是氮氧化物会减少的主要原因。另外，提高废气再循环率会使总的废气流量减少，因此废气排放、总的污染物输出量将会相对减少。其系统示意图如图 2.56 所示。

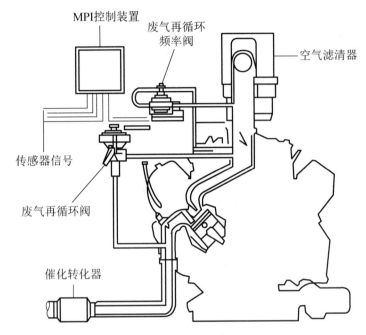

图 2.56 废气再循环系统示意图

(2) 电控汽油喷射(Electronic Fuel Injection,EFI)。现代汽车发动机的电控汽油喷射系统是一种新型的汽油供油系统。当发动机工作时,该系统通过采用不同的传感器检测发动机的空气流量、进气温度、发动机转速及工作温度等参数,按照预先编制的程序进行运算后与内存中预先存储的最佳工况时的供油参数进行比较和判断,计算出气缸内完全燃烧所需的最佳燃油量,适时地调整供油量,然后将加有一定压力的汽油经喷油器喷出,以供发动机使用,保证发动机始终在最佳工况下工作。其系统构成如图 2.57 所示。

2) 底盘控制部分

汽车自适应巡航控制系统是现代汽车中的一种巡航控制系统。该系统也可以称为主动式巡航控制或者智能巡航控制。这些系统通常使用雷达技术或者激光检测技术实现其功能。

基本的自适应巡航控制系统如图 2.58 所示,主要由轮速传感器、雷达传感器自适应巡航控制器、发动机控制器、节气门执行器、制动执行器、制动控制器(如 ABS、ESP 等)组成。对于一个完整的系统,还必须有相关人机界面,所以在实际的车辆中使用的自适应巡航控制器还必须增加操作控制开关、给驾驶员提供相关巡航系统状态的组合仪表。

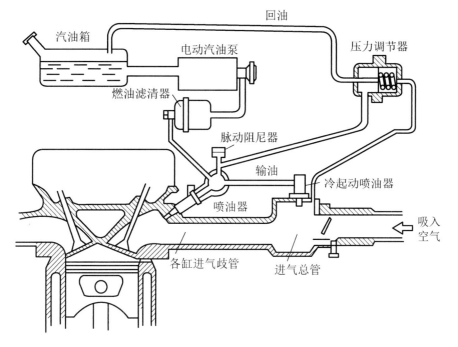

图 2.57 电控汽油喷射系统

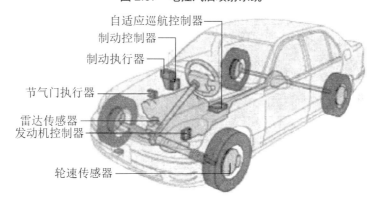

图 2.58 自适应巡航控制系统

3) 行驶安全系统

(1) 汽车稳定性控制系统(Electronic Stability Program,ESP)。汽车稳定性控制系统的英文缩写为 ESP,但车型不同,其缩写有所不同,沃尔沃称其为 DSTC,宝马称其为 DSC,丰田雷克萨斯称其为 VSC,其原理和作用基本相同。汽车稳定性控制系统的功能是监控汽车的行驶状态,在紧急躲避障碍物或在转弯出现不足转向或过度转向时,帮助车辆克服偏离理想轨迹的倾向。

汽车稳定性控制系统包括车距控制、防驾驶员困倦、限速识别、并线警告、停车入位、夜视仪、周围环境识别、综合稳定控制和制动助力(BAS)9 项控制功能。通过综合应用 9 种智能主动安全技术，汽车稳定性控制系统可将驾驶员对车辆失去控制的危险性降低 80%左右。

汽车稳定性控制系统是一套计算机程序，通过对各传感器传来的车辆行驶状态信息进行分析，进而向 ABS(制动防抱死系统)和 ASR(牵引力控制系统)发出纠偏指令，帮助车辆维持动态平衡。汽车稳定性控制系统自动纠正驾驶员的不足转向和过度转向，如图 2.59 所示。

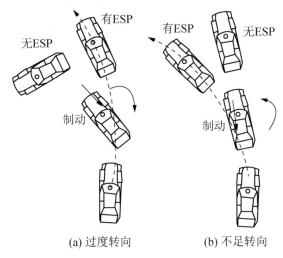

(a) 过度转向　　　　(b) 不足转向

图 2.59　有无 ESP 对比

车辆行驶在路滑的左弯道上，当过度转向使车辆向右甩尾时，ESP 传感器测得车轮滑动，信息迅速传入控制器，通过 ASR 牵制发动机动力输出，通过 ABS 对各个车轮进行有目的的制动，重新分配力矩，使汽车产生顺时针方向的力矩，而将汽车保持在原来的行驶轨道内。

在同样弯路中行驶，由于转向不足，车速较快使前轮驶离路面而丧失地面的附着力时，对于 4 通道的稳定性控制系统，左后轮制动，由此产生逆时针方向的力矩，使汽车回到正确轨道上；对于 2 通道稳定性控制系统，使左前轮制动。

(2) 主动式车身控制系统(Active Body Control，ABC)。目前汽车上使用的最先进的车身控制系统属于第三代，即主动式车身控制系统。主动式车身控制系统的代表就是奔驰上采用的 ABC 系统。主动式车身控制系统在保证足够舒适性的前提下，保持最高级的车辆动态，这些都归功于主动控制和被动减振的组合。主动式车身控制系统在车上的分布如图 2.60 所示。

私家车 第2章

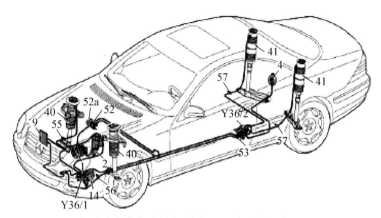

图2.60 主动式车身状态控制系统的(图中零件号为原厂配件号)

1—液压泵；2—储油罐；4—后桥压力油罐；9—ABC油冷却器；14—前桥压力油罐；40—前减振柱；41—后减振柱；52a—脉冲减振器；52—压力供给阀单元；53—回流压力油罐；56—前放油螺钉；57—后放油螺钉；Y36/1—前桥分配阀单元；Y36/2—后桥分配阀单元

主动式车身控制系统的组成包括传感器、控制模块、执行器、液压泵、储油罐、液压油冷却器等。传感器主要包括车身水平高度传感器、车身加速度传感器、液压回路压力传感器、液压缸柱塞行程传感器等。执行器主要包括悬架减振柱控制阀、悬架减振柱切断阀、ABC分配阀、ABC供给阀等。汽车的每个车轮都有一组相同的ABC组件，其组成如图2.61所示。

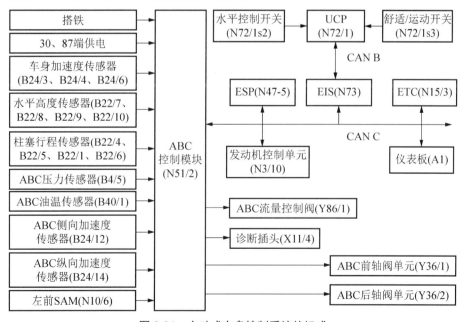

图2.61 主动式车身控制系统的组成

主动式车身控制系统的功能就是根据实际车辆状态、车速、路面状况、驾驶员选择和意愿、发动机状态等多种参数,综合分析、计算、比较,进而对液压泵、液压系统转换阀、液压系统供给阀等多个执行器发出指令,进行调节。调节后进行监测,根据反馈的参数信号继续进行调节。

主动式车身控制系统除了以上控制调节功能外,还有多项辅助功能,如载荷补偿、侧向风补偿、锁止功能等。

(3) 汽车驱动防滑控制系统(Anti-slip Regulation,ASR,或称为牵引力控制系统 Traction Control System,TCS)是根据车辆行驶行为、运用数学算法和控制逻辑使车辆驱动轮在恶劣路面或复杂输入条件下产生最佳纵向驱动力的主动安全系统,如图 2.62 所示。由于它大大地提高了车辆的操纵性、稳定性和牵引性,减少了轮胎磨损和事故风险,增加了安全性和驾驶轻便性,所以获得了广泛、迅速的发展。

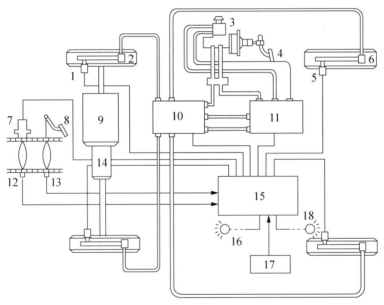

图 2.62　汽车驱动防滑控制系统的组成

1—前轮速传感器；2—前轮制动器；3—液压元件；4—制动踏板；5—后轮速传感器；6—后轮制动器；7—副节气门作动器；8—加速踏板；9—变速器；10—ABS 制动作动器；11—ASR 制动作动器；12—副节气门位置传感器；13—主节气门位置传感器；14—发动机；15—ABS ASR ECU；16—ASR 警报灯；17—ASR 切断开关；18—ASR 工作指示灯

(4) 汽车防抱死制动系统(Anti-lock Braking System,ABS)是一种具有防滑、防锁死等优点的汽车安全控制系统,它是现代汽车制动系统的关键部件之一。现代汽车上大量安装防抱死制动系统,它既有普通制动系统的制动功能,又能防止车轮抱死,使汽车在制动状态下仍能转向,保证汽车的制动方向稳定性,防止产生侧滑和跑偏,是目前汽车上最先进、制动效果最佳的制动装置。其组成如图2.63所示。

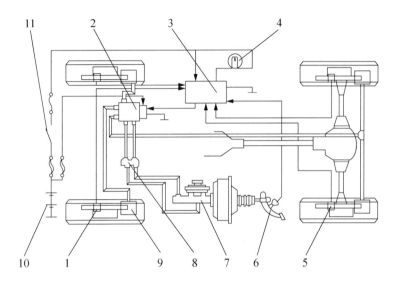

图2.63 汽车防抱死制动的组成

1—前轮速度传感器;2—制动压力调节器;3—ABS电控单元;4—ABS警告灯;5—后轮速度传感器;7—制动主缸;8—比例分配阀;9—制动轮缸;10—蓄电池;11—点火开关

2.3 电动汽车构造

随着世界石油资源的短缺,以及燃油汽车对环境破坏的压力越来越大,发展新能源汽车是实现汽车工业可持续发展的必由之路,家用电动车的销量也在逐年攀升。电动汽车包括纯电动汽车、混合动力汽车和燃料电池电动汽车。本节以介绍纯电动汽车为主。

纯电动汽车的组成包括电力驱动及控制系统、驱动力传动等机械系统等。电力驱动及控制系统是电动汽车的核心,也是区别于内燃机汽车的最大不同点。电力驱动及控制系统由驱动电动机、电源和电动机的调速控制装置等组成。

2.3.1 电动汽车用动力电池

应用在电动汽车上的储能技术主要是电化学储能技术,即铅酸、镍氢、镍铬、锂离子、钠硫等电池储能技术。过去这些储能技术分别在比能量、比功率、充电技术、使用寿命、安全性和成本等方面存在严重不足，制约了电动汽车的发展。近年来，电动汽车电池技术的研发受到了各国能源、交通、电力等部门的重视，电池的性能得到了提升。

1. 铅酸蓄电池

铅酸蓄电池是最成熟的电动汽车蓄电池。常规的蓄电池有两大缺点：一个是比能量低，质量和体积太大，且一次充电行驶里程较短；另一个是使用寿命短。随着铅酸蓄电池技术的发展，适合电动汽车使用的各种新型铅酸蓄电池不断出现，性能不断提高。

铅酸蓄电池的结构如图2.64所示。它由正极板、隔板、电解液、溢气阀、外壳等部分组成。极板是铅酸蓄电池的核心部件，正极板上的活性物质是二氧化铅，负极板上的活性物质为海绵状纯铅。隔板能够隔离正、负极板，防止短路；作为电解液的载体，能够吸收大量的电解液，起到促进离子良好扩散的作用；它还是正极板产生的氧气到达负极板的"通道"，以顺利建立氧循环，减少水分的损失。电解液由蒸馏水和浓硫酸按一定比例配制而成，主要作用是参加电化学反应。溢气阀位于电池顶部，起到安全、密封、防爆等作用。

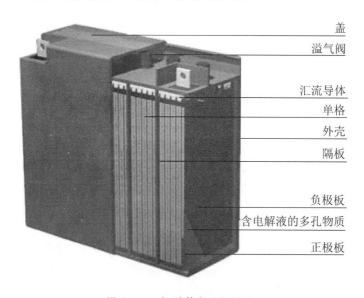

图 2.64　铅酸蓄电池的结构

2. 镍氢电池

碱性电池(图 2.65)由镍基和碱性溶液电解液构成，主要由镍铬电池、镍锌电池和镍氢电池 3 种。其中镍氢电池最具应用于电动汽车的竞争力。镍氢电池由氢氧化镍的阳极和钒、锰、镍等金属形成的多成分合金阴极组成。镍氢电池的正极是活性物质氢氧化镍，负极是储氢合金，用氢氧化钾作为电解质，在负极之间有隔膜，共同组成镍氢单体电池。在金属铂的催化作用下，完成充电和放电的可逆反应。

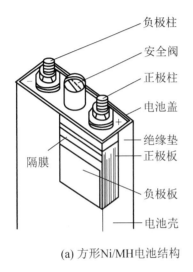

(a) 方形Ni/MH电池结构

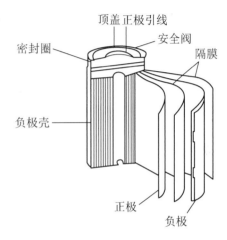

(b) 圆柱形Ni/MH电池结构

图 2.65　碱性电池结构

相对铅酸蓄电池，镍氢电池在能量体积密度方面提高了 3 倍，在比功率方面提高了 10 倍。这项技术独特的优势包括更高的运行电压、比能量和比功率，较好的过度充放电耐受性和热性能。但其广泛应用受限的原因是其在低温时容量减小和高温时充电耐受性的限制。此外，价格也是制约镍氢电池发展的主要因素，其原材料如金属镍非常昂贵。

3. 锂离子电池

锂离子电池由电池、负极、隔板、电解液和安全阀组成。圆柱形锂离子电池的结构如图 2.66 所示。

正极物质在锰酸锂离子电池中以锰酸锂为主要原料，在磷酸铁锂离子电池中以磷酸铁锂为主要原料，在镍钴锰锂离子电池中以镍钴锰锂为主要原料。负极活性物质由碳材料与黏合剂的混合物再加上有机溶剂调和成糊状，并涂覆在铜基上，呈薄层状分布。隔板的功能是关闭或阻断通道，一般使用聚乙烯或聚丙烯材料的微多孔膜。电解液是以混合溶剂为主的有机电解液。为了保证锂离子电池的使用安全性，一般对外部电路进行控制或者在蓄电池内部设置电流切断的安全装置。

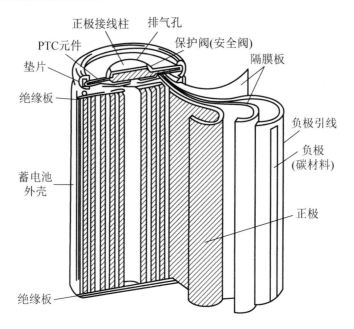

图 2.66 圆柱形锂离子电池的结构

锂离子电池具有以下显著特点：工作电压高，比能量高，循环寿命长，自放电率低，无记忆性，对环境无污染，能够制造成任意形状。锂离子电池也有一些不足，主要体现在以下方面：成本高，必须有特殊的保护电路，以防止过充电。

4. 燃料电池

燃料电池是一种化学电池，它直接把物质发生化学反应时释放的能量变为电能，工作时需要连续地向其供给活性物质——燃料和氧化剂。由于它是把燃料通过化学反应释放的能量转变为电能输出，所以被称为燃料电池。

根据机理的不同，燃料电池可分为酸性燃料电池和碱性燃料电池。

根据使用电解质种类的不同，燃料电池可分为质子交换膜燃料电池、酸性燃料电池、磷酸燃料电池、熔融碳酸盐燃料电池、固体氧化物燃料电池、直接甲醇燃料电池、再生型燃料电池、锌空燃料电池、质子陶瓷燃料电池。

1) 质子交换膜燃料电池(Proton Exchange Membrane Fuel Cell，PEMFC)

质子交换膜燃料电池单体主要由膜电极、密封圈和带有导气通道的流场板组成。膜电极是质子交换膜燃料电池的核心部分，中间是一层很薄的膜——质子交换膜，这种膜不传导电子，是氢离子的优良导体，它既作为电解质提供氢离子的通道，又作为隔膜隔离两极反应气体。膜的两边是气体电极，由碳纸和催化剂组成，阳极为氢电极，阴极为氧电极。流场板通常由石墨制成。质子交换膜燃料电池以氢为燃料，其结构如图 2.67 所示。

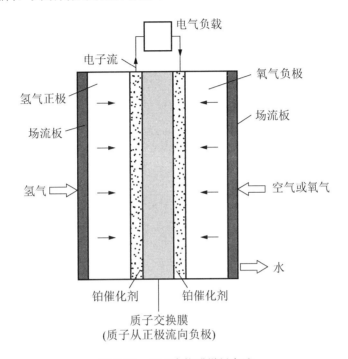

图 2.67 质子交换膜燃料电池

质子交换膜燃料电池的优点主要有以下方面：能量转化率高，可实现零排放，运行噪声低，可靠性高，维护方便，发电效率平稳，氢来源广泛，技术成熟。

2) 碱性燃料电池(Alkaline Fuel Cell，AFC)

碱性燃料电池以强碱为电解质，氢气为燃料，纯氧或脱除微量二氧化碳的空气为氧化剂，采用对氧电化学还原具有良好催化活性的 Ag、Ag-Au、Ni 等为电催化剂制备的多孔气体扩散电极为氧化极，以 Pt/C、Ni 或者硼化镍等具有良好催化氢电化学氧化的电催化剂制备的多孔气体电极为氢电极。以无孔碳板、镍板或镀镍甚至镀银、镀金的各种金属板为双极板材料，在板面上可加工各种形状的气体流动通道构成双极板。其结构如图 2.68 所示。

碱性燃料电池与其他类型相比，具有以下特点：效率较高，性能可靠，可用非贵金属作催化剂，是燃料电池中生产成本最低的一种电池，技术发展最快，主要为空间任务(包括为航天飞机)提供动力和饮用水，其次用于交通工具，具有一定的发展前景。

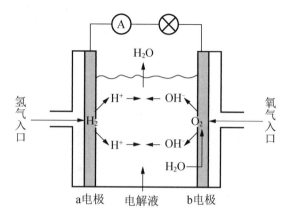

图 2.68 碱性燃料电池

3) 固体氧化物燃料电池(Solid Oxide Fuel Cell,SOFC)

固体氧化物燃料电池属于第三代燃料电池,是一种在中高温下直接将储存在燃料和氧化剂中的化学能高效、环境友好地转化为电能的全固态化学发电装置。

固体氧化物燃料电池主要由电解质、阳极或燃料极、阴极或空气极和连接体或双极板组成。固体电解质是固体氧化物燃料电池最核心的部分,它的主要功能在于传导氧离子。目前常用的电解质材料是 Ni-YSZ 金属陶瓷,其离子电导率在氧分压变化十几个数量级时,都不发生明显变化。

电极材料本身首先是一种催化剂。阴极需要在高温和氧化环境中工作,起传递电子和扩散氧的作用,应是多孔洞的电子导电性薄膜。其工作温度高,只有贵金属或电子导电的氧化物适于作为阴极材料,由于铂、钯等贵金属昂贵,一般在实际中用锶掺杂的锰酸镧(LSM)。

固体氧化物燃料电池具有以下特点:它是全固态的电池结构,不存在电解质渗漏问题,避免了使用液态电解质所带来的腐蚀和电解液流失等问题,无需配置电解质管理系统;对燃料的适应性强,可直接用天然气、煤气和其他碳氢化合物为燃料;能直接将化学能转化为电能,不通过热机过程,发电效率高,能量密度大,能量转换率高;低排放,低噪声;废热再利用价值高。

其不足之处如下:氧化物电解质材料为陶瓷材料,质脆易裂,电池堆组装困难;高温热应力作用会引起电池龟裂,主要部件的热膨胀率应严格匹配;工作温度高,预热时间长,不适用于经常起动的非固定场所。

5. 太阳电池

太阳电池是利用太阳光和材料相互作用直接产生电能的,是对环境无污染的可再生能源。它的应用可以解决人类社会发展在能源需求方面的问题。

太阳电池按材料不同，主要有硅系列太阳电池和化合物系列太阳电池。

(1) 硅系列太阳电池是以硅材料为基体的太阳电池，分为单晶硅太阳电池、多晶硅薄膜太阳电池和非晶硅太阳电池等。

(2) 化合物系列太阳电池。其中多元化合物薄膜太阳电池材料为无机盐，其主要包括砷化镓薄膜电池、硫化镉薄膜电池及铜镉硒薄膜电池等。

太阳电池按照结构不同，可以分为同质结电池、异质结电池、肖特基结电池、光电化学电池等。

(1) 同质结电池：由同一种半导体材料构成一个或多个 PN 结的电池，如硅太阳电池、砷化镓太阳电池等。

(2) 异质结电池：用两种不同的半导体材料，在相接的界面上构成一个异质结的太阳电池。

(3) 肖特基结电池：用金属和半导体接触组成一个"肖特基势垒"电池，也称 MS 电池。

(4) 光电化学电池：用浸于电解质中的半导体电极构成的电池，又称为液结电池。

6. 其他动力电池

1) 金属空气电池

金属空气电池是用金属燃料替代氢能源而形成的一种新概念电池，有望成为新一代绿色能源。它具备燃料电池的众多优点，将锌、铝等金属像氢气一样提供到电池中的反应位置，与氧气一起构成一个连续的电能产生装置，并具有无毒、无污染、放电电压平稳、储存寿命长、价格相对较低等优点。金属空气电池既有丰富的廉价资源，又可再生利用，而且比氢燃料电池结构简单，是很有发展和应用前景的新能源。

2) 铁电池

目前国内外研究的主要是高铁电池和锂铁电池两种。

(1) 高铁电池：以合成稳定的高铁酸盐等作为高铁电池的正极材料，与普通蓄电池相比具有以下优点：能量密度大、体积小、质量轻、寿命长、无污染。

(2) 锂铁电池：主要是磷酸铁电池，具有以下特点：放电平稳、无污染、安全、性能优良。

3) 超级电容器

超级电容器是一种具有超级储电能力、可提供强大脉冲功率的物理二次电源。它是介于蓄电池和传统静电电容器之间的一种新型储能装置，主要利用电极/电解质界面电荷分离所形成的双电层，或借助电极表面快速的氧化还原反应所产生的法拉第准电容来实现电荷和能量的储存。

超级电容器单体主要由电极、电解质、集电极、隔离膜连线极柱、密封材料和排气阀等组成。电极一般有碳电极材料、金属氧化物及其水合物电极材料、导电聚合物电极材料；电解质需要较高导电性和足够电化学稳定性，电解质材料分为有机类和无机类，或分为液态类和固态类；集电极选用导电性能良好的金属和石墨等来充当。隔离膜通常使用多孔隔膜。

超级电容器的优点是功率密度高，循环寿命长，充电速度快，工作温度范围宽，简单方便，绿色环保。

目前运营中的超级电容客车(图 2.69)，起步动作迅速有力，满载最高速度可达 50km/h。该车运行时清洁、经济、方便，在车顶上的可伸缩受电弓可快速升降，与专用充电车站上方的高压馈线碰触就可充电。

图 2.69 超级电容客车

2.3.2 电动汽车用电动机

电动机是电动汽车驱动系统的核心部件，其性能的好坏直接影响电动汽车驱动系统的性能。电动机的分类有很多，主要有以下几种。

按工作电源分类，可分为直流电动机和交流电动机。

按结构及其工作原理分类，可分为直流电动机、异步电动机和同步电动机。直流电动机又分为无刷直流电动机和有刷直流电动机；异步电动机又分为感应电动机和交流换向器电动机；同步电动机又分为永磁同步电动机、磁阻同步电动机和磁滞感应电动机。

按用途分类，可分为驱动用电动机和控制用电动机。

按转子的结构分类，可分为笼型感应电动机和绕线转子感应电动机。

按运转速度分类，可分为高速电动机、低速电动机、恒速电动机、调速电动机。

1. 电动机的主要特点

1) 直流电动机

直流电动机起动加速时驱动力大，调速控制简单，技术成熟。但是它的电枢电流由电刷和换向器引入，换向时产生电火花，换向器容易烧蚀，电刷需要经常更换。接触部分磨损，限制了电动机转速。新的电动汽车基本不采用直流电动机。

2) 异步电动机

异步电动机在汽车上广泛使用，这是因为它采用变频调速时，可以取消机械变速器，实现无级变速，使传动效率提高。此外，它还可以实现正反转，再生制动能量的回收也更加简单。

3) 永磁同步电动机

永磁同步电动机噪声低、体积小、功率密度大、转动惯量小、脉动转矩小、控制精度高等优点，特别适合混合电动汽车电动机驱动系统，能达到减小系统体积、改善汽车加速性能和行驶平稳性的目的。

2. 电动机的工作原理

1) 直流电动机

直流电动机由定子和转子两大部分构成。定子部分主要由主磁极、机座、换向极和电刷装置等组成；转子部分由电枢铁心、电枢绕组、换向器等组成。

直流电动机的工作原理如图 2.70 所示。给两个电刷加上直流电源，如图 2.70(a) 所示，则有直流电流从电刷 A 流入，经过线圈 abcd，从电刷 B 流出，根据电磁力定律，载流导体 ab 和 cd 受到电磁力的作用，其方向可由左手定则判定，两段导体受到的力形成一个转矩，使得转子逆时针转动。如果转子转到如图 2.70(b) 所示的位置，电刷 A 和换向片 2 接触，电刷 B 和换向片 1 接触，直流电流从电刷 A 流入，在线圈中的流动方向是 dcba，从电刷 B 流出。此时载流导体 ab 和 cd 受到电磁力的作用方向同样可由左手定则判定，它们产生的转矩仍然使得转子逆时针转动。这就是直流电动机的工作原理。外加的电源是直流的，但由于电刷和换向片的作用，在线圈中流过的电流是交流的，其产生的转矩的方向却是不变的。

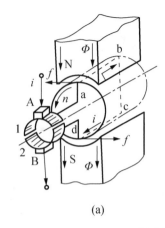
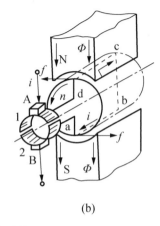

(a)   (b)

图 2.70 直流电动机

1、2—换向片

实用中的直流电动机转子上的绕组也不是由一个线圈构成的,同样是由多个线圈连接而成的,以减少电动机电磁转矩的波动,绕组形式同发电机。

2) 异步电动机

异步电动机又称感应电动机,是由气隙旋转磁场和转子绕组感应电流相互作用产生电磁转矩,从而实现电能量转化为机械能量的一种交流电动机。异步电动机主要由静止的定子和旋转的转子两大部分组成,定子和转子之间存在气隙。此外,还有端盖、轴承、机座和风扇等部件,如图 2.71 所示。

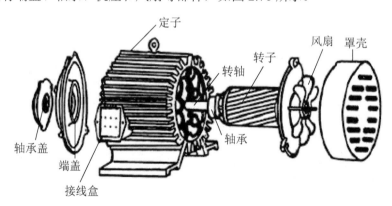

图 2.71 异步电动机

定子部分由定子铁心、定子绕组和机座构成。转子部分有转子铁心、转子绕组和转轴组成。

异步电动机的工作原理如图 2.72 所示。当定子接三相电源后,电动机内变形成圆形旋转磁场,设其方向为逆时针旋转,假设转速为 n_o。若转子不转,转子型导条与旋转磁场有相对运功,导条中有感应电动势 e,方向由右手定则确定。由于转子导条彼此在端部短路,于是导条中电流,不考虑电动势与电流的相位差时,电流方向同电动势方向。这样,导条就在磁场中受力 f,用左手定则确定受力方向。如图 2.72 所示,转子受力,产生转矩 T,即为电磁转矩,方向与旋转磁场相同,转子便在该方向上旋转起来。

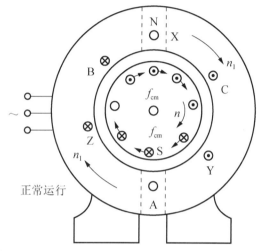

图 2.72 异步电动机的工作原理

3) 永磁同步电动机

和传动电动机一样,永磁同步电动机主要由定子和转子两大部分构成。定子与普通感应电动机基本相同,由电枢铁心和电枢绕组构成。转子主要由永磁体、转子铁心和转轴等构成,采用径向永久磁铁作为磁极。其结构如图 2.73 所示。

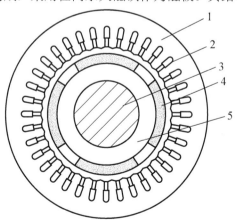

图 2.73 永磁同步电动机

1—定子铁心;2—定子绕组;3—转轴;4—稀土永磁体;5—转子铁心

永磁同步电动机的转子与旋转磁场同步旋转，旋转磁场的转速取决于电源频率。正弦波定子电流和正弦反电动势相互作用产生转矩，它产生的是理想的恒转矩或称平稳转矩。永磁同步电动机采用圆柱形径向磁场结构或盘式轴向磁场结构，由于具有功率密度和效率高、体积小、惯性低、响应快及调速范围宽等优点，使其成为电动车驱动电机中强有力的竞争者，发展前景最为广阔，已在国内外多种电动车中获得应用。

2.3.3 电控系统

电动汽车技术自主研发至今，技术难题愈发明显，其中动力电池的安全性和续航性最为关键，这也是制约电动汽车商业推广的瓶颈之一。电动汽车动力电池需要高功率密度、高能量密度、长寿命、环保等要求。动力电池的安全性和续航性除了由电池自身的因素决定外，电池管理系统(Battery Management System，BMS)也是其重要的决定因素。而锂电池具有上述优点，因此在电动汽车中得到广泛应用，下面主要介绍锂电池及其管理系统。

目前有多种类型的动力电池用在电动汽车上，广泛应用的动力电池一般以锰酸锂(LMO)、磷酸铁锂(LFP)、镍钴锰酸锂(NCM)、镍钴铝(NCA)为正极材料，同时采用碳负极材料，同时钛酸锂(LTO)也被开发用于提高电池的续航里程和快充能力。

目前商用电池必须要有电池管理系统。通过电池管理系统控制和管理电池更加有效率，使每一个电池工作在可运行的区间范围内，避免电池的过充过放和热失控问题发生。单个电芯的容量比较低，需要很多个电芯集成成模组，一个电池系统包含多个模组。通常一个电池系统中包含上百个，甚至上千个电芯。如何保持电芯工作在合适的区间内，电池管理系统发挥着重要的作用。

电池管理系统的功能为监视电池状态，建立电池状态、保护电池、上报数据、均衡等。电池管理系统在整车中主要任务如下。

(1) 保护电芯和电池包不受损害。

(2) 使电池工作在合适的电压和温度范围内。

(3) 在保持电池在合适的条件运行后，满足整车的需求。

(4) 电池参数检测：包括总压、总电流、单体电压检测、温度检测、绝缘检测、碰撞检测、阻抗检测、烟雾检测等。

(5) 电池状态建立：包括荷电状态(SOC)、劣化程度(SOH)、功能状态(SOF)。

(6) 在线诊断：故障包括传感器故障，网络故障，电池故障，电池过充电、过放电、过电流，绝缘故障等。

(7) 电池安全保护和告警：包括温控系统控制和高压控制，当诊断出故障时，电池管理系统上报故障给整车控制器和充电机,同时切断高压以保护电池不受损害,包括漏电保护等。

(8) 充电控制:电池管理系统慢充和快充控制。

(9) 电池一致性控制:电池管理系统采集单体电压信息,采用均衡方式使电池达到一致性,电池的均衡方式有耗散式和非耗散式。

(10) 热管理功能:管理电池包各点的采集温度,在充电和放电过中,电池管理系统决定是否开启加热和冷却。

(11) 网络功能:包括在线标定和健康、在线程序下载。通常采用 CAN 网络。

(12) 信息存储:电池管理系统需要存储关键数据,如 SOC、SOH、充放电安时数、故障码等。

电池管理系统的关键技术如下。

(1) 数据采集。数据采集是电池管理系统中最重要和最基本的功能,SOC 估计和均衡管理等都是以采集到的数据为依据进行工作的,通常需要采集电压信号、电流信号和温度信号。锂离子电池对电压和温度比较敏感,因此必须采集每个单体电池电压,采样周期为 1s,采集精度要达到 0.1 V;同时还要监测单体电池温度,采集周期为 1s,采集精度为 0.5℃;而对电流信号只需采集整个电池组的电流,采样周期为 1s,采集精度为 1%。相对于锂电池,铅酸电池和氢镍电池对电压和温度的采集精度没那么高,只需对电池电压和温度成对或成组采集。

(2) SOC 估计。电池管理系统的核心课题之一就是 SOC 估计,一般由 CPU 模块进行计算。目前最常用 SOC 估算方法是安培法,其他的还包括开路电压法、内阻法、神经网络法、卡尔曼滤波法等。各种方法的优缺点如下:

① 安培法由于不考虑电池内部结构、状态等方面的变化,因而操作方便,简单;但该方法对电流的测量精度不高,随着时间的推移,SOC 累计误差将会不断加大。

② 开路电压法是利用电池开路电压与 SOC 的近似线性关系来测试稳定状态下电池的 SOC,在汽车行驶过程中不宜单独使用。

③ 内阻法是根据蓄电池的内阻与 SOC 之间的联系来预测 SOC。由于电池的内阻受多方面因素的影响,因此测量结果可信度不高,实际应用较少。

④ 神经网络法主要用于模拟电池动态特性来估算 SOC,但此方法需要大量参考数据供神经网络进行学习,而且数据和训练方法要求较高,容易产生误差。

⑤ 卡尔曼滤波法是将电池看作动力系统,SOC 作为一个系统内部状态,将电池的非线性状态空间模型线性化。由于纠正误差能力强,该方法可用于电流波动剧烈的混合动力汽车,缺点是对系统处理速度要求较高。

(3) 均衡管理。电动汽车车用电池都是由多个电池组成的电池组,由于单个电池在制造过程中性能存在分散性和使用过程中电池内部环境的不均匀性,因此随着使用时间的增加,单个电池之间的性能差异将逐渐增加,从而影响电池寿命,甚至还会产生大量的热量引起电池燃烧或爆炸等危险。因此需要对电池单体进行均衡管理,尽量保持电池单体的一致性,并对电池单体电压和能量进行检测,防止过充电和过放电。对于锂离子电池,常用的均衡方案主要有电阻方案、开关电容方案、独立充电方案。而对于铅酸电池和氢镍电池,常用的方法有涓流充电均衡法、电阻并联均衡法、放电均衡法、电感均衡法。

(4) 热管理。电池性能发挥好坏与电池的温度密切相关:温度过高时,电池能量和容量可以充分利用,但是电池寿命会缩短;温度过低时,电池的内阻和极化电压增加,放电能力下降,使得电池的实际可用容量减小,能量利用效率下降。因此,需要创造条件对电池组的工作温度进行主动式管理,使得电池工作在最佳温度范围内。通常,锂离子电池的工作温度范围为充电时,−10~+45℃;放电时,−30~+55℃;铅酸电池和氢镍电池的工作温度范围为充电时,−10~+50℃;放电时,−20~+60℃。它们最佳的工作温度范围为+20~+40℃。

(5) 数据通信。电池工作时,电池运行时的相关信息需按要求上报。对于用在电动汽车电池管理系统上的电池组而言,一方面要上报信息到电池管理系统,为其他系统提供所需的数据,同时接收其他系统提供的信息,为制定合理的电池管理方案提供依据;另一方面各电池组之间需要进行数据交互,通过这些信息最终确定采用何种通信手段,从而了解电池的容量和性能,保证电池安全可靠运行。目前应用到电池管理系统中的主要通信手段有 SMBUS 总线、CAN 总线、RS232 总线和 RS485 总线。

2.4 私家车与共享汽车

2.4.1 私家车出现的原因

世界社会经济发展进程表明,轿车进入家庭是由社会经济发展规律所决定的,是社会经济发展的必然结果。轿车作为方便的交通工具,适应了人们对提高出行效率和舒适性的追求。这是轿车在全世界获得广泛应用和普及的根本原因。同时,汽车是现代工业文明的重要标志。从国内外经济发展历程看,由于汽车工业在国民经济的发展过程中占有举足轻重的地位,而小汽车的私人拥有量更是衡量人民生活水平的重要标志,因此,私人小汽车的发展是不可逾越的。现在,在发达国家轿车已成为家庭生活的必需品,而在我国,轿车近几年也已形成一股不可抗拒的洪流迅速"涌入"家庭。

截至 2015 年 6 月底，我国私家车保有量已达 1.24 亿辆。而 2006 年我国的私家车保有量为 2925 万辆。在这短短的 10 年间，私家车的保有量增长了近 1 亿辆。

可见，我国私家车的增加速度是显著的。毫无疑问，私家车在人们的生活中发挥着越来越重要的作用。总的来说，私家车增加的原因主要有以下几个方面。

1. 经济的发展和人民生活水平的提高

汽车发展是经济发展达到一定阶段的必然产物，世界各国工业化发展的经历都极为明确地证明了这一点。汽车工业的发展与整个国民经济的发展是相辅相成的。改革开放以来，我国经济和社会获得了巨大发展，全国经济年均增长速度达到 9.5%，是世界上增长速度最快的国家，这个速度相当于同期世界经济年均增速的 3 倍。与此同时轿车市场不断扩大，1987 年中国汽车工业发展战略讨论会后，我国政府决定汽车工业要实行战略重点转变，从以生产载重汽车为主逐步转为生产轿车为主，从此中国轿车工业进入了新的发展时期。在汽车产量大幅增加的同时，我国汽车结构也在不断优化。

2012—2014 年，我国汽车销量分别为 1931 万辆、2198 万辆和 2349 万辆，增速分别达到了 4.2%、13.9% 和 6.9%。汽车行业在经历了多年的高增长，销量突破 2000 万辆之后，我国汽车销量回归到了稳定增长的状态。2015 年我国汽车销售 2459.8 万辆，同比增长 4.7%。中国汽车工业协会 2016 年发布的数据显示，2016 年 1—11 月我国汽车产销量分别完成 2502.7 万辆和 2494.8 万辆，同比分别增长 14.3% 和 14.1%，并高于 2015 年同期 12.5% 和 10.8%。经历了两年的产销增速放缓后，2016 年中国汽车产销量创历史新高。国民经济的持续高速增长是推动我国小汽车发展的根本原因。

此外，从人们对生活水平需求不断提高的角度上讲，出行的便捷、舒适、高效也是人们生活方式改变的需要。早期，自行车和公交车是人们普遍使用的交通工具，然而自行车的速度较慢、公交车过于拥挤却是人们无法忽视的问题。相比之下，拥有一辆私家车，出行时间机动、速度快，可满足人们长距离的出行需求；同时驾驶私家车灵活方便，不需换乘，可实现"门到门"的运输；舒适安全、可单独使用，也可全家合用，可以扩大居民的活动范围、就业与住宅选择范围及出行的主动性与随意性等。由于家用轿车具备上述多方面的优势，因此随着大城市空间的扩展，必然成为受城市居民青睐的交通工具。

2. 国家政策的鼓励及引导

私家车的发展不仅是国民经济发展的需要也是国家政策的需要，世界各国经济发展历史表明，汽车工业如果作为国民经济的带头产业，将会带来巨额产值和丰富效益，而私家车的大量使用则是实现这一目的的前提。

1994年2月19日国务院颁布的《汽车产业发展政策》中明确指出"使我国汽车产业在2010年前发展成为国民经济的支柱产业,带动其他相关的产业的发展。2000年汽车年总产量要满足进入家庭的需要"。

2000年,党的十五届五中全会通过的《中共中央关于制定国民经济和社会发展第十个五年计划建议》中明确提出"要鼓励轿车进入家庭",我国居民轿车消费迎来了更快发展的新时期。鼓励汽车消费,有利于振兴我国的汽车工业,有利于国民经济的繁荣。

2002年对中国汽车工业来说,是具有历史意义的一年。中国政府为实现加入WTO做出的承诺,大幅度地减少了对于汽车工业的规制与保护政策;轿车生产领域基本上实现了自由竞争;汽车需求出现了爆发性增长,中国汽车市场成为全球最有发展潜力的市场。中国汽车工业的产业组织结构发生了巨大变化,开始全面融入世界汽车工业体系。世界汽车跨国公司加速进入中国,民间资本也在涌入汽车工业,汽车工业已经成为推动中国经济持续发展的重要产业。2002年的有关资料表明,汽车对经济的拉动作用已经位居电子信息产业之先,对于国民经济的良性循环有着重要的意义。

2004年6月1日,经国务院批准,国家发展和改革委员会正式颁布实施《汽车产业发展政策》。其中明确提出要"创造良好的汽车使用环境,培育健康的汽车消费市场,保护消费者权益,推动汽车私人消费"和"培育以私人消费为主体的汽车市场"。

经济的不断发展,人们购买力的不断提高和政策的鼓励,我国民众的购车热情被前所未有地释放出来,显然,这也是私家车空前增长的原因之一。

3. 城市化进程的加剧

城市化进程的加快,致使大城市不断涌现,2015年我国36个大都市的常住人口高达30913.08万人,占全国总人口的22.56%。从城市建成区面积上看,36个大都市的建成区面积高达19060km²,占到全国城市建成区面积39478km²的48.28%。

城市化的加剧带来城市规模不断扩张,城市规模不断扩大。例如,北京的环线一圈圈地外扩,已出现了五环,各种开发区、工业园区、大学城等项目及城市住宅郊区化趋势的发展使城市像是在"摊大饼",空间尺度的加大一方面使城市道路交通系统不断完善,道路用地面积不断增加,客观上为小汽车增长提供了必要条件,而另一方面,城市蔓延导致居住与工作地点的出行距离增加,迫使传统的"自行车模式"发展为"小汽车模式"。

私家车出行的主要目的是在城中心可以灵活地通勤和进行业务往来。出行强度集中在一定范围,所以在城市中心地区比在边缘地区出行频率低。此外,出行时间在早上和下午有两个显著的高峰期，中午是低谷期。出行的空间分布特点是内部通勤是在城市地区居住并工作，向内通勤是在市区工作，在郊区居住。无可否认的是，私家车的增长是社会经济发展的必然结果，也给居民的生活带来了巨大的方便。

2.4.2 私家车运行的特点

私家车属于个人私有财产，车主可随时按照自己的需求进行使用，具有最大的自由度和灵活度，其"开"的特征最为明显。同时，现有的车辆保险、事故追查等进行定损检查时都奉行"追车不追人"原则，一旦车辆有违法违规现象，不论驾驶员是谁，一概落实到车主身上。出于这种原因，私家车车主为避免麻烦，一般也不会将自己的车辆进行外借。

无可否认，私家车的出现是源于社会的发展，也在很大程度上改善了人们的出行方式。然而当需求过了，就演变成为一种社会负担。

对于私家车车主，一辆私家车带来方便快捷的同时意味着：①费用的增加，包括保险费、车位费、停车费、燃料费、维修费、洗车费等在内的保养与维护费用是一笔不小的开支。②风险的增加。驾驶员是最危险的职业之一。随着私家车数量的急剧增长，发生的交通事故越来越多，私家车车主也承担着越来越多的风险。③上下班的高峰时间，要求车主精力高度集中，因而容易产生疲劳而降低工作效率。驾车时，车主充当了驾驶员的角色，本身也是工作，相当于 8h 之外的加班。④购物、出行停车难的问题，有时寻找停车位的时间甚至超过了购物等本身的时间。⑤折旧使车逐年贬值。⑥出于环保的考虑，国家不断出台新的用车标准。每次，车主都要考虑车的更新换代问题，因而产生不愉快。也许旧的贷款尚未还清，又要开始考虑再次贷款买新车了；同时燃油价格不断上调，造成用车费用进一步增加。

另外，现实中私家车的利用率并不高，甚至可以说非常低，一个普通的上班族每天驾驶私家车的时间不超过 3h，其他时间汽车处于闲置状态，更有甚者汽车空闲率能达到 92%；同时在上下班高峰期，道路异常拥堵，而单人独车的现象异常普遍。一方面是汽车保有量的不断增长造成能源短缺、环境污染、交通拥堵问题的不断加剧，私家车车主担负着较大的养车、用车压力；另一方面是汽车闲置资源的不断浪费。在这种大环境下，探寻现有车辆的新型实用模式便具有较深的意义。

第3章 公共汽车

3.1 公共交通概述

公共交通(public transportation)，是在城市及其郊区范围内，为方便公众出行，用客运工具进行的旅客运输。城市公共交通是城市交通的重要组成部分，对城市政治经济、文化教育、科学技术等方面的发展具有重要意义，也是城市建设的一个重要方面。

3.1.1 公共交通的分类

世界各国城市公共交通事业的发展进程，受本国经济和科学技术水平的影响，差异较大，而且由于城市所在的地理环境和政治经济地位不同，城市公共交通结构也各具特色。在城市公共交通结构中一般主要包括公共汽车、无轨电车、有轨电车、快速有轨电车、地下铁道和出租汽车等客运营业系统。随着城市的发展，铁路市郊旅客运输也成为城市公共交通结构的重要组成部分。此外，在一些有河湖流经的城市，公共交通系统中还包括有轮渡。

中小城市中一般以公共汽车、无轨电车、有轨电车等为主要客运工具，其特点是灵活机动、成本相对较低，一般是城市公共交通的主题。公共汽车作为城市公共交通系统中的主要交通工具，能够自由穿梭在线路较为复杂、狭窄的街区，乘用极为方便。但同时，因为公共汽车在行驶中与其他车辆混行，互相避让和紧急制动不可避免，从而导致它的安全性和舒适性较差。而无轨电车主要从架空触线上获取电能驱动行驶，加速性能好，噪声小，乘用时较为舒适，同时无轨电车将电能作为主要能源输入，大大减少了有害气体的排放，节约能源消耗。但是，无轨电车通常不能离开架空触线行驶，机动性比公共汽车差，且建设费用较高，架空触线影响市容。有轨电车在轻便轨道上行驶。它的优点是能源消耗低，结构简单，坚固耐用。其客运能力略高于无轨电车。

快速大运量公共交通系统包括地铁、轻轨、高速铁路，该系统可以快速地运载大批量乘客，主要应用在我国一些特大城市，如上海、北京、广州、武汉等。它运量大，速度快，可靠性高，并可促进城市土地开发及商业经济带的形成，但造价很高，一般作为城市公共交通的骨架。快速有轨电车和地下铁道便是其中的两个主要成员。快速有轨电车与其他车辆隔离运行，多在地面轨道上行驶。在经过交叉路口时，多采用立体交叉方式。在繁华市区它可转入地下运行，也可以在高架线路上通过，建设费用低于地下铁道。快速有轨电车利用可控硅斩波调速，设有再生制动装置，可以节约能源；装有空气悬架装置和弹性车轮等，在长轨铁道上行驶，可降低噪声，提高乘坐舒适性。它具有良好的加速性能，运行速度高，行驶平稳、安全、可靠，运行准点程度可达秒级精度。快速有轨电车以单车或车组方式运行，客运能力高，是城市公共交通干线上较理想的客运工具。地下铁道的大部分线路铺设在地面以下，运行中几乎不受外界环境变化的影响，而且有一定的抗战争和抗地震破坏的能力。它以车组方式运行，载量大，正点率高，安全、方便。地下铁道的地面出入口，可以建设在最繁华的街区，也可以建设在大型百货商店或其他公共场所的建筑物内。在交通拥挤、行人密集、道路又难以扩建的街区，地下铁道完全可以代替地面交通工具承担客运任务，并为把地面道路改造成环境优美的步行街区创造了条件。

辅助公共交通系统包括出租汽车、三轮车、摩托车、自行车，这些交通方式可满足乘客不同的出行要求，在城市公共交通中起着辅助和补充的作用。

特殊公共交通系统包括轮渡、缆车等，该类公共交通受到地理条件的约束，一般在特殊条件下使用。

在现代大城市中，快速有轨电车、地下铁道等系统逐渐发展成为城市交通的骨干。公共交通工具有载量大、运送效率高、能源消耗低、相对污染小和运输成本低等优点。在交通干线上这些优点尤其明显。在我国的一些城市中，有些机关团体的自备客车参与了本单位职工上下班的接送运输，它在客观上已经成为城市公共交通中的一支辅助力量。

3.1.2 公共交通的运营方式

城市公共交通企业属公益性企业。经营管理的基本方针是为公众出行服务,其经济效果主要见诸社会收益,而不是单纯地着眼于企业自身的盈利。企业发生的政策性亏损,一般由政府给予补贴。衡量城市公共交通企业经营管理水平的标准,首先是它对公众出行的安全、方便、及时、经济、舒适等要求的满足程度,其次是企业的经济效益。

城市公共交通的运营方式通常有 3 种。①定线定站服务:车辆按固定线路运行,沿线设有固定的站位,行车班次和行车时刻表完全按调度计划执行。在线路上行驶的车辆有全程车、区间车,有慢(各站均停)车,也有快(重点站停)车。②定线不定站服务:车辆按固定线路运营服务。乘客可以在沿线任意地点要求停车上下,乘用非常方便。在线路上运行车辆的数量,根据客流变化情况自动调节。广州、北京的小型公共汽车、香港的"小巴"和马尼拉的"吉普尼"属于这种运营方式。③不定线不定站服务:即出租汽车运营方式。一般是 24h 营业制,乘客可以电话要车或预约订车,也可以到营业点租乘或在街道上招手乘车。

优先发展城市公共交通的政策,将有利于提高人们对城市公共交通的认可度,未来发展方向如下:①城市公共交通的可达性、接近性将有显著提高。公共交通网将进一步覆盖到城市中较狭窄的街道和郊区农村。小型公共汽车也会相应地发展起来。②今后城市居民对交通安全、快速、节约出行时间和减少环境污染的要求将越来越高,因此城市公共交通网络将继续朝着多层化方向发展,以电力为能源的交通工具将逐步增加,快速有轨电车和地下铁道交通的建设速度将明显加快。③电子计算机和无线电通信技术将被普遍应用,成为城市公共交通企业提高经营管理水平的重要技术手段。④由于石油资源的短缺,城市公共交通的能源多样化将是一个发展特点。交通电气化的比重将明显上升。⑤磁悬浮列车等新交通体系将进入普及实用阶段。⑥关于城市公共交通问题的研究将更加受到重视,并将得到迅速发展。

3.1.3 公共交通的应用特征

促进城市公共交通的发展需要对城市本身的规划有一个宏观的认识。传统的城市定位是将一座城市看作一个孤立的系统,以城市的主导产业结构来表达城市的性质。但近些年来,中国的城市产业结构经历着调整、改造和更新,静态的表述已经很难适应现代化城市的发展。将城市的宏观区位与城市的影响范围相联系,用相对稳定、综合的宏观影响范围来作为城市区域功能作用的一种标志,成为更为符合现代意义的城市定位方法。将城市宏观影响范围具体化,使城市在国家和区域中的"地位"具体化，城市公共交通发展方向和建设重点也就会有一个清晰的轮廓。

按照这种定位理论，城市可分为国际大都市、区域辐射性大城市、一般大城市和其他城市等。这种城市定位上的不同，也就决定了提供的公共交通的功能表述和方式也必然是不同的。

对于以建设国际大都市为目标的北京、上海等大城市，要提高其国际竞争力，形成更大的国际、国内市场和吸引更多的国际投资，必须创造良好的交通环境，尤其是要注重CBD(中央商务区)与国际、中心区与新城之间的联系。因此，随着轨道交通网络加速形成，其公共交通发展的重点在于完善轨道交通服务网络，提高网络的运行效率，加强轨道交通运营管理，改善轨道交通与其他交通方式的衔接条件，最大限度地发挥轨道交通的运行效率。使国际机场、国际海港等重要的国际出入口与市中心有高度的可达性，商务区与休闲娱乐景点、居住区之间有方便的交通，以此来满足商务游客和居民的要求。

对于具有区域辐射意义的大城市，如广州、南京等，城市人口密度大，经济较发达，与周边城市、城镇联系紧密，且城市影响区有进一步扩大的趋势，大量外来人口向核心城市的近郊区集聚且比重较高，而这些人口对于公共交通的需求要远远大于城市居民，在这样的城市，城市居民出行选择公共交通(包括出租车)的只有9%多，而流动人口则有80%左右。因此，对于这样的城市，发展城市交通，首先要发展轨道交通，更好地完善都市圈交通网络，服务于中心区与外围城市、城镇的联系，减轻道路交通系统由于城市影响区扩大而产生的负荷，提高交通系统效率；其次要针对需求，对道路公共交通方式的内部结构比例进行优化，提供低价、安全、保证服务水平的公共交通，有力促进城市出行方式结构的良性转变。

公共交通有多种形式，如大巴士、小巴士、无轨电车、地铁、轻轨、市郊铁路、单轨、磁悬浮和出租车等。在公共交通的具体发展中，应强调其内部的整合，发挥各种公共交通的合理作用，实现高效率。这里所说的高效率，主要取决于两个方面：一是充分发挥各种具体公共交通方式的技术经济优势；二是建立完善的公共交通网络和科学的站点布置，组织好各种具体公共交通方式的配置、连接和换乘。以大巴士和小巴士为例，大巴士载客量大，对道路条件要求不高，线路开设投资不大，在主要的道路网上运营不失为一种好的选择；小巴士的载客量相对较小，但对路网的适应能力更强，更为灵活机动，更适合在客运需求不大的支线交通运营，与大巴士线路相连，为大巴士集散客流。这样的布置就可以发挥各自的优势。

在公共交通的管理中，经营管理是一项相当重要的内容。在市场经济条件下，中国的公共交通发展正逐步走向市场，不再是政府一手经营，一味补贴。根据各国的公共交通发展经验,政府都给予了一定甚至高额的补贴。但中国的国情决定了中国的公共交通要补贴,而政府无法给予高额的经营性补贴。因此,补贴+政策,变"输血"为"增加造血机能"将会是大趋势。在公共交通与民营交通竞争,以及公司与公司之间竞争的情况下,"市场营销"和"商业化"必将成为公共交通经营者首先要考虑的问题。以香港地铁为例,香港地铁是世界上非常成功的地铁系统,是适应香港公共交通系统的合理要求,根据审慎的商业原则兴建和经营一个集体运输铁路系统。它的经营思路是多元化经营。根据这样的经营运作,香港地铁不仅为城市提供了优质的客运服务,而且经营业绩十分突出。

随着科学技术日新月异的发展,公共交通方面的新技术应用也层出不穷,如全自动轨道交通系统、许多城市正在推广使用公交智能IC卡、在公交车上使用全球卫星定位系统(GPS)等。这些技术的使用,会使公共交通的方便性、安全性、舒适性和准时性等都大大增强,从而提高公共交通的运营水平和经济效益,更好地满足现代化管理的需求。

3.2 内燃机公交的主要构造

公共汽车是为专门解决城市和城郊运输而设计及装备的商用车。从设计和技术特性的角度看,与其他大、中型客车的车型(如长途客车、旅游客车、团体客车等)不同,这种车辆设有乘客座椅及供乘客站立与走动的通道,要求站立面积大,车厢内通道与出入口宽,具有两个以上车门,踏板低。城郊公共汽车,则由于主要用于中距离城镇间的客运,座位较城市公共汽车要多些,同时设有行李舱或行李架。

公交车的主要结构如图3.1所示。

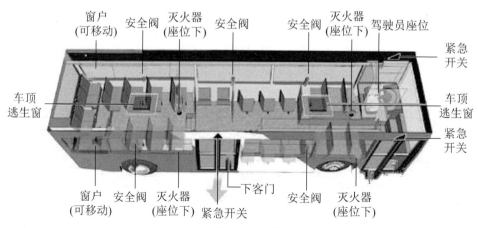

图3.1 公交车的主要结构

内燃机公交的主要布置特点如下。

1. 车身承载方式

大型客车车身由底骨架，左、右侧围骨架，前、后围骨架及顶围骨架 6 大片骨架经组焊蒙皮而成，是一个骨架蒙皮结构。根据客车车身承受载荷程度的不同，可把客车车身概括地分为半承载、非承载、全承载式 3 种类型。

由于全承载车身具备质量小、强度大且易于布置动力电池组等特点，自 2006 年开始，安凯汽车股份有限公司首次将全承载车身技术应用到纯电动客车上。该公司根据电动客车中的新设备(尤其是电动机和电池设备)，利用拓扑优化等新理论、新方法，结合先进的计算机辅助设计手段，对全承载车身技术进行全载静力分析、模态分析、动态响应分析和疲劳分析，设计出适用于电动客车动力系统及能量系统等部件布置的整车全承载车身结构。该结构提高了电动客车行驶时的安全性和平稳性，且整车质量比其他厂家同类车型轻 8%～10%，整车能耗可减少 5%～8%，提高了整车经济性。目前国内大型客车底盘车架多采用网格栏栅桁架式车架或无车架形式的全承载形式。

2. 驱动形式

早期几乎所有公交车采用的都是前置发动机，发动机位于驾驶员旁边。这样设计的发动机由于要为前门和驾驶员留出空间，空间受限制，进而动力受到限制。同时由于其热量直接向车内散发，夏日对驾驶员和乘客都是一种折磨。

随着工艺水平的进步，后置发动机开始出现并应用。后置发动机的公交车动力总成紧凑，机动性好，整车整备质量小。车内布置趋于合理，车厢内地板平坦，且发动机与车厢分隔开，所以室内振动和噪声小，对车内温度有所改善，舒适性好，车厢面积利用率高；轴荷分配较合理，可在车外修理发动机；此外地板下可形成容积较大的行李舱。图 3.2 所示为装备后置立式发动机的公交车。

图 3.2　装备后置立式发动机的公交车

3. 车桥

由于现在国内的 6～12m 客车车桥在产品系列和品种上均来自于中、重型车桥，随着公路的发展和产品水平及法规要求的不断提高，多数产品已与货车没有大的区别。整体式桥壳是一个空心梁，桥壳与主减速器为两体。它具有强度和刚度大，主减速器拆装、调整方便的特点。按制造工艺不同，整体式桥壳可分为铸造式、钢板冲焊式、钢管扩张成型式 3 种形式。铸造式桥壳强度和刚度较大，但相对质量大，加工面多，由于变化困难、制造工艺复杂，主要应用于中、重型汽车上；它在价格较低的 9 m 以下车型中常有采用，但在客车市场上面临着逐渐缩小份额的趋势。钢板冲焊式和钢管扩张成型式桥壳由于质量小、材料利用率高、制造成本低，适用于大批量生产，广泛应用于轿车、轻型车、中型车、重型车。由于客车现在采用空气悬架产品不断增多，悬架支座加工精度更加严格，支座形式较货车复杂，桥壳品种变化快(品种多、单一数量少)，焊接式桥壳代替整体铸造式桥壳成为必然趋势。

4. 变速器

早期至今的大量公交车都采用了手动变速器。手动变速器相较于自动变速器具有成本低的优点，但由于手动频繁换挡，驾驶员的工作负担比较大。随着经济水平的提高和变速器技术的进步，越来越多的公交车开始采用自动变速器，来减轻驾驶员的工作负担。

5. 悬架

大客车对悬架系统的要求非常高，而且钢板弹簧式悬架系统已不能满足使用要求，发展方向之一是采用空气悬架。其中空气弹簧是空气悬架的弹性元件和重要组成部分。空气弹簧具有较理想的弹性特性，其振动频率不随簧载质量的变化而变化，并且有良好的可控制性，可进一步提高大客车的舒适性，因此得到了广泛的应用。

典型的大客车空气悬架主要由空气弹簧组件(包括空气弹簧、空气压缩机、储气筒等)、高度控制组件(车身高度调节阀、高度传感器)、导向杆件(推力杆)、横向稳定器、减振器和缓冲限位部件等组成。

(1) 空气弹簧组件。空气弹簧由气囊(薄壁橡胶件)、盖板、活塞座、橡胶限位块组成，如图 3.3 所示。其内部充满压缩空气，以压缩空气作为工作介质，满载工作压力通常为 0.5 MPa 左右。当空气弹簧压缩时，气囊沿活塞座轮廓面向下挠曲变形。

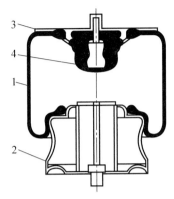

图 3.3 空气弹簧

1—气囊；2—活塞；3—盖板；4—橡胶限位块

(2) 高度阀控制组件。高度阀控制组件(图 3.4)是用来控制空气弹簧内气体压力的执行机构，装配在车架和车桥之间。当载荷增加时，空气弹簧被压缩，车桥和车架之间的相对距离减小，控制臂向上转动，打开储气筒和空气弹簧之间的气路通道，压缩空气流入空气弹簧，空气弹簧伸张，直到控制臂恢复到平衡位置带动高度阀关闭为止。当载荷减少时，这个过程正好相反，这时不需要的压缩空气被释放到大气中。在空气弹簧快速振动的情况下，如在汽车行驶时动载荷的变化引起的空气弹簧的压缩或伸张，不产生控制动作，这可以通过高度阀组件中柔性连杆的延时作用来实现。

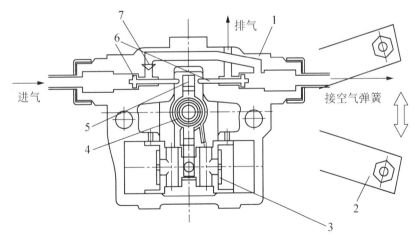

图 3.4 高度控制阀组件

1—阀体；2—控制杆；3—油压减振器；
4—缓冲弹簧；5—主轴支架；6—进、排气阀；7—止回阀

(3) 导向杆件。由于空气弹簧只能承受垂直载荷，在汽车空气悬架中必须设

计导向机构来传递纵向力和侧向力。导向机构的形式很多,前悬架常采用弹簧钢材料的柔性纵向推力杆,加横向推力杆,如图 3.5 所示。后悬架多采用刚性纵向推力杆,加横向推力杆,但纵向推力杆和车桥之间采用柔性连接,如图 3.6 所示,也可以将上置横向推力杆改成 V 形推力杆结构。

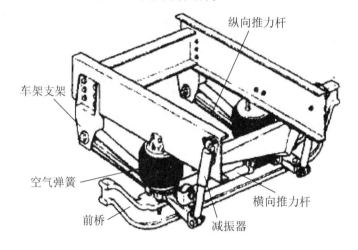

图 3.5 前悬架导向机构

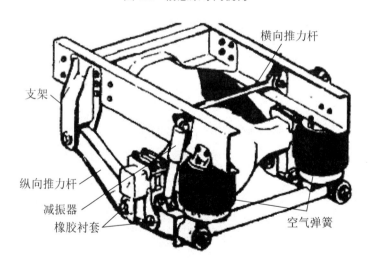

图 3.6 后悬架导向机构

6. 其他配置

类比于自动变速器的普及,还有一些配置其目的也是减轻驾驶员的工作负担。例如,换挡助力器,老式的公交车挡杆都很长,驾驶员挂挡时也很费力气。现在很多公交车，即使没有采用自动变速器，也采用了换挡助力器来减轻驾驶员的负担，如图 3.7 所示。

图 3.7 公交车的挡杆

3.3 新能源公交车的分类与构造

3.3.1 新能源公交车的分类

新能源汽车是指采用非常规的车用燃料作为动力来源(或使用常规的车用燃料，但采用新型车载动力装置)，综合车辆的动力控制和驱动方面的先进技术，形成的技术原理先进，具有新技术、新结构的汽车。

新能源公交车分为以下 3 种主流类型：混合动力公交车、纯电动公交车、燃料电池公交车。纯电动公交车、混合动力公交车和燃料电池公交车三者相比，混合动力公交车以发动机产生的能量和储能设备(蓄电池)储存的能量共同驱动，能有效降低汽车有害物质的排放量；燃料电池公交车的主要排放物为水，对环境没有污染；而纯电动公交车完全以蓄电池电能为动力来源，是真正意义上的零排放车。

混合动力汽车是指车辆驱动系由两个或多个能同时运转的单个驱动系统联合组成的车辆，车辆的行驶功率依据实际的车辆行驶状态由单个驱动系统单独或共同提供。因各个组成部件、布置方式和控制策略的不同，形成了多种分类形式。混合动力汽车的节能、低排放等特点引起了汽车界的极大关注并成为目前汽车研究与开发的一个重点。混合动力汽车具备使用包括电能在内的两种或多种车载能源的动力总成,通过采用恰当的控制策略使总成各部件在优化模式下协同工作,可实现低油耗、低排放及高性能等整车设计的多重目标。

燃料电池汽车主要由储氢罐、燃料电池组、电机控制系统、驱动电动机、超级电容或辅助蓄电池及热交换器等部件组成,其结构如图 3.8 所示。燃料电池汽车实际上是通过氢气和氧气的化学作用,让氢气经过含有催化剂的质子交换膜,在这里氢气与外界吸入的氧气结合,释放出电子,产生的电能驱动车辆行驶。它也是电动汽车的一种,与电动汽车的结构基本类似,只不过多了一个燃料电池和氢气罐。

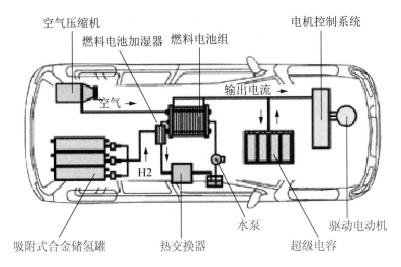

图 3.8 燃料电池汽车的基本构造

燃料电池汽车与普通汽车有三大区别:一是动力装置不同。普通汽车由内燃机驱动,通过燃料的燃烧产生热能,内燃机将热能转换为机械能输出驱动车辆;而燃料电池汽车是由燃料电池机组产生的电能通过电动机驱动车辆。二是燃料不同。前者是石油燃料,后者是氢燃料,由此决定了二者的燃料储存、供给及工作原理的不同。三是排放不同。燃料电池汽车仅排放水蒸气,不排放其他任何污染物。

纯电动公交车作为新兴的城市交通工具,与传统燃油公交车相比,具有以下几个特点:①纯电动公交车的能量传输通过柔软的电线,因此车辆各部件在布局上具有相当大的灵活性;②采用不同类型的电动机、不同类型的传动系统,都会对车辆的基本构造产生重大的影响;③储能系统的不同也将改变纯电动汽车的机械构造。下面展开介绍纯电动公交车的构造。

3.3.2 纯电动公交车的构造

纯电驱动是我国新能源汽车发展的主要战略取向。公交车的使用特点和运行工况比较适合采用纯电驱动方案。纯电动公交车的关键技术包括电池技术、电动机技术和控制器技术。这3项技术也是制约电动汽车大规模进入市场的关键因素。

纯电动公交车的电传动系统大致可以分为3个主要部分：①由电动机、变频器及控制器构成的电力传动子系统；②由蓄电池和超级电容构成的能源子系统；③连接超级电容组与逆变器直流侧的功率转换系统。纯电动，是指不靠燃油或燃料电池提供能量，仅靠蓄电池或蓄电池、超级电容、超高速飞轮为供能系统。储能系统的性能对车辆的运行有重要的作用，能量密度、比功率、比能量、循环寿命和价格等是该系统的重要指标。

1. 电池技术

纯电动公交车对动力蓄电池的要求主要如下：第一，从宏观上来说，纯电动公交车要求动力蓄电池需要在纯电动公交车的动力能源中所占比例逐步增加。要求在不降低纯电动公交车性能的同时，纯电动公交车所携带的动力蓄电池的数量、质量与体积应该逐步减少。与此同时，减少纯电动公交车所携带的动力蓄电池的数量、质量与体积，对控制纯电动公交车的成本、降低纯电动公交车电池系统的复杂性，增强纯电动公交车的经济性能都有着极其重要的意义。第二，具体来说，纯电动公交车要求动力蓄电池具有低成本、高容量、高安全的特性。第三，从专业角度来看，纯电动公交车要求动力蓄电池的外观、额定电压、额定容量、阻抗、充放电速率、寿命和自放电率等指标符合国家标准。纯电动公交车所使用的动力蓄电池，外观上不得有变形和裂纹。其表面要干燥、平整、无外伤、无污染物等，且标志清晰、正确。动力蓄电池的外形尺寸、质量、能量密度更要符合生产企业提供的技术条件。

动力电池作为纯电动公交车的关键技术，其性能直接关系到整车动力性，它的性能指标主要包括比功率、能量密度、比能量、功率密度、循环充放电次数及成本等。纯电动公交车的电池，不光是指动力蓄电池。严格地说，纯电动公交车的电池应该是通过动力蓄电池单体、动力蓄电池模块、动力蓄电池包、动力蓄电池系统这样自下而上逐级建立起来的。

蓄电池的种类虽然很多，但其共同特点是可以经历多次充电、放电循环反复使用。当前，纯电动公交车最常用的蓄电池还是铅酸电池、镍氢电池及锂离子电池。

3 种电池的主要应用如下。

铅酸电池是目前在汽车领域应用最为广泛的电池，主要作为内燃机汽车内部各种电气和电子设备的电源。铅酸电池在过去被广泛应用，具有成熟的技术，可以大批量生产，生产成本低，价格便宜。尽管新电池技术不断产生，但铅酸电池至今仍作为动力源应用于旅游观光车、电动叉车或者一些短距离行驶的公交车上。

车用电池生产商以春兰集团为代表，该公司已掌握电池最新封装技术，各项性能指标达到国际标准，已成为"十城千辆"新能源汽车的主要动力供应商。其研制的混合动力客车用动力镍氢电池组及管理系统已在"北京实施混合动力公共汽车示范项目"中应用。"十城千辆"推广计划的整车制造厂家一汽、二汽和株洲客车等均采用春兰集团的镍氢电池。

目前在纯电动汽车中，应用较多的锂离子电池是磷酸铁锂电池，它具有磷氧共价键结构，使氧原子不会被释放出来，因而热稳定性和安全性较好，同时价格相对较低。这些因素使磷酸铁锂电池成为小型电动汽车和并联式混合动力汽车的动力电池首选。然而在锂离子电池中，磷酸锂电池的比能量、比功率及运行电压相对较低，在大型纯电动汽车应用方面钴酸锂和锰酸锂电池等更具优势。

锂离子电池的负极一般是可大量储锂的碳素材料，正极是含锂的过渡金属氧化物或磷化物，电解质则是锂盐的有机溶液。锂离子电池是目前最佳的车用蓄电池选择，原因是相对于铅酸电池、镍氢电池，其具有如下优点。

(1) 超长寿命。长寿命铅酸电池的循环寿命在 300 次左右，最高也就 500 次，而磷酸铁锂动力电池，循环寿命达到 2000 次以上，标准充电(5 小时率)使用，可达到 2000 次。同质量的铅酸电池只有 1~1.5 年的使用寿命，而磷酸铁锂电池在同样条件下使用，可达到 7~8 年。综合考虑，性能价格比将为铅酸电池的 5 倍以上。

(2) 可实现大电流 $2C$ 快速充放电。在专用充电器下，$1.5C$ 充电 40min 即可使电池充满，起动电流可达 $2C$，而铅酸电池现在无此性能。

(3) 耐高温。磷酸铁锂电热峰值可达 350~500℃，而锰酸锂和钴酸锂只有 200℃左右。

(4) 大容量。天津斯特兰能源科技有限公司生产的磷酸铁锂动力电池的续行里程是同等质量铅酸电池的 3~4 倍。

(5) 无记忆效应。可充电池在经常处于充满不放完的条件下工作，容量会迅速低于额定容量值，这种现象称为记忆效应。镍氢、镍镉电池都存在记忆性，而磷酸铁锂电池无此现象，电池无论处于什么状态，可随充随用，无须先放完再充电。

(6) 体积小、质量小。同等规格容量的磷酸铁锂电池的体积是铅酸电池体积的 2/3，质量是铅酸电池的 1/3。

(7) 绿色环保。磷酸铁锂材料无任何有毒有害物质，不会对环境构成任何污染，被世界公认为绿色环保电池。该电池无论在生产还是使用中，均无污染。

2. 电动机技术

目前，用在纯电动公交车驱动系统中的电动机既有传统的直流电动机和交流感应电动机，也有新型的永磁同步电动机和开关磁阻电动机。其中，交流感应电动机是电动汽车上应用最多的一类电动机，因为它的性能稳定、调速范围宽。在日本，近年来纯电动汽车驱动电动机的发展方向主要是永磁同步电动机。其功率等级的覆盖较宽，完全满足纯电动汽车的功率需求。纯电动公交车与其他的动力拖动系统不同，它需要经常变换运行方式，尤其是在城市行驶状态下，这就要求电动机驱动系统响应迅速、调速范围宽，同时性能稳定。

纯电动汽车对驱动电动机系统有以下 5 个方面的基本要求：①基速以下输出大转矩，以适应车辆的起动、加速、负荷爬坡和频繁起停等复杂工矿，即恒转矩运行；②基速以上为恒功率运行，以适应最高车速和超车等要求；③全速运行范围内的效率最优化，以提高车辆的续驶里程；④结构坚固、体积小、质量小、良好的环境适应性和高可靠性；⑤低成本及大批量生产能力。

1) 纯电动汽车驱动电动机的分类及特点

(1) 直流电动机驱动系统。直流电动机驱动系统具有起步加速牵引力大、控制系统较简单等优点。其缺点是有换向器和电刷，当在高速大负载下运行时，换向器表面会产生火花，电刷磨损加快，所以电动机的运转速度不能太高。由于直流电动机的换向器和电刷需保养，又不适合高速运转，一般不适用于高速电动汽车，但是直流电动机驱动系统的低成本及控制简单的特点特别适合低速电动汽车，故目前直流电动机驱动系统仍是低速电动汽车的首选驱动系统。但是通过合理设计电动机结构、改进控制技术，这些缺点可得以大大改善，其产品性能基本满足整车需求。

(2) 交流异步电动机驱动系统。交流异步电动机的特点是结构简单、坚固耐用、成本低廉、运行可靠，低转矩脉动、低噪声，不需要位置传感器，转速极限高。目前交流电动机的矢量控制调速技术比较成熟，使得异步电动机驱动系统具有明显的优势，目前仍然是高速电动汽车驱动系统的主流产品，尤其在美国。但已有被其他新型永磁同步牵引电动机驱动系统逐步取代的趋势。其最大缺点是驱动电路复杂、成本高，相对永磁电动机而言，异步电动机的效率和功率密度偏低。具体情况见表 3-1。

表3-1 纯电动汽车用电动机性能比较

电动机类型		优点	缺点	应用前景
直流电动机(DC)		结构简单,具有优良电磁转矩控制特性	有刷,易产生电火花,引起电磁干扰,维护困难	相比其他驱动系统而言已处于劣势,处于被淘汰的地位
交流感应电动机(AC)		(1) 价格低; (2) 维护易; (3) 体积小	控制装置较复杂	已成为目前多数交流驱动电动车的首选
永磁同步电动机	无刷直流电动机(BDCM)	(1) 控制器较简单; (2) 效率高,能量密度大	价格较高	随着稀土永磁材料的出现,这类电动机有望与交流感应电动机争夺市场
	无刷交流电动机(PMSM)			
开关磁阻电动机(SRM)		(1) 简单可靠,可调范围宽,效率高; (2) 控制灵活; (3) 成本低	(1) 转矩波动大; (2) 噪声大; (3) 需要位置检测器; (4) 有非线性特性	目前应用还受到限制

(3) 永磁同步电动机驱动系统。永磁同步电动机具有较高的功率密度和效率及宽广的调速范围,发展前景十分广阔,在电动车辆牵引电动机斗争中是强有力的竞争者。特别是内置式永磁同步电动机,在永磁转矩的基础上叠加了磁阻转矩,提高了电动机的过载能力和功率密度,而且易于弱磁调速,扩大了恒功率运行范围,适合用作电动汽车的牵引驱动。永磁同步电动机驱动系统低速时常采用矢量控制,高速时采用弱磁控制。

(4) 新一代开关磁阻电动机驱动系统。开关磁阻电动机驱动系统的主要特点是电动机结构紧凑牢固,适合于高速运行,并且驱动电路简单、成本低、性能可靠,在宽广的转速范围内效率都比较高,而且可以方便地实现四象限控制,这些特点都很适合在电动车辆的各种工况下运行,是电动车辆中具有潜力的机种。开关磁阻电动机的最大缺点是转矩脉动大,噪声大。此外,相对永磁电动机而言,开关磁阻电动机功率密度和效率偏低。

驱动电动机是电动汽车的关键部件,直接影响整车的动力性及经济性。驱动电动机主要包括直流电动机和交流电动机,目前低速电动汽车主要采用直流换向器电动机,高速电动汽车广泛使用异步电动机、开关磁阻电动机和永磁电动机。

2) 纯电动汽车电动机驱动系统的发展趋势

(1) 驱动电动机本体永磁化。永磁电动机具有转矩密度高、功率密度高、效率高、可靠性高等优点。我国具有世界最为丰富的稀土资源,因此高性能永磁电动机是我国车用驱动电动机的重要发展方向。

(2) 驱动电动机高速化，回馈制动范围宽广高效化。通过提高电动机的工作转速，减小电动机的体积和质量，进而拓宽回馈制动的范围。采用适当的变速系统及控制策略，可以使回馈制动的允许范围拓宽而适应更多工况，使整车节能更加有效，延长行车里程。

(3) 驱动电动机控制数字化。专用芯片及数字信号处理器的出现，促进了电动机控制器的数字化，提高了电动机系统的控制精度，有效减小了系统体积，如采用高功能集成模块、新型薄膜电容一体化技术。

(4) 驱动电动机系统集成化。通过电动机集成(电动机与发动机集成或电动机与变速器集成)和控制器集成，有利于减小驱动系统的质量和体积，可有效降低系统制造成本，如动力传动一体化部件，包括电动机、减速齿轮、传动轴等。

3. 电控系统

电控系统是电动汽车的大脑，由各个子系统构成，每一个子系统一般由传感器、信号处理电路、电控单元、控制策略、执行机构、自诊断电路和指示灯组成。在不同类型的电动汽车上，电控系统存在一些区别，但总体来说一般都包括能量管理系统、再生制动控制系统、电动机驱动控制系统、电动助力转向控制系统及动力总成控制系统等。各个子系统功能不是简单的叠加，而是综合各子系统功能来控制电动汽车。纯电动汽车整体系统总体设计示意图如图 3.9 所示。

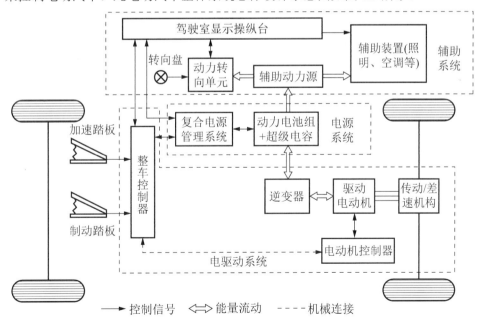

图 3.9 纯电动汽车整车系统总体设计示意图

1) 能量管理系统

能量管理系统(图 3.10)是多能源电动汽车的核心,它由 3 部分组成:功率分配、功率限制和充电控制。其工作原理可以简单归纳如下:由电子控制单元根据数据采集电路、电池状态信息及其他相关信息,进行数据分析和处理,并形成最终的指令和信息发送到相应的功能模块。

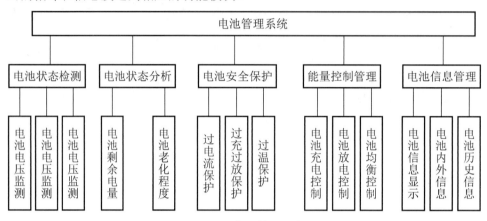

图 3.10 电池管理系统

它所完成的功能包括维持电动车所有蓄电池组件的工作,并使其处于最佳状态;采集车辆各个子系统的运行数据,进行监控和诊断;控制充电方式和提供剩余能量的显示。与电动机控制技术相比,能量管理技术还不是很成熟。如何实现无损电池的充电、监控电池的充放电状态,避免过充电现象,并对电池实行定期实时的检测、诊断和维护,最大限度地保证电池的正常可靠运行,是很多学者正在研究的方向。而在能量管理系统中数据采集模块的可靠性、剩余能量估算模块的精度、安全管理模块等方面有待进一步提高。

2) 再生制动控制系统

传统汽车的制动过程多依靠摩擦的方式消耗车辆行驶的动能而降低车速,其制动能量转化为热能散发到周围环境中。而电动汽车在制动时,可以将牵引电动机转换为发电机,依靠车轮拖动电动机产生电能和车轮制动力矩,从而在减缓汽车速度的同时将部分动能转化为电能储存起来,回收了能量,提高了汽车的续航里程。

再生制动能量回馈系统(图 3.11)的研究是电动汽车开发中的一个重要环节,其设计开发需要综合考虑汽车动力学特性、电机发电特性、电池安全保证与充放电特性等多方面的问题。采用再生制动技术,需要满足两个要求:①要满足制动效能、制动效能恒定性、制动时汽车的方向稳定性及最大限度地提高制动能量的回收程度;②要满足驾驶员操作的习惯、舒适性能的要求。

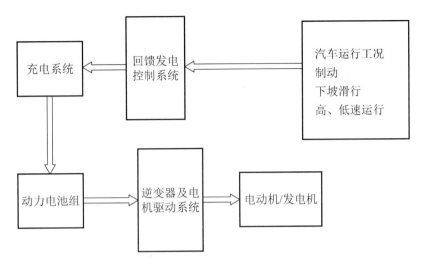

图 3.11　电动汽车再生制动能量回馈系统原理图

而这些性能的满足主要依赖于合理设计能量管理系统以及系统的控制策略。控制策略方面的 3 种典型控制策略为并行制动系统控制策略、最佳制动能量回收控制策略以及理想制动力分配控制策略。其中并行制动系统控制策略是在传统汽车制动系统的基础上加入电动机制动，其驱动轴在制动时采用机械制动系统与再生制动系统联合制动；最佳制动能量回收控制策略是在保证制动要求的前提下最大限度地回收制动能量；理想制动力分配控制策略是在保证最佳制动性能的前提下尽量回收制动能量。在这 3 种控制策略中，并行制动系统控制策略较简单，另两种比较复杂，而且要求精确的计算和控制。

总体来说，国内关于制动能量回收的研究还处在初级阶段。如何设计更加合理的系统及其控制策略以满足制动要求和人性化要求，使再生制动与电动汽车性能匹配更加优化将成为电动汽车研究的重要方向。

3) 电动机驱动控制系统

电动机驱动控制系统的好坏关系着电动汽车能否安全可靠地运行。电动机驱动系统主要由电动机、电力电子变流器、数字控制器和传感器等几个核心部分组成。目前电动汽车电动机驱动系统中，主要采用感应电动机、永磁同步电动机和开关磁阻电动机；电动机驱动控制系统由电力电子逆变器向 IGBT 集成模块发展；传感器向集成智能传感器发展。在电动机的控制方法方面，传统的控制方法是直流电动机的励磁控制法与电枢电压控制法；开关磁阻电动机的角度位置控制、电流斩波控制及电压控制；感应电动机主要有 V/F 控制、转差频率控制、矢量控制和直接转矩控制等。

近几年出现了许多先进的控制方法，包括自适应控制、变结构控制、模糊控制和神经网络控制、闭环控制、鲁棒控制、滑模控制、专家系统、模型参考自适应控制、非耦合控制、交叉耦合控制及协调控制等。

4) 电动助力转向系统

电动助力转向系统通常由传感器、电子控制单元、电动机、电磁离合器和减速机构等组成。其工作原理是电子控制单元根据转向盘的输入力矩、转动方向及汽车速度等信号,决定电动机的旋转方向和助力电流的大小,并将指令传递给电动机,通过离合器和减速机构将辅助动力施加到转向系统中,从而完成实时控制的助力转向。

日本是进行电动助力转向系统开发最早的国家,欧美国家其次,而我国相对较晚。现今电动助力转向系统日趋完善,在降低自重、减少生产成本、控制系统发热、电流消耗、内部摩擦、与整车进行匹配获得合理的助力特性及保证良好的路感方面取得了重大的进步。

电动助力转向系统的进一步发展,一方面需要开发可靠性高、成本低的传感器;另一方面需要开发满足助力要求、驾驶员舒适性要求及低成本的助力电动机。而可靠性高、低成本、高效率及高功率的直流无刷电动机是今后助力电动机的研究方向。此外,如何设计合理的控制策略以保证电动助力转向系统的动态性能、稳定性能及可靠性,保证驾驶员获得良好的路感,使系统能与整车上其他控制子系统相互通信协调以实现整车综合控制,是今后研究的重点,而更多的先进控制策略如人工智能控制方法将应用于电动助力转向系统的控制中。

5) 动力总成控制系统

动力总成控制系统包括动力总成控制单元、发动机电控单元、电动机控制器、AMT 控制器及动力电池管理系统。其中动力总成控制单元用以确定发动机与电动机输出功率的比例,以满足汽车的动力性能、经济性、排放性等性能指标,保证换挡操作过程的平顺性。多能源动力总成控制单元的研究成为近年来电动汽车技术发展和产业进程中的重要研究开发方向。在这方面国外已开发出了不少成熟的动力总成控制器,我国尚处于起步阶段。而动力系统结构、控制策略和控制逻辑的研究将成为动力总成控制单元的重点。

3.4 电动汽车的充电设备和充电方式

3.4.1 电动汽车的充电设备

对于一辆电动车来讲,蓄电池充电设备是不可缺少的子系统之一,它的功能是将电网的电能转化为电动车车载蓄电池的电能。电动汽车充电装置的分类有不同的方法,总体上可分为车载充电装置和非车载充电装置。

(1) 车载充电装置,指安装在电动汽车上的采用地面交流电网和车载电源对电池组进行充电的装置,包括车载充电机、车载充电发电机组和运行能量回收充电装置。它将一根带插头的交流动力电缆线直接插到电动汽车的插座中给电动汽车充电。车载充电装置通常使用结构简单、控制方便的接触式充电器,也可以是感应充电器。它完全按照车载蓄电池的种类进行设计,针对性较强。

(2) 非车载充电装置,即地面充电装置,主要包括专用充电机、专用充电站、通用充电机、公共场所用充电站等。它可以满足各种电池的各种充电方式。通常非车载充电装置的功率、体积和质量均比较大,以便能够适应各种充电方式。

另外,根据电动车蓄电池充电时能量装换的方式不同,充电装置可以分为接触式和感应式。

(1) 随着电力电子技术和变流控制技术的飞速发展,高精度可控变流技术的成熟和普及,分阶段恒流充电模式已经基本被充电电流和充电电压连续变化的恒压限流充电模式取代。直到目前,主导充电工艺的还是恒压限流充电模式。接触式充电的最大问题在于它的安全性和通用性,为了使它满足严格的安全充电标准,必须在电路上采用许多措施使充电设备能够在各种环境下安全充电。恒压限流充电和分阶段恒流充电均属于接触式充电技术。

(2) 近年来,新型的电动车感应充电(图 3.12)技术发展很快。感应充电器是利用高频交流磁场的变压器原理,将电能从离车的原方感应到车载的副方,以达到给蓄电池充电的目的。感应充电的最大优点是安全,这是因为充电器与电动车之间并无直接的点接触,使得即使电动车在恶劣的气候下,如雨雪天,进行充电也无触电的危险。

图 3.12 感应充电

3.4.2 电动汽车的充电方式

1. 常规充电方式

常规充电方式采用恒压、恒流的传统充电方式对电动车进行充电。以相当低的充电电流为蓄电池充电,电流大小约为 15A,若以 120A·h(如 360V,即串联 12V 100A·h 30 只)的蓄电池为例,充电时间要持续 8 个多小时。相应的充电器的工作和安装成本相对比较低。电动汽车家用充电设施(车载充电机)和小型充电站多采用这种充电方式。

车载充电机(图 3.13)是纯电动轿车的一种最基本的充电设备。充电机作为标准配置固定在车上或放在行李箱里。由于只需将车载充电器的插头插到停车场或家中的电源插座上即可进行充电,因此充电过程一般由客户自己独立完成。直接从低压照明电路取电,充电功率较小,由 220V/16A 规格的标准电网电源供电。典型的充电时间为 8~10h(SOC 达到 95%以上)。这种充电方式对电网没有特殊要求,只要能够满足照明要求的供电质量就能够使用。由于在家中充电通常是晚上或者是在电低谷期,有利于电能的有效利用,因此电力部门一般会给予电动汽车用户一些优惠,如电低谷期充电打折。

图 3.13 车载充电机

小型充电站(图 3.14)是电动汽车的一种最重要的充电方式,充电机设置在街边、超市、办公楼、停车场等处。采用常规充电电流充电。电动汽车驾驶员只需将车停靠在充电站指定的位置上,接上电线即可开始充电。计费方式是投币或刷卡，充电功率一般为 5～10kW，采用三相四线制 380V 供电或单相 220V 供电。其典型的充电时间是补电 1～2h，充满 5～8h(SOC 达到 95%以上)。

图 3.14　小型充电站

2. 快速充电方式

快速充电方式以 150～400A 的高充电电流在短时间内为蓄电池充电，与常规充电方式相比安装成本相对较高。

快速充电也可称为迅速充电或应急充电，其目的是在短时间内给电动汽车充满电，充电时间应该与燃油车的加油时间接近。大型充电站(机)多采用快速充电方式。大型充电站(机)——快速充电方式主要针对长距离旅行或需要进行快速补充电能的情况进行充电，充电机功率很大，一般都大于 30kW，采用三相四线制 380V 供电。其典型的充电时间是 10～30min。这种充电方式对电池寿命有一定的影响，特别是普通蓄电池不能进行快速充电，因为在短时间内接受大量的电量会导致蓄电池过热。快速充电站的关键是非车载快速充电组件，它能够输出 35kW 甚至更高的功率。由于功率和电流的额定值都很高，因此这种充电方式对电网有较高的要求，一般应靠近 10kV 变电站或在监测站和服务中心使用。

3. 无线充电方式

电动汽车无线充电方式是近几年国外的研究成果，其原理就像在车里使用的移动电话——将电能转换成一种符合现行技术标准要求的特殊的激光或微波束，在汽车顶上安装一个专用天线接收即可。

有了无线充电技术，公路上行驶的电动汽车或双能源汽车可通过安装在电线杆或其他高层建筑上的发射器快速补充电能。电费将从汽车上安装的预付卡中扣除。

4. 更换电池充电方式

除了以上几种充电方式外，还可以采用更换电池组的方式，即在蓄电池电量耗尽时，用充满电的电池组更换已经耗尽的电池组。蓄电池归服务站或电池厂商所有，电动汽车用户只需租用电池。更换蓄电池的工作原理如图 3.15 所示，电动汽车用户把车停在一个特定的区域，然后用更换电池组的机器将耗尽的蓄电池取下，换上已充满电的电池组。对于更换下来的未充电蓄电池，可以在服务站充电，也可以集中收集后再充电。由于电池更换过程包括机械更换和蓄电池充电，因此有时也称它为机械"加油"或机械充电。电池更换站同时具备正常充电站和快速充电站的优点，也就是说可以用低谷电给蓄电池充电，同时又能在很短的时间内完成"加油"过程。通过使用机械设备，整个电池更换过程可以在 10min 内完成，与现有的燃油车加油时间大致相当。

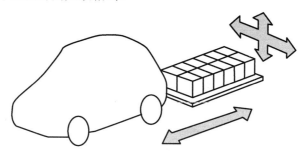

图 3.15 更换蓄电池的工作原理

不过，这种方法还存在不少问题有待解决。首先，这种电池更换系统的初始成本很高，其中包括昂贵的机械装置和大量的蓄电池。其次，由于存放大量未充电和已充电的蓄电池需要很多空间，因此修建一个蓄电池更换站所需空间远大于修建一个正常充电站或快速充电站所需的空间。最后，在蓄电池自动更换系统得到应用之前，需要对蓄电池的物理尺寸和电气参数制定统一的标准。

5. 移动式充电方式

对电动汽车蓄电池而言，最理想的情况是汽车在路上巡航时充电，即所谓的移动式充电。这样，电动汽车用户就没有必要去寻找充电站、停放车辆并花费时间去充电了。移动式充电系统埋设在一段路面之下，即充电区，不需要额外的空间。

接触式和感应式的移动式充电系统都可实施。对接触式的移动式充电系统，需要在车体的底部装一个接触拱，通过与嵌在路面上的充电元件相接触，接触拱便可获得瞬时高电流。当电动汽车巡航通过移动式充电区时，其充电过程为脉冲充电。对于感应式的移动式充电系统，车载式接触拱由感应线圈取代，嵌在路面上的充电元件由可产生强磁场的高电流绕组取代。

　　很明显，由于机械损耗和接触拱的安装位置等因素的影响，接触式的移动式充电对人们的吸引力不大。

　　目前的研究主要集中在感应充电方式，因为它不需要机械接触，也不会产生大的位置误差。当然，这种充电方式的投资巨大，现在仍处于实验阶段。

　　随着电动车产业的快速发展，智能、快速的充电方式成为电动汽车充电技术发展的趋势。电动汽车充电技术的开发研究是一项巨大的工程，没有任何一个部门能够独立完成这项工程。充电技术的发展还必须有政府、社会组织、电动汽车厂商、电力部门、电池厂商等各方面的通力合作，促使电动汽车充电技术的研究与电动汽车产业化进程有序、协调的发展。

3.5　公共交通与共享汽车的关系

　　公共交通，泛指所有收费提供交通服务的运输方式，也有极少数免费服务。广义的公共交通包括民航、铁路、公路、水运、索道等交通方式；狭义的公共交通是指城市定线运营的公共汽车及铁路、渡轮等交通。通常在大城市，公共交通一词常会简化为"公交"，即"公(共)交(通)"的意思，而近年中国国内大部分地区都流行用"公交"一词来替代、统一众公共交通的名称，如北京的公共汽车会叫成"北京公交"等。同时，鉴于公交车是人们目前最常用、常接触的出行方式，本节着重论述的也是公交交通的特点。

　　公共交通本身是共享汽车的一种特殊情况，只是并未达到开("开")的程度。其有效满足大量、快速交通需求的特点，以及其公共资源的共享性质，用户可以自主乘车而不必具有所有权。这种所有权与使用权分离的使用特点，都体现了其共享("共")的属性。同时，与私家车点对点(door to door)的运营模式相比，公交车实现的是区对区(district to district)的运营。城市公交车通常按照固定线路行驶，沿线设定有固定的站点，用户必须按照设定的线路行驶，在有效的范围内进行选择，这些使用特点都限制了用户的选择范围、自由度也降低了。从这层意义上讲，共享汽车具有更高的灵活度。

第4章 共享开取汽车

共享并不是一个凭空出现的概念,现有的滴滴出行、自行车共享系统或多或少都体现了这种概念。共享汽车就是在现有技术架构的基础上发展起来的,只不过相比于滴滴出行系统,共享汽车提供了一种私家车准入平台的模式,同时可满足一定条件下,用户随时随地随意取用汽车的要求,其传感网络、监控体系等更为发达,共享程度也更高;自行车共享系统,虽然满足了用户随时取用的要求,实现了共享,但是由于其出行能力、出行范围的限制,无法满足用户远距离出行、快速出行等需求。从这一点上讲,共享汽车又有着其独特的技术架构,它将汽车本身的电子技术与互联网技术进行了完美的融合。

4.1 现有分时租赁系统

4.1.1 滴滴出行系统

1. 系统概念

滴滴出行是一个手机智能叫车系统,帮助乘客随时随地、方便快捷地叫到出租车,帮助驾驶员低成本、更方便地接受预订,同时可有效降低驾驶员空驶率,改善市民叫车体验,是符合节能减排、智慧城市、绿色出行的样板项目。滴滴出行是国内首家通过移动互联网技术,开发新型网络智能叫车系统的公司。公司以创新和用户体验为宗旨,扎根服务交通运输行业。

2. 国内外现状

国外的 App 软件使用十分广泛,尤其是智能手机推广之后的 21 世纪,打车软件早已开始投入市场使用。英国是最早提供出租车信息的国家,也正是因为这个创意,产生了 Hailo 和 GetTaxi 等打车软件;美国的打车软件 Uber 也在 2011 年获得了亚马逊公司的投资,这一项投资大大提高了打车软件的应用性。Uber 软件的叫车模式是,用户首先通过注册的账号登录打车软件发布信息,随后驾驶员将会得到订单并前来接送,最后的费用会从用户绑定的信用卡上扣除。同在 2011 年,日本的市场上也掀起了手机支付打车软件的热潮,用户通过在下载好的客户端上设定当前位置和终点位置,可以得到驾驶员的帮助,同时有一些打车软件因为是盈利为目的的,需要收取用户的注册费或者其他额外的费用。国外打车软件和国内的不同点主要在于,国外的打车软件最广泛使用的是私家车或者闲置的车辆,而国内大多数使用本款软件的是大城市出租车。相较而言,国内的出租车由于都在抢单,会对交通造成一定的问题,导致一些没有安装软件的乘客出现没有车打,而没有接入平台的驾驶员没有乘客可拉的现象。同时,国外人的叫车习惯是拼车,中国人却没有这种节约能源或者资源的习惯,这就更加加剧了交通的混乱,因此在我国不能一模一样的嵌套外国的打车 App 的应用模式,必须积极创新,根据我国国情改进打车的服务,为用户带来更好的便利。

滴滴出行(图 4.1)现主要在北京、天津、大连、上海、南京、杭州、武汉、西安、成都、重庆、广州、深圳、厦门等一二线城市开放,每天为数百万乘客用户提供更加便捷的出行体验,成为全国首屈一指的移动叫车应用平台。

图 4.1　滴滴出行

3. 系统结构

针对目前的滴滴出行来说，共有九项业务：出租车业务、专车业务、快车业务、顺风车业务、公交业务、代驾业务、自驾租车业务、试驾业务、敬老出租业务。

出租车事业部主要是负责一切和出租车相关的业务，目前整个中国的滴滴出行出租车市场占有率超过 80%，具有绝对的主力地位，不过现在对于出租车数量稳定的中国来说，滴滴出行在这块的发展瓶颈在于如何创造利润。

专车业务线，目前官方统计的专车驾驶员数量为 100 万以上，可见专车业务是一个比出租车更大的数量级，也是除了滴滴出行之外，Uber 等其他打车软件的必争之地。通过滴滴出行官网可以看出，目前滴滴出行在专车业务布局主要有两块，一块是针对大众消费的民用级市场，也就是专车和现在的快车；还有一块是针对企业级的企业用车，通过官方招聘提供的部门信息得到，目前已经成立了企业级用车事业部，这将是一块很大的蛋糕。

民用级市场：以前的专车及现在的快车，对于普通用户来说，是很实惠的，但是对于对应的驾驶员来说，基本上不能从乘客身上赚到钱，需要平台本身给予大量的补贴才能盈利。民用级市场沿用出租车产生之初的竞争策略，通过大量的补贴把用户数做大，并且和 Uber 中国进行市场争夺，当体量达到一定程度之后，将会进行盈利模式的导入。

企业级市场：滴滴出行官网提供的数据显示，一个企业使用车辆的费用按照一年来算的话，租车为 1，那么买车养车为 0.9，而通过使用滴滴企业版，费用降到了一半也就是 0.5，这个市场是相当大的，全国如果有十分之一的企业最后采用这种方式，将是非常可观的数字。

2014—2019 年中国专用车行业市场现状与投资战略分析报告指出，随着政府购买服务改革的推进，政府向社会力量购买服务项目大幅增加，服务类采购增长迅速。

顺风车、巴士、代驾业务是 2015 年滴滴出行的发力重点，前期的模式基本上都差不多，通过高额的补贴来迅速增加用户数，再在这个基础上进行商业模式的植入。

滴滴出行的系统结构如图 4.2 所示。

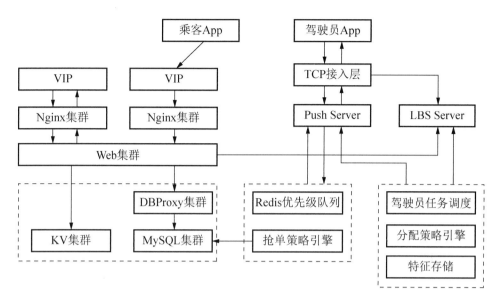

图 4.2 滴滴出行的系统结构

4. 使用方法

滴滴出行可以说彻底颠覆了出行的习惯，培养了用户依靠互联网出行的消费模式，目前在微信和支付宝端口都能直接进入滴滴出行界面，而且滴滴出行也有自己的 App，方便了人们的日常生活。滴滴出行的具体使用方法如下。

(1) 注册账号：首次使用，需要用户手动注册个人信息，按照提示填写自己的详细资料，同时需要绑定微信支付、银行卡或支付宝，三者选其一即可。滴滴出行系统绑定支付的界面如图 4.3 所示。

(2) 滴滴叫车：用户通过语音呼叫或者文字输入目的地，地图自动提示用户的位置信息和附近的出租车信息。用户还可以设置常去的地址，一键叫车，方便下次出行使用。滴滴出行系统用户叫车界面如图 4.4 所示。

(3) 驾驶员响应：呼叫出租车后，滴滴出行会自动给用户附近的驾驶员分配订单，当有驾驶员接单后，会显示该驾驶员的身份信息及车牌号，驾驶员会主动打电话跟用户确定具体上车位置及预计上车时间。滴滴出行系统驾驶员响应界面如图 4.5 所示。

(4) 下车付款：用户到达目的地之后，滴滴出行系统会自动计算出本次的出行费用，用户可以根据提示输入支付密码，支付成功，可对本次的出行进行评分。滴滴出行系统用户支付界面如图 4.6 所示。

共享汽车概论

图 4.3 滴滴出行系统绑定支付的界面

图 4.4 滴滴出行系统用户叫车界面

图 4.5 滴滴出行系统响应界面

图 4.6 滴滴出行系统用户支付界面

5. 滴滴出行系统与共享汽车系统的区别

滴滴出行系统主要应用的技术是在网络信息系统的建设上,是共享汽车系统技术应用的一部分,滴滴出行系统和共享汽车系统构成一种互补的模式,面向的用户可能有点重复,但是总体上来说,对于以后市民出行是相辅相成的,大大便利了市民的出行,提高了市民的幸福指数。

共享汽车系统相对滴滴出行系统来说,更加集成独立。滴滴出行包括快车、顺风车、专车、出租车等,种类相对繁多,其中的快车、顺风车都属于私家车。而共享汽车系统中的汽车全部都是自己的专用汽车,然后可以租借给用户。从某种程度上来说,滴滴出行是从传统汽车方式向共享汽车方式转变的一种过渡产物。共享才是最终的目的。

4.1.2 自行车共享系统

1. 系统概念

自行车共享系统概念源于欧洲,也被称为公共自行车系统、自助自行车系统、智能自行车系统和自行车租赁系统,这些均是自行车共享的一种形式。目前,部分报告和论文中定义并不统一,侧重点略有不同。总体上,自行车共享系统是在政府、营利或非营利组织的倡导下,自行车财产不归个人所有,采用短期租用的方式使用自行车,超过免费使用期限需要支付一定费用的用车方式。根据系统的类型不同,车辆一般仅能在某一固定租赁点租还,或者在各租赁点间通租通还,从而达到提高自行车利用率、减少交通拥挤、降低交通污染、休闲娱乐大众等目的。

2. 国内外现状

当前正是自行车共享系统的蓬勃发展时期,至少已有 199 个项目分布在全球除非洲和南极洲以外的五大洲,欧洲占据项目中的 78.1%。截至 2015 年,已有 27 个国家的 192 个城市实施了自行车共享项目。某些城市如柏林、罗马、法兰克福和慕尼黑已拥有两种自行车共享项目,分别是 next bike 和 call a bike。在欧洲,大部分自行车共享项目分布在德国、意大利、法国和西班牙 4 个国家;车辆数最少的项目在摩纳哥,仅有 2 个租赁点和 10 辆自行车。我国共有 24 个自行车共享项目,其中 2 个分布在台湾的台北市和高雄市。

我国公共自行车最早出现于 2005 年的北京,当时只是一些个体户经营的自行车出租服务,还没有引起人们的注意。直到 2007 年 7 月 15 日,全球著名的户外广告公司法国德高集团在巴黎率先推出了"单车自由骑"自行车租赁服务,倡导环保出行，公共自行车的概念才开始进入人们的视野。2008年5月1日，杭州市公共自行车租赁系统启动，9月16日正式运营，并很快取得了成功，杭州也成为首个将公共自行车纳入城市公共交通系统的城市。随后，2009年5月1日，武汉市在全市开展免费公共自行车站点启用，同年7月，上海市闵行区启动了免费公共自行车服务项目。2010年6月22日，广州市启动了公共自行车项目，首批18个公共自行车租赁站点正式投入运营。由于人们对骑自行车的兴趣逐渐提高及建设公共自行车系统是推进公交优先战略的重要举措，我国公共自行车系统发展迅速。截至2014年12月，已超过100个城市建设公共自行车项目，形成了一套较成熟的公共自行车系统模式。目前，公共自行车项目已在全国多个城市迅速扩展，被公众广泛接受，部分城市的公共自行车项目还被纳入国家"城市步行和自行车交通系统示范项目"，正逐步形成我国未来公共交通系统的一种新模式。自行车共享系统在我国的发展趋势如图4.7所示。

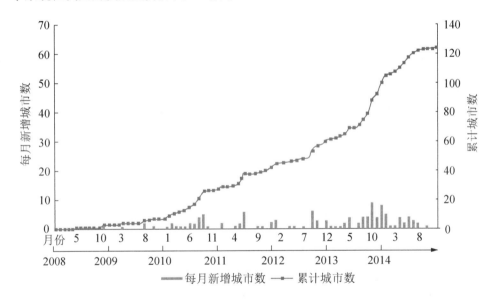

图4.7 自行车共享系统在我国的发展趋势

自2005年8月份，北京贝克蓝图公司首次在国内推出自行车租赁业务后，逐渐受到国内各城市的青睐，项目数量逐年增多。截至2015年，国内已有14个省或者直辖市中的24个城市尝试或正在实施过自行车共享项目，主要分布在沿海各省份城市，重庆、湖北等内陆省份城市也相继参与。我国至少已有4103个站点、128710辆自行车用于自行车共享项目的运营实施，绝大部分站点和车辆分布于浙江省杭州市。

3. 系统结构

1) 基础设施系统结构

自行车共享系统基础设施主要由 6 部分组成，分别是租赁点、特别设计的自行车、自行车道路、车辆调配维修服务、系统管理软件、客户服务中心，如图 4.8 所示。其中，车辆机械构件进行过专门设计，并安装反盗窃装置；系统管理软件是衔接其他各类基础设施的核心和关键，为其他基础设施运用于服务提供基础平台；客户服务中心和车辆调配维修服务中心为系统的正常运营提供后勤保障。

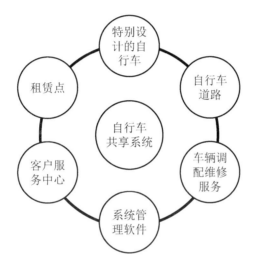

图 4.8 自行车共享系统基础设施结构

2) 运作系统结构

政府、运营商、使用者是公共自行车运作系统的参与者。其中，运营商的价值通过控制中心、站点、基地的作用来体现，使用者包括居民和旅客。政府给予运营商资金补贴、政策扶持监督，运营商将建设信息、运营信息反馈于政府；控制中心是运营商高效运营的核心，控制中心收集站点使用信息，向中心站点或停保调度中心传递，实现车辆调度，同时，中心站点或停保调度中心向控制中心时时反馈调度情况；办卡中心向控制中心时时传递城市办卡情况；使用者在使用过程中产生的信息、资金将传递到控制中心。三者在整个系统中不断进行物质流、信息流、资金流的交换。自行车共享系统运作流程图如图 4.9 所示。

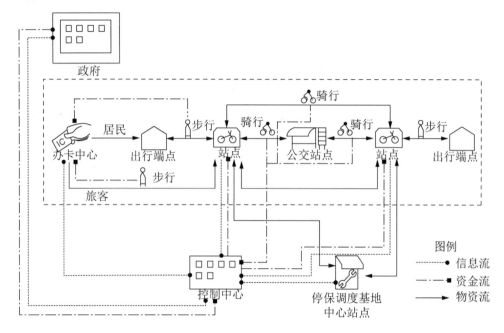

图4.9 自行车共享系统运作流程图

4. 技术应用

自行车共享系统是整合交通、信息、通信、计算机网络等领域先进技术的创新性系统。一方面，系统管理者运用通信、计算机、电子识别、软件等技术进行有效管理与运营；另一方面，系统使用者运用身份识别、智能卡等技术方便地借还车辆。具体技术应用如图4.10所示。

图4.10 自行车共享系统先进技术应用

5. 共享自行车的使用方法

目前主要有"手动"和"自动化"两种类型的自行车共享系统。手动自行车共享系统即处理自行车的取用和归还是由工作人员监督的。手动系统与自行车保持联系并进行货币交易，但不一定包含信息技术。一般来说，当有很多自行车取放点时,一个计算机化的跟踪系统是很有必要的。例如,大部分意大利中小城镇的 C'entro in Bici 系统。

自动化的自行车共享系统,处理包括取用和返回自行车都是无人监管的——系统会自助完成。自行车锁定到特殊的电子控制机架或自带电子控制锁。前者的控制架由硬币、信用卡、电子钥匙卡操作。后者的车锁上有一个一体化的便携式计算机,用户必须拨打电话或发送手机短信到自行车共享运营商,得到指令来解锁自行车。显然,自动化系统的用户界面,系统控制和监测在很大程度上依赖于信息技术。随着信用卡、电子密码卡、手机操作系统的应用,自行车用户的身份是已知的,如遇盗窃或损坏的自行车,可以追究使用者责任。投币式系统,如哥本哈根的 Bycyklen 系统,不跟踪用户的身份。现在的大多数系统都是自动化的,并使用智能卡技术。德国的 Call a Bike 系统和西班牙的 Domoblue/Onroll 系统则使用的是移动电话技术。

以现在较为流行的 ofo 共享单车为例,使用方法具体如下。

(1) 获取解锁码:单击"马上用车"按钮,输入车牌号即可获得解锁码。

(2) 拨轮锁开锁:从左往右拨动密码盘,使密码对准锁身黄色标准线,按下圆形按钮,成功开锁。

(3) 键盘锁开锁:输入密码,按下密码盘下方的按钮,即可成功开锁。

(4) 如何停放:结束使用后,锁车、复位密码,将车停放至道路两旁安全区域,方便他人取用。

ofo 共享单车手机租赁界面如图 4.11 所示。

图 4.11 ofo 共享单车手机租赁界面

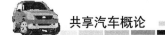

6. 共享自行车系统与共享汽车系统的区别

共享自行车系统和共享汽车系统都是一种借还车服务，系统结构和技术应用有许多相通的地方。相对于共享自行车系统，共享汽车系统的应用和推广的阻力更大，技术方面要求更高，面对人群也更加广泛。

(1) 技术方面。共享汽车系统相对于共享自行车系统而言，技术更加复杂，要求更高。不论是汽车本身的复杂程度，还是其系统管理复杂程度都是共享自行车系统所远远不能比的。

(2) 管理方面。共享汽车系统需要一个十分精细的管理系统，需要投入更多的人力、物力、财力去管理。

(3) 成本方面。共享汽车系统相对共享自行车而言，更加复杂，技术要求更高，而且汽车共享需要的各种场地和后续的各种维修保养，再加之汽车本身较之自行车昂贵，使得共享汽车的成本要远远大于共享自行车。

4.2 共享汽车关键技术

作为一种新的汽车使用模式，汽车共享模式与传统的汽车租赁模式有着根本的区别。其关键技术在于将汽车电子技术和网络技术进行了完美融合，并且随着汽车电子技术的不断发展，共享汽车的核心技术也将保持与时俱进，不断发展。

物联网技术的快速发展是共享汽车得以实现的关键。物联网，顾名思义就是物物相连的网络(Internet of Things，IOT)。利用局部网络或互联网等通信技术把传感器、控制器、机器、人员和物等通过新的方式联在一起，在这个网络中，物品(商品)能够彼此进行"交流"，而无需人的干预。其实质是利用射频自动识别(Radio Frequency Identification，RFID)技术，通过计算机互联网实现物品(商品)的自动识别和信息的互联与共享。

4.2.1 汽车电子技术

共享汽车的电子技术指的是利用装载在车辆上的各类传感器，对车辆的位置、状态参数进行实时获取，同时实现汽车与远程服务系统随时随地的通信的过程，即我们常说的物联网概念。车、路、人之间的网络连接系统是实现信息交互的基础，汽车感应技术是它的末梢神经，传感器即是它的神经元。其应用范围主要包括车的传感器网络和路的传感器网络。图 4.12 所示为车的传感器网络示意图，图 4.13 所示为路的传感器网络示意图。

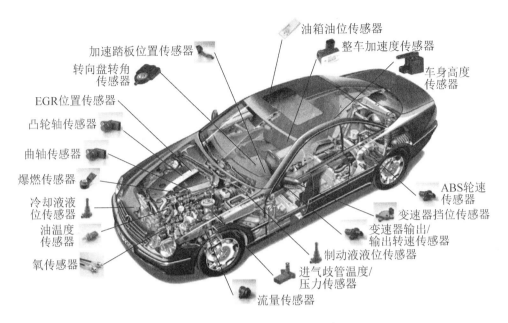

图 4.12　车的传感器网络示意图

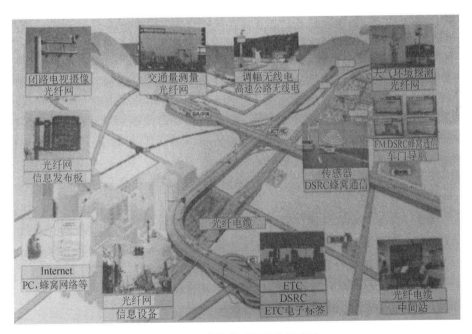

图 4.13　路的传感器网络示意图

1. 汽车内部感知技术

汽车感知技术主要有汽车内部感知技术和车辆整体感知技术。汽车内部感知技术是指利用装置在汽车内各重要部位的众多不同用途的车用传感器，专门检测汽车不同部位的工作状况，及时以电信号方式向车用微机进行传输，向驾驶员提供关于车的实时状况信息，以供分析判断车的状况，如远程诊断就需要利用这些状况信息分析判断车的状况，防碰撞的传感器信息及感应外部环境的摄像头也可以传递信息用来增强安全和作为辅助驾驶的信息。

传感器通过检测各种汽车参数来确保车辆上的电子系统有效工作，从而提高汽车的动力性、环保性和燃油经济性，同时提高驾乘舒适性和安全性。未来新的汽车传感器技术主要聚焦在如何提高传动系统的效率上。例如，缸内压力传感器可用来检测发动机燃烧循环，并给予发动机管理系统直接的反馈，从而精确地控制燃烧过程。气缸压力传感器的典型应用有用在柴油车上以减少微粒和氮氧化物的排放；用在均质混合气压燃技术汽油发动机上，可获得燃油控制所需的精确燃油测量。混合动力和电动车也通过使用传感技术来扩大行驶里程和蓄电池寿命，如使用电动机速度传感器、电池流量传感器和温度传感器。

汽车传感器作为汽车电子控制系统的信息源，是汽车电子控制系统的关键部件，也是汽车电子技术领域研究的核心内容之一。汽车传感器对温度、压力、位置、转速、加速度和振动等各种信息进行实时、准确的测量和控制。衡量现代高级轿车控制系统水平的关键就是其传感器的数量和水平。

在以汽油机为动力的现代汽车上，发动机管理系统以其低排放、低油耗和高功率等特点迅速得到发展且日益完善。传感器在其中发挥着举足轻重的作用，下面介绍几种主要的汽车发动机上的传感器。

1) 温度传感器

温度是反映发动机热负荷状态的重要参数。为了保证控制系统能够精确控制发动机的工作参数，必须随时监测发动机冷却液温度、进气温度和排气温度，以便修正控制参数，计算吸入气缸空气的质量流量，并进行净化处理。冷却液温度传感器(Coolant Temperature Sensor，CTS)通常称为水温传感器，其主要功能是检测发动机冷却液的温度，并将温度信号变换为电信号传给电子控制单元(Electronic Control Unit，ECU)。ECU 根据发动机温度修正喷油时间和点火时间，使发动机工作于最佳状态。进气传感器(Intake Air Temperature Sensor，IATS)的主要功能是检测进气温度，并将温度信号变换为电信号传给 ECU。ECU 根据发动机进气温度和压力信号修正喷油量，使发动机自动适应外部环境温度和压力的变化。常见的温度传感器有热敏电阻式温度传感器、热敏铁氧体温度传感器、扩散电阻式温度传感器、晶体管式温度传感器、双金属片式温度传感器等。

2) 空气流量传感器

空气流量传感器用于测量发动机的进气量，将发动机的进气量转换为电信号后输入 ECU，以便 ECU 根据预定的空燃比计算燃油喷射量。进气量信号是 ECU 计算喷油时间和点火时间的主要依据，根据检测进气量的方式，空气流量传感器分为 D 型(压力型)和 L 型(空气流量型)两种。D 型利用压力传感器检测进气歧管内的压力，控制系统利用该绝对压力和发动机转速计算吸入气缸的空气量，来控制燃油喷射，其特点是测量精度不高，控制系统成本低。L 型利用流量传感器直接测量吸入进气管的空气流量，测量精度高，控制效果优于 D 型燃油喷射系统。L 型传感器分为体积流量型(如翼片式、量芯式和涡流式)传感器和质量型(如热丝式和热膜式)传感器，其中热膜式流量传感器内部没有运动部件，因此没有运动阻力，使用寿命远远长于热丝式流量传感器。

3) 压力传感器

在进气量采用歧管绝对压力计算方式的电控喷油系统中，进气歧管压力传感器是最重要的传感器，相当于采用直接测量空气流量的电控喷油系统中的空气流量传感器。它依据发动机的负荷状态测出进气歧管内绝对压力的变化，并将其转换成电压信号，与转速一起输送到 ECU，作为决定喷油器基本喷油量的依据。压力传感器根据其信号原理可分为压敏式、电容式、膜盒传动的差动变压器式和声表面波式等。其中，电容式和压敏式进气压力传感器在当今发动机电子控制系统中应用较为广泛；声表面波(Surface Acoustic Wave，SAW)式进气传感器是在一块压电基片上用超声波加工出一薄膜敏感区，上面刻制换能器(压敏 SAW 延时线)，换能器与电路组合成振荡器。通常通过螺纹拧入气缸体的油道内，其内有一个可变电阻，根据机油压力的高低，滑动触笔移动，改变桥式电路输出电流达到检测的目的。

4) 位置传感器

曲轴位置传感器(Crankshaft Position Sensor，CPS)是发动机电控系统中最主要的传感器，其功能是传递控制点火时刻、喷油时刻和确认曲轴位置。其检测并输入发动机 ECU 的信号包括曲轴转角、活塞上止点和第一缸判定信号，同时也是供测量发动机转速的信号源。曲轴位置传感器主要分为光电式、磁感应式和霍尔式等类型。节气门位置传感器的功能是把节气门打开的角度(即发动机负荷)大小转变为电信号后输入 ECU，ECU 根据节气门位置信号或全负荷开关信号判断发动机的工况，根据不同工况对混合气浓度的需要来控制喷油时间，以提高发动机的功率和效率。节气门位置传感器主要有触电开关式、可变电阻式、触电和可变电阻组合式 3 种，按输出方式分为线性输出和开关量输出两种形式。通过车身高度与转向传感器，电控主动悬架系统可以根据车身高度、车速、转向和制动等传感器信号，由 ECU 控制电磁式或步进电动机式执行元件，改变悬架的特性，以适应各种复杂的行驶工况对悬架特性的不同要求。车身高度和转向传感器均用光电式。

5) 气体浓度传感器

氧传感器(Exhaust Gas Oxygen Sensor，EGOS)通过监测排出气体中氧离子的含量来获得混合器的空燃比信号，并将该信号转变为电信号输入 ECU，ECU 根据信号对喷油时间进行修正，实现空燃比反馈控制，使发动机得到最佳浓度的混合气，从而达到降低有害气体的排放和节省燃油的目的。空燃比一旦偏离理论值，三元催化剂对一氧化碳、碳氢化合物和氮氧化物的净化能力将急剧下降。

6) 转速传感器和车速传感器

发动机转速传感器的功能是在已知单位时间空气流量的基础上检测发动机转速，来确定每循环负荷最佳空燃比的喷油量。常采用电磁感应式发动机转速传感器，ECU 通过检测电磁感应式传感器线圈中产生的脉冲电压间隔，测出发动机转速。

车速传感器的功能是测量汽车行驶的速度，主要有可变磁阻式、光电式和电磁感应式等。可变磁阻式传感器是利用磁阻元件(Magneto Resistive Element，MRE)的阻值变化引起电压变化，将电压变化输入比较器，由比较器输出控制晶体管的导通和截止，以此测出车速。光电式车速传感器用于数字式速度表上，由发光二极管(Light Emitting Diode，LED)、光敏晶体管和遮光板构成。当遮光板不断遮断 LED 发出的光束时，光敏晶体管检测出脉冲频率，从而测出车速。电磁感应式车速传感器用于自动变速器型车辆测速，由电磁感应线圈和永久磁铁组成，主要通过自动变速器输出轴转动时感应线圈中的磁通量变化，来产生交流感应电动势，车速越高，磁通量变化越大，输出的脉冲电压频率越高，因此控制系统根据脉冲电压的频率测出车速。

现代汽车均装有防抱死控制系统(Anti-lock Braking Control System，ABS)和防滑控制系统(Anti-skid Control System，ASR)，二者都设有获取车轮转速信号的轮速传感器。通常有电磁感应式和霍尔式两种。

7) 其他传感器

爆燃传感器是点火时刻闭环控制必不可少的重要部件，其功能是将发动机爆燃信号变换为电信号传递给 ECU，ECU 根据爆燃信号对点火提前角进行修正，从而使点火提前角保持最佳，它分为压电式、磁致伸缩式两种。碰撞传感器是在电子控制式安全气囊系统中使用的传感器，可分为碰撞烈度传感器和防护碰撞传感器两类。电流传感器主要应用于电动机控制、负荷检测和管理、开关电源和过电流保护等。

汽车传感器除上面介绍的发动机上的几种传感器外，还包括底盘控制类传感器和车身控制类传感器等多类传感器。其中，底盘控制类传感器是指用于变速器控制系统、悬架控制系统、动力转向系统、制动防抱死系统等底盘控制系统中的传感器。尽管分布在不同的系统中，但这些传感器的工作原理与发动机中相应的传感器是相同的。并且，随着汽车电子控制系统集成化程度的提高和 CAN 总线技术的广泛应用，同一传感器不仅可以给发动机控制系统提供信号，也可为底盘控制系统提供信号。而车身控制传感器主要用于提高汽车的安全性、可靠性和舒适性等。由于其工作条件不像发动机和底盘那么恶劣，对一般工业用传感器稍加改进就可以应用。车身控制传感器主要有用于自动空调系统的温度传感器、湿度传感器、风量传感器和日照传感器等，用于安全气囊系统中的加速度传感器，用于门锁控制中的车速传感器，用于亮度自动控制系统中的光传感器，用于消除驾驶员盲区的图像传感器等。

2. 车辆整体感知技术

车辆整体感知技术是车辆对车外环境状况的感知，以及路边感知设备对车辆的感知识别。其主要是利用铺设在路上和路面上的传感器感知和传递路的状况信息，如车流量、车速和路口拥堵情况等。有关技术主要有对车辆进行身份识别的射频识别技术和图像识别技术，对车速进行测量的雷达、地磁和地感技术，对前后车距进行感知的激光和超声波测距技术，对车辆进行空间定位的卫星定位导航技术等。

射频识别技术是一种自动识别技术。它利用射频方式进行非接触式双向通信交换数据，以达到识别目的。与传统的磁卡、IC 卡相比，射频卡最大的优点就在于非接触，因此完成识别工作时不需要人工干预，适合于实现系统的自动化且不易损坏，可识别高速运动物体并可同时识别多个射频卡，操作快捷方便。射频卡不怕油渍、灰尘污染等恶劣的环境，用于交通的多为长距离的射频卡，识别距离可达几十米，通过与网络通信技术相结合可用在自动收费或识别车辆身份等场合。

无论是汽车内部感知技术还是车辆整体感知技术，无论是车的传感器网络还是路的传感器网路，都起到了车的状况和环境感知的作用，为共享汽车监控系统提供了独特的网络信息，整合传感网络信息成为监控共享汽车各种状态必须研究的内容。

4.2.2 网络融合技术

1. 共享汽车信息系统

汽车共享租赁管理系统是汽车共享系统的核心，对系统实施统一指挥、调度和综合管理。具有"人、车辆、车站、道路"一体化的智能化监控、调度、管理、信息服务功能。该系统主要由六大模块组成，包括公司车辆租赁模块、私车加盟共享模块、拼车模块、充电管理模块、车辆管理模块、计费收费模块，前三大模块分别对应了三大功能主体，共同服务于消费者共享或租赁汽车，在用户端显示，供消费者选择使用；后三大模块在后台显示，供系统管理人员使用，如图 4.14 所示。

图 4.14 共享租赁管理系统架构图

各模块主要实现以下功能。

公司车辆租赁模块：对公司租赁的车辆进行管理，包括车辆预约、车辆远程监控、车辆计费、车辆充电、车辆返还等。

私车加盟共享模块：对私车加盟租赁共享系统进行管理，包括私车注册、私车预约、私车远程监控、私车计费、私车充电、车辆返还等。

拼车模块：对拼车用户使用车辆进行管理，包括用户注册、用户拼车预约、用户拼车计费等。

充电管理模块：对所有共享车辆的充电状态进行监控，并提供相关充电设施信息，提供充电预约、充电时间管理等功能。

车辆管理模块：将车辆内的所有使用情况及道路上的各种情况实时反馈到后台运营中心管理系统，具有车辆锁定、车辆信息反馈、车辆导航等功能。

计费收费模块：提供车辆的计费方法、计费原则、计时收费等功能。

用户通过手机 App 或者浏览器访问两种方式访问公共信息平台，进行用车。①手机 App：用户安装共享租赁管理系统的专用客户端，通过手机来完成车辆预定、车辆信息查询、附近停车场位置预报功能，同时可通过二维码扫描功能解锁和使用车辆，以及查询用户账户个人资料、资金变动等信息。②浏览器访问：消费者也可通过浏览器访问共享租赁管理系统，注册用户后，进行登录，功能基本等和手机 App 客户端相同。

共享租赁管理系统运营的支撑硬件和技术包括 IC 智能卡、无线射频识别技术(RFID)、GIS/GPS 定位导航、远程监控系统等。如果进行电动车共享租赁需同时配备充电网络、电池回收网络。IC 智能卡存储用户个性化的秘密信息，同时在验证服务器中也存放该秘密信息。进行认证时，用户输入个人身份识别码(Personal Identification Number，PIN)，智能卡认证 PIN 成功后，即可读出智能卡中的秘密信息，进而利用该秘密信息与主机之间进行认证。用户网上预订租车后，租赁公司将车辆位置等信息发送给用户，IC 智能卡得到打开预订车辆的授权。

GIS/GPS 技术，可对车辆提供导航帮助，同时帮助远程监控系统实现定位功能。中央服务器，可对远程监控终端数据进行处理分析，实时监控车辆运行状态，可远程解锁、远程停车等。在机场、学校等人流集散地和居民密居地建设租赁站，租赁站同时具有汽车日常检测维护及能源供给、车辆存放和办理租车等功能。电动车汽车共享时，在立体停车库、公共场所停车场、小区停车场需建设充电设施，并把充电设施联网，将充电设施信息输入 GIS 电子地图，保证共享的电动车及时充电。建立动力电池回收网络，可对电动汽车电池进行回收利用，实现电池梯次利用，降低动力电池成本，减少环境污染。

共享汽车在行驶时，会具有接收定位信号、接收管理信息、发送本车状态信息，以及进行安全服务请求等功能，这些功能便主要依托于车载功能实现。依据车载信息系统所发射的信息，管理中心可获知当前汽车的使用状态、位置等。用户在网上发布预订信息后，平台可根据用户需求，自动匹配合适车辆，并将车辆的具体位置信息发送给用户，同时获得打开目标车辆的授权，用户实现自助取车。在自助驾驶期间，共享汽车通过 GPS/GIS 进行定位，同时搜寻规划目的地最佳行驶路线。车内计算机甚至可通过与远程服务系统通信，获取目标路段拥挤程度信息，对各个地点交通情况进行实时了解，从而最大限度规划路线，帮助用户节省时间。行驶期间，车载智能传感器采集车辆的状态信息和位置信息，运用总部同步获取这些信息，了解共享车辆当前状态、位置，管理共享车辆。

共享汽车上路时，会要求车内行驶记录仪真实、准确地反映车辆运行中的实际状况，记录相关的监控数据，公司管理中心结合实时电子地理信息系统，随时确定车辆的地理位置，进行调度管理。同时安装语音报警系统，当驾驶员超速驾驶或者疲劳行驶时，发出报警声，警告驾驶员减速，督促驾驶员安全行车，起到防止和减少交通事故的作用。行驶记录仪的安装，也可督促驾驶员在行驶中保持车辆中速行驶，对延长车辆使用寿命、节约燃料、减轻轮胎耗损等都起到重要作用，可减少共享公司经营管理成本。若汽车在共享租赁期间发生交通事故，能通过调取行驶记录仪的数据，将责任明确到个人，合理划分责任。

2. 监控体系

车辆监控系统是融合了全球卫星定位系统(Global Positioning System，GPS)、地理信息系统(Geographic Information System，GIS)、全球移动通信系统(Global System for Mobile Communications，GSM)及计算机数据处理技术和现代数据通信技术，可对车辆实行全天候卫星定位、电子地图显示和车辆实时监控等的电子信息系统。车载监控系统由车载终端、传输网络和监控中心组成，提供车辆防盗、反劫、行驶路线监控、车内车外视频图像实时无线传输、事故快速响应、呼叫指挥等功能，以解决现有车辆的动态管理问题。共享汽车模式下，出于对私家车的安全性考虑，监控体系的建设显得尤为重要。

1) 车载 GPS 终端功能

车载 GPS 终端最核心的功能是接收和发送 GPS 定位信息。为对车辆实施更安全有效的管理，以及配合监控中心进行调度、防盗反劫、报警等方面的管理，车载 GPS 终端必须具有以下功能。

(1) 定位信息的发送功能。GPS 接收机实时定位并将定位信息通过电台发向监控中心。

(2) 数据显示功能。将自身车辆实时位置在显示单元上显示出来，如经度、纬度、速度、航向。

(3) 调度命令的接收功能。接收监控中心发来的调度指挥命令，在显示单元上显示或发出语音。

(4) 报警功能。一旦出现紧急情况，驾驶员启动报警装置，监控中心立即显示出车辆情况、出事地点、车辆人员等信息。

汽车共享模式下，驾驶员通过人机对话界面(键盘与液晶显示)与共享租赁公司的监控中心进行通信联系。监控中心通过管理计算机将各种指令直接发送至车载 GPS 终端的液晶显示屏上，驾驶员可通过按键的输入将各种信息反馈回调度中心，如图 4.15 所示。同时，监控中心可通过检测电路检测车辆的各种状态和来自报警接口的报警信号，检测电路的多少将根据用户的监测要求而定；通过控制电路完成监控中心对车辆的各种控制命令，如起动监听、切断汽车电路和油路，以及进行声光报警等，这在车辆被挟持、盗窃时可有效发挥作用。值得一提的是，为防止小偷将汽车电源切断后拖走汽车，车载 GPS 终端可以使用后备电源以备不测。主电源断电后，车载单元即向中心报警，同时后备电源可维持一定的工作时间继续工作。

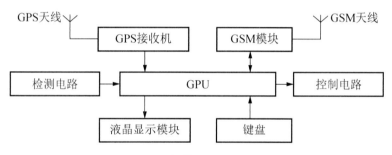

图 4.15　车载 GPS 终端结构

2) 监控中心功能

监控中心的核心是监控管理软件，主要满足用户防盗反劫、生产调度、行政指挥、车辆管理、电子导航等功能需求。

(1) 车辆定位查询功能。监控中心根据需要可随时了解系统内所有车辆的实时位置，并能在中心的电子地图上准确地显示车辆当时的状态(如速度、运行方向等信息)，可对任意指定区域的车辆进行查询；可进行同屏多窗口显示监控，或将目标锁定在某窗口、自动跟踪等。

(2) 报警功能。监控中心收到车载终端发来的报警信号(如主动紧急报警、非法破坏报警、非法入侵报警、非法移动报警)，系统进行自动分类处理，以声、光方式提示指挥人员，报警的车辆在地图上以醒目方式显示报警状态和报警地点，并将报警目标的监视级别提升，同时自动记录轨迹、自动录音。指挥人员可根据报警情况及警力分布，用短消息或语音方式进行指挥调度和警情处理。

(3) 实时调度功能。监控中心可随时采取有效措施，利用短消息或语音对系统内车辆进行合理调度。

(4) 遥控功能。监控中心可远程对车辆实施开闭车门、设定撤销防盗监听和报警状态、切断汽车油路或电路等操作。

(5) 全国自动漫游监控。监控中心在全国 GSM 覆盖范围内都可以对车辆实施监控。

(6) 双向数据传输功能。利用短消息功能，实现监控中心与车载 GPS 终端双向数据传输功能。

(7) 监控范围设置。监控中心的监控范围为通信系统信号覆盖区域，并可按照用户具体要求实行分区监控，设置分监控中心。

(8) 电子地图管理。电子地图采用矢量地图，可无级缩放和任意移动；可对各种地图对象进行编辑修改；可根据需要分层显示。

(9) 数据库管理。监控中心可对地理信息、目标信息、用户档案信息等多种数据库进行有效的管理和维护。

(10) 轨迹存储回放功能。监控中心可存储监控目标的轨迹等多项参数，并可根据需要回放。

总的来说，一辆私家车进入共享平台，需要一整套完整的结构作为保障。通常包含 4 个部分：①汽车电子技术，指利用装载在车辆上的各类传感器，获取汽车运行过程中的各种工况信息(如车速、各种介质的温度、发动机的运转状况等)和位置状态信息(如绝对位置、相对位置、行车轨迹等)。②汽车信息系统，包含公共平台和汽车内部信息系统两部分。公共平台即共享租赁管理系统，具有"人、车辆、车站、道路"一体化的智能化监控、调度、管理、信息服务功能，在完成用户认证匹配的同时，实现对系统的统一指挥、调度和综合管理。汽车内部信息系统用来收集车辆的相关数据，完成与驾驶员的交互信息，同时实现汽车与远程服务系统随时随地的通信。③监控体系，融合了全球卫星定位系统(GPS)、地理信息系统(GIS)、全球移动通信系统(GSM)及计算机数据处理技术和现代数据通信技术，对汽车进行全天候卫星定位、电子地图显示和车辆实时监控等。④保险和维护：私家车进入共享模式后，对车辆性能的要求，以及防止车辆丢失所采取的措施，在后续章节会予以介绍。

第5章 共享汽车信息平台系统

车载信息服务(vehicle information service)即安装在车上的资讯平台，该平台通过通信网络提供多样化的信息服务，其功能是给用户提供导航、路况、天气、联网资讯及多媒体娱乐，同时通过无线网络发送数据到服务商的服务系统，主要考虑从用户体验角度基于现有无线网络和车载应用为汽车提供信息服务。车载信息服务是实现车车通信(vehicle to vehicle)、车路通信(vehicle to road)的基础，是车联网的一种应用形式。

共享汽车体系中，车载终端和服务平台通过3G或WiFi无线通信技术进行车载信息的交互传输。车载终端将汽车用户信息、CAN总线数据、图像数据、GPS定位信息等上传到服务平台，服务平台根据车载终端平台通信协议的格式进行数据解析，提取关键数据并按照服务中心的数据通信格式重新打包，通过Internet发送到服务中心，服务中心根据数据解析的结果对车载终端进行远程控制、事故回放等操作。

5.1 汽车内部信息平台的电子电气组成

5.1.1 车载信息系统

车载信息系统是一种新型的汽车电子设备，与汽车本身性能并无直接关系。车载信息系统由各种车载智能传感器、车内总线网络、车载计算机、无线通信模块和行驶记录仪等组成，包含了一系列装载在汽车上的硬件系统和软件系统。车载部分的智能传感器实现与车辆相关数据的采集，采集的数据主要为车辆的状态和地理位置信息等。车载计算机本质上是一个嵌入式的计算机系统，为驾驶员提供一个人机界面，负责运行相关的车载软件，通常具备与车内智能传感器进行通信，对传感器中数据进行接收与处理，以及通过无线网络发送数据到服务商的服务系统等功能。由于汽车的特殊性，汽车信息平台的无线通信都使用 3G/4G 网络技术，它能够实现汽车与远程服务系统随时随地的通信。总体来说，车载信息系统集成了现阶段各种先进的车载信息技术，包括导航技术、无线传感技术、自动控制技术等。

从计算机领域上看，车载信息系统是一个移动的计算平台。汽车早已不再是一个孤立的单元，车载信息系统也不再仅仅是车内的独立网络，汽车已经成为世界网络的一个活动节点，并且通过互联网技术，可以使车载信息系统提供更多的相应服务。

从功能上看，车载信息系统可以提供包括车辆导航、通信、移动办公、多媒体娱乐、安防辅助驾驶和远程故障诊断在内的多种类型的服务，并通过网络技术实现联网形成集成化、智能化、全图形化的电子信息服务平台。

从服务对象上看，车载信息系统可以为人、车、社会提供不同层次的服务，具体可以分为 4 个层次，从低到高依次是车载层、通信层、服务层和客户层，其中目前发展最成熟和应用最广泛的是通信层和服务层。

(1) 车载层是车载信息系统最基本的组成部分，它是各种车载设备的集合体。车载设备可分为两种：一种是具备通信功能的设备，如车载监控终端；另一种是不具备通信功能的设备，如车载自主导航。

(2) 通信层是将车载层和服务层连接起来的桥梁，它是车载信息系统能够成功高效运行的重要保证。

随着近年来数字移动通信技术的高速发展，传统的数字蜂窝移动通信技术(GSM)、通用无线分组业务技术(GPRS)和移动通信业务技术(CDMA)将逐渐被第三代移动通信业务(3G)和无线网路通信技术(WiFi)，甚至是目前已经开始广泛应用的第四代移动通信技术(4G)所取代，提供更加高速、实时、安全和高质量的网络数据通信服务。

(3) 服务层是一个将人、车、社会的服务提供给最终用户并且能为其制订相应解决方案的提供层，它结合了各运营商提供的针对不同用户需求的车载产品和数据通信网络，为用户提供有针对性的特色个性服务。

(4) 客户层是车载信息系统必不可少的组成部分，它是车载信息系统的最终服务对象。

5.1.2 车载信息系统电子组成

根据对汽车行驶性能的影响，汽车电子通常划分为两类：底层电子系统和车载汽车电子装置。两类系统均可独立工作，它们之间通过总线进行数据交换，实现对整车状态的监控和有关参数的记录与调节。

底层电子系统是与汽车本身的性能密切相关的汽车电子，主要包括动力总成电控系统、底盘电子和车身电子 3 个方面，主要有发动机燃油管理系统、变速器自动控制系统、制动防抱死控制系统、牵引力控制系统、电子动力转向、车灯随动转向系统、防盗控制和门窗控制系统等。目前这类系统已向集成化、模块化和网络化方向发展，并逐步具备智能辅助和安全防范的功能。

车载汽车电子装置即车载电子系统，是汽车上的嵌入式系统，能在汽车环境下独立使用，与汽车本身的性能并无直接关系。目前国内外尚无完整的车载信息系统产品，常说的主要指车载定位模块与导航模块。

车载信息系统的主要功能如图 5.1 所示，包括车载导航和信息查询与播报的功能、多传感器安全监控功能、联动报警功能、车辆行驶状态数据记录与回放功能、车载移动通信和互联网接入功能、多媒体采集播放功能、专用网无线数据通信功能、实时公用信息数据接收与处理功能。

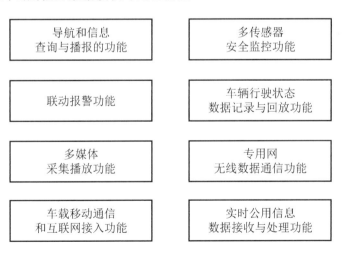

图 5.1 车载信息系统功能图

如图 5.2 所示，根据功能，车载信息系统应当由以下模块组成。

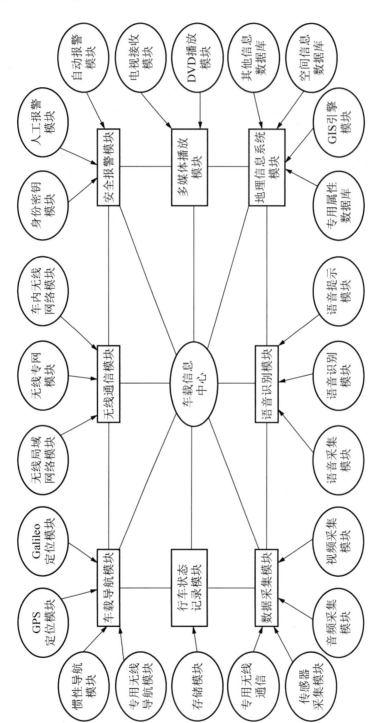

图 5.2 车载信息系统组成框图

(1) 车载信息中心。车载信息中心是车载信息系统的中枢和整个系统后台管理控制的中心。它负责各子模块信息的接收、处理、传递、管理、协调、显示、人机交互等。它在后台对各子模块传递过来的信息进行分析判断或转发，发出指令让对应子模块执行。

(2) 车载导航模块。车载导航模块为用户提供及时准确的导航定位信息，同时它还将车载定位数据传递给行车状态记录模块，作为行车信息之一记录保存。车载导航定位模块可以是多种导航模块的组合，如 GPS 定位模块、Galileo 定位模块、惯性导航模块。由于汽车行驶所面临的道路非常复杂，未来的智能交通为了使系统和驾驶员获得更多的导航和路况信息，车载导航模块还可能有支持车载信息系统接口的采集及收发信息中心发布的导航和路况信息的专用无线导航模块。导航可以依据一定的规则，判断哪种导航模块的数据更加准确，从而决定采用哪个模块信息或综合各模块信息解算出车辆的地理位置等数据，并实时将这些数据通过通信链路分别传给车载无线通信模块、行车状态记录模块和车载信息中心等。另外，就智能交通而言，车载导航功能模块在技术层面上还必须具有足够的定位精度和较高的视听要求。

(3) 车载无线通信模块。车载无线通信模块包括无线公网模块、无线专网模块、车内无线网络模块。无线公网模块与外界公共网络互联实现信息的交互，如无线互联网、移动通信网络等。无线专网模块属于智能交通范围，是交管中心等车辆管理部门专用的无线网络。车内无线网络可实现车内无线设备的互联。

无线通信模块将获得的信息传给车载信息中心，由其根据信息内容做出相应处理，如是否进行语音提示、信息发布等。无线通信模块还接收来自安全报警系统的报警信息，并将该信息及时发送给相关部门。

(4) 安全报警模块。其功能为接收车载信息中心的信息，启动报警模块，传递报警信息到无线通信模块。报警模式分为人工报警和自动报警两种模式。自动报警采用事件出发方式，车载信息中心依据车辆的安全情况自动触发报警装置。人工报警是车内人员在特殊情况下手动触发报警。此外，安全报警模块还包括身份密钥模块，进一步保证车辆安全。

(5) 多媒体播放模块。多媒体播放模块满足人们对汽车娱乐性、舒适性的要求，可进行 TV、DVD 等媒体的播放。多媒体终端显示设备可以有多个，也可以在单一显示设备上实现多功能复用。

(6) 地理信息系统模块。地理信息系统模块提供完善的地理空间数据，为车辆安全、高效行驶提供了良好的保证。它包括 GIS 引擎模块、空间信息数据库、地点其他附加属性库和特殊用户专用的地理属性数据库(如军方)。它通过多媒体终端设备显示，并将地理信息传到语音识别模块。

(7) 语音识别模块。语音识别模块能将人机交互方面的工作量减到最小，它被允许直接与数据库进行交互，驾驶者能更迅速地获取信息。

(8) 数据采集模块。数据采集模块通过传感器采集数据，使车载信息中心随时掌握车内状况以进行处理，如依据温度情况调整汽车空调等。该系统还对车辆环境一定范围内的视频音频进行采集，传给行车状态记录模块或相关部门。

(9) 行车状态记录模块。行车状态记录模块记录车辆行车状态的数据库和汽车行驶的"黑匣子"，主要负责接收和存储车辆行驶状态的各种数据。

车载信息系统由车载信息系统硬件部分、车载信息操作系统软件部分以及车载信息系统应用软件平台组成。

1. 车载信息系统硬件部分

车载信息系统的硬件框图如图5.3所示。

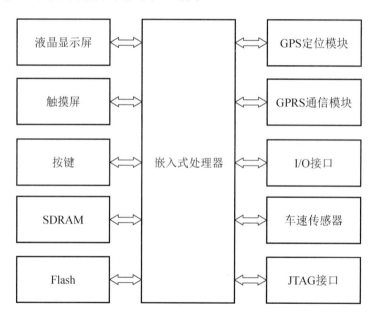

图5.3　车载信息系统的硬件框图

硬件系统主要由以下模块组成。

1) 主控模块

CPU作为硬件系统的中枢控制中心，是主控模块最重要的部分，主要用于协调和管理系统中的其他硬件。目前主流的汽车微处理器是性能极高的32位甚至64位的RISC嵌入式处理器。RISC内核可运行操作系统、执行某种应用软件、监控系统调试情况，同时可对图形用户界面(GUI)进行处理。它还控制 I/O 模块，如UART、USB 内核和蓝牙内核，并处理所有内存管理。RISC 内核与协处理器结合，使其功能得到扩展。将 RISC 核心及嵌入式操作系统集成在一起的 SoC 平台策略，已成为许多车载设备的选择趋势。目前 32 位的嵌入式处理器由于性价比优势在汽车中应用较为广泛。而在 32 位嵌入式处理器中，采用 ARM 体系结构的嵌入式处理器占有很大比例。

Flash 和 SDRAM 分别作为系统的硬盘和内存使用。Flash 用于 Flash 存储系统软件映像和少量数据；SDRAM 作为共享内存，供 ARM 和 FPGA 共同使用。

FPGA 协处理器用以实现车载信息系统子模块中算法要求高可编程处理性能的要求。例如，对各种音频视频流媒体等高速数字信号进行处理、无线通信、语音识别等。FPGA 提供的高集成度具有在一个器件内包含多种总线、接口和时钟的优点，从而使利用 EMI 的设计容易管理。针对众多不同的车辆接口，该硬件结构可允许对后端车辆接口进行快速修改而不影响下层架构和系统性能。例如，在未来将有可能调节 FPGA 解决方案，使之能满足带有诸如 MOST、IDB-1394 或其他数字车辆网络等汽车总线的最终应用的需求。

JTAG 为系统调试接口。通过 JTAG，程序实际在信息系统板上运行，仿真结果与真实的运行环境接近。

2) 组合信息模块

当前，用于车辆定位信息方面的技术有信标技术(Beacon)、航位推算(DR)、惯性信息、GPS 卫星定位系统、地图匹配等。其中 GPS 卫星定位实现大部分地点的定位，该系统具有全能性、全球性、全天候、连续性和实时性的信息定位和定时的功能，能够满足各种用户需要。航位推算系统(DR)用于盲区定位：当车辆行驶在市区街道时，信号可能受到高层建筑、林荫树木遮挡等因素影响而造成信号丢失，接收机接收不到 4 颗及以上的卫星信号，无法输出有效信息。这时，DR 系统通过距离传感器和方位传感器测出车辆的行驶距离、速度和方位，确定车辆当前位置。虽然其精度没有惯性信息高，但在短时间内这些传感器的精度能够满足系统需要，而且其成本远低于惯导。

GPS 系统主要由三大部分组成：空间星座部分、地面监控部分和用户设备部分。

(1) 空间星座由 24 颗卫星组成(3 颗备用卫星)。卫星的基本功能是接收、存储由地面监控站发来的导航信息，接收并执行监控站控制指令；同时，卫星上设有微处理机，进行部分必要的数据处理工作；通过星载的高精度铯钟和铷钟提供精密的时间标准；向用户发送定位信息；在地面监控站的指令下，通过推进器调整卫星的姿态和启用备用卫星。位于地平线以上的卫星数目，随时间和地点而异，最少为 4 颗，最多可达 11 颗。卫星空间星座的这种分布保障了在地球上任何地点、

任何时刻至少有 4 颗卫星波同时观测,加之卫星信号的传播和接收不受天气的影响,保证了车载信息实时、实地的定位要求。

(2) 地面监控部分由卫星观测站、主控站和信息注入站组成。监测站是在主控站直接控制下的数据自动采集中心。目前在全球共有 5 个。站内设有双频 GPS 接收机、高精度原子钟、计算机各一台和若干台环境数据传感器。接收机对 GPS 卫星进行连续观测,以采集数据和监测卫星的工作状况。原子钟提供时间标准,而环境传感器收集当地有关的气象数据。所有观测资料由计算机进行初步处理,并储存和传送到主控站,用以确定卫星的轨道。主控站目前有一个,设在美国 Colorado Springs 的联合空间执行中心。主控站除协调和管理地面监控系统工作外,还根据本站和其他监控站的所有观测资料,推算编制各卫星的星历、卫星钟差和大气层的修正参数等,并把这些数据传送到注入站;提供系统的时间基准;调整偏离轨道的卫星,使之沿预定轨道运行启用备用卫星以代替失效的工作卫星。信息注入站目前有 3 个,分别设在印度洋的 Diego、南大西洋的 Ascencion 的和南太平洋的 Kwajalein。注入站的主要设备包括一台直径为 3.6m 的天线、一台波段发射机和一台计算机。其主要任务是在主控站的控制下将主控站推算和编制的卫星星历、钟差、导航电文和其他控制指令等注入相应卫星的存储系统,并检测注入星系的正确性。

(3) 用户设备即定位模块,由天线和接收机构成。天线负责接收卫星信号,GPS 接收机从中提取卫星星历、经度、纬度等信息。常用的 GPS 接收机有 Motorola 的模块、M12Soncore 模块、爱普生的 S4E39860、GARMIN 公司的 GPS25-LVC 等。接收机内部有备用电池,为存储有卫星轨道参数、时间和日期等数据的存储器供电。

车载信息系统必须具备无线通信的能力。目前国内常用的通信方式有 GSM/SMS、GPRS、CDMA、3G/4G。

(1) GSM/SMS 通信方式:GSM 作为国际标准化的数字蜂窝电话系统,不仅提供高质量和高保密性的话音业务,而且还提供了短信息业务(Short Message Service,SMS),以下简称 GSM/SMS。GPS 系统中选用 SMS 通信服务主要是通过 GSM 短信息业务传输车辆反劫信息、防盗联网报警信息及 GPS 定位监控信息。GSM 系统把车载 GPS 每条消息业务都作为一个单独的事件对待,即短消息的发送和接收是独立的,两者之间不一定存在因果关系,业务消息的传送都通过短消息中心中转。从 GSM 网的角度来看,短消息的发送和接收总是在移动台和短信息中心之间进行;从用户的角度来看,不管是发出或接收短消息,其目的地总是某个用户。采用 GSM 的短消息(SMS)进行 GPS 业务数据传输时,短消息传输延时长,实测监控周期一般在 10s 以上,有时更长,这对于需要进行实时监控的应用影响很大，因此 GSM/SMS 实时监控和调度功能相对较弱。同时，由于短信按条收费，对于需要长时间监控的车辆系统，费用较高。

(2) GPRS 通信方式：GPRS 在 GSM 网络的基础上叠加一些设备而成。其覆盖地域小于 GSM 网络，对车载 GPS 的使用范围有一定影响。一般来说，GPRS 在一级城市中的网络覆盖状况较好，而在乡村和高速公路上的覆盖较差，但其网络覆盖状况因各地运营商的建设投资有所不同。GPRS 数据传输采用分组数据传输，具有"永远在线"的优点。激活 GPRS 应用后，将实时保持在线，不存在掉线问题，类似于一种无线专线网络。同时只有产生通信流量时才计费，是一种面向使用的计费。相比于 GSM/SMS，GPRS 无需以往长时间的拨号建立连接过程。GSM/GPRS 以统一的方式向各地用户提供具有所有电信业务的国内和国际漫游，话音和数据业务可以切换使用，电话、上网可以同时进行。相比于 GSM/SMS，GPRS 最高理论传输速度为 171.2Kbit/s。目前，使用 GPRS 可以支持 GPS 短信息服务达到 40Kbit/s 左右的传输速率。因此，在车载 GPS 中采用 GPRS 的数据传输比 GSM 方式更能满足实时监控和调度的时效性要求。在现实应用中，甚至可以实现监控周期为 1∶1 的连续实时监控。

(3) CDMA 通信方式：CDMA 是在 20 世纪 90 年代中期投入商用的一种移动数字通信技术，它利用数字传输方式，采用扩频通信技术，大幅度提高频率利用率，具有容量大、覆盖范围广、手机功耗小、话音质量高的突出优点。虽然，CDMA 属于高速发展的通信网络，相比于 GPRS 提供 GPS 信息服务，CDMA 的通信费用较高，但低于以短信来实现 GPS 信息服务的 GSM/SMS。同时，CDMA 目前网络覆盖、网络信号不很稳定，接通速度介于其他两种方式之间。目前利用 CDMA 网络进行 GPS 无线通信的应用还比较少。

(4) 3G/4G 通信方式：3G 即第三代通信技术，对车载信息系统产生了深远影响，车载无线通信的内容不再仅限于 GPS 定位信息，而是可以随时随地无线上网和与外界互联。4G 即第四代通信技术，将会使得车内连接服务的连接速率达到前所未有的水平，对提升车内电子邮件访问、网络连接、天气和交通信息更新、视频会议和视频流的使用具有重大意义。值得指出的是，微波存取全球互通，是以 IEEE802.16 的系列宽频无线标准为基础的一项宽带无线接入技术，也为车载信息系统的构建提供了新的技术方法。从功能上，802.16e 与 3G 有许多相似之处，甚至更胜一筹。从移动性的角度看，802.16e 旨在扩大 WLAN 的范围，达到"热区"覆盖，而 3G 强调地域上的全国服务和全球漫游，提供一种"无处不在"的通信业务。对于车载业务来说，行车在这种"热区"范围，用户就可以享受到 802.16e 的宽带服务；在更偏远的地区，3G 业务的覆盖优势就能体现出来。另外，802.16e 主要是面向宽带数据用户，3G 更注重话音和低速率数据业务的普遍服务。这两种服务,都是未来车载信息系统要提供给用户的。802.16e 可以为系统提供包括移动流媒体的视频、移动监控、移动互联网等对带宽要求较高的服务。3G 在车载信息系统中的话音及低数据流业务中使用。802.16e 和 3G/4G 两种技术,在不同的覆盖区域、业务范围同时或分别使用于车载信息系统,它们作为两种互为补充的技术共同满足车载信息系统的不同功能需求。

3) 人机交互模块

车载信息的人机交互模块主要包括显示屏和触摸屏。

汽车电子的显示产品对于环境适应性要求高。普遍需求的车载显示屏的性能指标为亮度 20~60nt(1nt=1cd/m^2),常温工作寿命 50000h,耐受温度范围-40~+85℃。在北美汽车显示市场,真空荧光显示器(Vacuum Fluorescent Display,VFD)长期以来很受欢迎,因为它具有出色的亮度,可以保证良好的可见度。目前,随着有机发光二极管(Organic Light Emitting Diode,OLED)、液晶显示器(Liquid Crystal Display,LCD)液晶显示技术的兴起,VFD 正在逐渐丧失优势。液晶屏的分辨率从 320 像素×240 像素到 1920 像素×1080 像素不等,在车载应用中目前主流的分辨率为 400 像素×234 像素用于低成本前装市场,800 像素×480 像素用于主流数字屏,还有 1024 像素×768 像素用于大巴。

触摸屏最早由 SamHurst 于 1974 年发明,但用于车载电子设备却是近几年的事。它赋予了车载电子设备全新的使用体验,是目前最简单、方便、自然的人机交互方式。常见的触摸屏有 4 类:电阻式、电容感应式、红外线式及表面声波式。在车载应用中,电阻屏因成本低、分辨率高、体积小、反应灵敏被广泛应用。

2. 车载信息操作系统软件部分

车载信息系统是汽车上的嵌入式系统,根据系统功能和用户使用需求,车载信息系统的软件结构如图 5.4 所示。

基于 QT/FLASH 的图形用户界面	
系统应用程序	嵌入式 Linux 操作系统
文件系统	
系统内核	
驱动程序	
BootLoader	
S3C2410 硬件平台	

图 5.4 车载信息系统软件结构图

Boot Loader(引导加载程序)是系统加电后运行的第一段代码,一般只在系统启动时运行非常短的时间。在 PC 中，引导加载程序由 BIOS 和位于硬盘 MBR 中的操作系统引导加载程序(如 GRUB、LILO)一起组成。在嵌入式系统中，没有 BIOS 固件程序，由类似功能的软件 Boot Loader 来初始化系统硬件设备、建立内存空间的映射图，从而将系统的软硬件环境带到一个合适的状态，为最终调用嵌入式 Linux 操作系统内核或用户应用程序准备好正确的环境。

  Linux 系统内核通过设备驱动程序与机器硬件进行交互，设备驱动程序是一组数据结构和函数，它们通过定义的接口控制一个或多个设备。在嵌入式 Linux 中，设备驱动程序为应用程序屏蔽了硬件的细节，对各种不同设备提供一致接口，应用程序可以像操作普通文件一样对硬件设备进行操作。嵌入式 Linux 支持 3 种类型的硬件设备：字符设备(char device)、块设备(block device)和网络设备(network device)。

  (1) 字符设备：字符设备指那些以串行顺序依次进行访问的设备，如触摸屏、磁带驱动器、鼠标等。字符设备不需要经过系统的缓冲而直接读/写。

  (2) 块设备：块设备接口支持面向块的 I/O 操作，如硬盘、软驱等。利用数据缓冲区对数据进行处理，所有 I/O 操作都能通过在内核地址空间中的 I/O 缓冲区进行，提供随机存取的功能。

  (3) 网络设备：网络设备是完成用户数据包在网络媒介上发送和接收的设备，它将上层协议传递下来的数据包以特定的媒介访问控制方式进行发送，并将接收到的数据包传递给上层协议。与字符设备和块设备不同，网络设备并不对应/dev 目录下的文件，应用程序最终使用套接字(socket)完成与网络设备的接口。

  Linux 设备驱动程序由以下 3 个部分组成：自动配置和初始化子程序、服务于 I/O 请求的子程序(驱动程序的上半部)、中断服务子程序(驱动程序的下半部)。

  文件系统是操作系统的一部分，是重要的系统软件。简单地讲，文件系统是用于明确磁盘或分区上文件的方法和数据结构，即在磁盘上组织文件的方法。文件系统的存在使得数据可以被有效而透明地存取访问。Linux 操作系统由文件和目录组成。Linux 下的文件系统主要可分为三大块：一是上层文件系统的系统调用(open、read、write 等)，二是虚拟文件系统(Virtual File system Switch，VFS)，三是挂载到 VFS 的各种实际的文件系统，如 JFFS2 等。VFS 是物理文件系统与服务之间的一个接口层，它对每一个 Linux 文件系统的所有细节进行抽象，使得不同的文件系统在 Linux 核心及系统中运行的进程都是相同的，当涉及文件系统的操作时，VFS 把它们映射到与控制文件、目录及 mode(节点)相关的物理文件系统。

3. 车载信息系统应用软件平台

1) 嵌入式 Linux 应用程序

车载信息系统在程序开始时开辟一个主程序(也叫父进程)来建立程序运行的环境,包括为各进程之间通信所创建的共享内存区间及各个进程对应的消息队列。Task GUI 进程负责相应用户的操作,并显示用户想要查看的信息;task GPS 进程负责从 GPS 接收机中读取 GPS 导航定位数据,并交由 task GUI 进程显示;task GPRS 进程负责和远程监控中心进行无线数据通信,实现车载信息向监控终端的发送和远程终端对车辆的控制等;task CAN 进程负责 ARM 和 CAN 总线的通信,获取车辆实时工作参数及各种数据;task SQLITE 负责添加或存储实时工况信息。

Linux 系统使用了一种称为"进程调度"的手段:首先为每个进程指派一定的运行时间(几毫秒),然后依照某种规则从众多的进程中挑出一个投入运行,或达到所指派的运行时间或因为其他原因暂停。之后 Linux 重新调度,运行下一个进程。在 Linux 中,每个进程在创建时都会被分配一个数据结构,称为进程控制块(Processes Control Block,PCB)。PCB 中包含了很多重要的信息,供系统调度和进程本身执行使用。其中最重要的是进程标志符(Processes ID,PID),PID 在 Linux 操作系统中唯一地标志了一个进程。系统中的所有 PCB 块通过进程表的链表结构全部联系起来。

2) GPS 模块软件

GPS 接收定位原理是利用测距交会原理确定点的位置,GPS 接收模块只要接收到 3 颗以上的卫星发出的信号,瞬间就可以算出被测载体的运动状态。

系统复位初始化后,GPS 模块连续接收卫星信号(如经度、纬度、时间等)并将数据传送到主控芯片。通过程序按协议的规定将信息从数据流中提取出来,将其转化成有实际意义的导航定位信息。主控模块将这些位置信息在液晶显示屏上显示出来,车主通过车载信息系统显示屏就可获知当前所在地理位置。同时这些位置信息可以通过 GPRS 模块发送到远程监控中心进行分析处理。

3) 无线通信模块软件

无线通信模块软件的主要功能是建立无线连接、按照通信协议传输数据。

4. 系统软件显示界面

嵌入式 GUI 不同于桌面机系统,它要求简单、直观、可靠、占用资源少而且反应快速,以适应系统硬件资源有限的条件。一般来说,车载系统的嵌入式 GUI 从用户角度考虑至少应具备以下特点。

(1) 根据功能特性与显示屏幕的大小来决定页面的显示内容。如果采用 3.5in(1in=25.4mm)小屏幕,页面元素要求尽可能简单,多用文本形式来表示内容,如果采用 5in 以上的大屏幕，页面就可以放置更多内容。同时可以多用图标等可视化效果带来良好的视觉舒适感。在功能上，主要工况信息、工作模式、系统时间、报警信息等内容直接在主界面显示，而参数修改、系统设置、故障查询、专家诊断等都在子菜单中显示。

(2) 开发较低的 GUI 软件学习曲线，目标是使一个熟悉 Windows 操作的用户在使用本软件时可以快速上手。

5.2 汽车用户认证、匹配的实现

5.2.1 身份认证

身份认证是指通信双方可靠地验证对方的身份。参与身份认证的双方根据功能的不同分别被称为认证方和被认证方。被认证方向认证方发起认证请求，同时提交自己的身份信息。认证方响应认证请求，检验被认证方提交的身份信息，并将认证结果返回被认证方。在这个过程中身份信息一般通过网络传递。

身份认证是保密通信和信息安全的基础。通过身份认证机制可以鉴别网络事务中涉及的各种身份，防止身份欺诈，保证通信参与各方身份的真实性，从而确保网络活动的正常进行。目前使用的身份认证技术可以分为 3 种类型：基于所知、基于所有及基于个人生物特征的认证。认证方式包括口令认证、智能卡认证及指纹、虹膜等生物认证方式。

1. 基于所知的认证

用户必须知道一些信息才能被认证。口令认证就是这种认证模式的一个例子。另一个例子就是同银行卡一起使用的个人识别码(PIN)或者类似的令牌。在这种认证模式下，如果秘密泄露，不会留下任何痕迹。当有人冒用用户的用户名和口令进行登录时，很难证明用户是无辜的，因为无法证明他没有泄露口令。

2. 基于所有的认证

用户必须出示自己所持有的一个物理标记才能被认证，如用于控制进入公司大门的卡片或身份标签。但是物理标记可能会遗失或被盗。如上所述，任何拥有标记的人将具有与合法拥有者相同的权利。为了增加安全性，物理标记通常与用户知道的事情结合起来使用，如银行卡与 PIN 码一起使用，或者它们包含能够识别合法用户的信息，如银行卡上的照片。然而，就是这些机制结合起来也不能防止骗子获得必要的信息去假冒合法用户，因为用户常常在无意中传递这些信息。

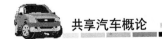

3. 基于个人生物特征的认证

生物特征认证是指采用每个人独一无二的生物特征来验证用户身份的技术。常见的有指纹识别、虹膜识别等。下面以指纹为例来描述生物认证的原理。首先，需要采集用户的指纹(所谓的"参考模板")。为了更准确，需要收集几个模板，可能还要收集不同手指的指纹。这些模板被存储在安全数据库中。这一过程称为注册。在用户登录时，再次读取用户指纹，并将该指纹与存储的模板进行比较。从理论上说，生物特征认证是最可靠的身份认证方式，因为它直接利用人的物理特征来表示每一个人的数字身份，不同的人几乎不能具备相同的生物特征，因此几乎不可能被仿冒。

在 3 种认证方式中，口令认证应用最广。从普通的计算机登录系统到网络邮件系统都采用这种方式。但是，口令认证的安全性比较低，容易被他人盗用。基于指纹、虹膜的生物身份认证方式是生物技术在信息安全领域的应用，具有普遍性和唯一性的特点，然而基于生物识别设备成本和识别技术水平的考虑，目前还难以得到大规模普及。

目前，汽车上关于身份认证比较广泛的应用有遥控门禁系统(Remote Keyless Entry，RKE)和无钥匙门禁系统(Passively Keyless Entry，PKE)。针对这两个系统，身份认证系统有如下要求。

(1) 正确识别合法用户的概率要极大化。无法识别合法用户，致使整个系统无法正常工作属于重大故障，会给公司造成重大损失。

(2) 不具备可传递性。用户发送的验证信息验证通过后，此验证信息在较长一段时间内不可用，以防止第三方截取该验证信息后进行伪装攻击。

(3) 身份验证的实时性，即双方的身份验证必须在较短的时间内完成。对于 PKE 系统，遥控钥匙和汽车车身控制模块之间的验证时间不得超过 1s，否则车主会感觉操作不流畅。

(4) 通信的有效性，即每次身份验证过程数据通信的次数要尽量少，以便减少遥控钥匙的功耗和身份认证时间。

(5) 加密密钥的存储安全要得到保证，防止第三方窃取密钥，造成信息泄露。

5.2.2 共享汽车如何实现用户认证、匹配

共享汽车实现用户认证、信息匹配的关键在于无线射频识别技术。

无线射频识别(RFID)技术是一种使用无线射频技术实现对象识别和数据交换的技术。它是 20 世纪 90 年代兴起的，是继条形码技术、生物识别技术后，逐渐发展的一种非物理性接触、低成本、低功耗的新兴自动识别技术。它利用射频信

号通过空间耦合及反射的传输特性,实现无接触信息传递并自动识别物体。与传统识别方式相比,RFID 技术具有不局限于视线、识别距离远、携带信息量大、抗恶劣环境的能力较强、能同时识别多个被标识的物体、使用寿命长等优点。

典型的 RFID 系统由标签(tag)、阅读器(reader)和后端服务器(database)三者构成,如图 5.5 所示。

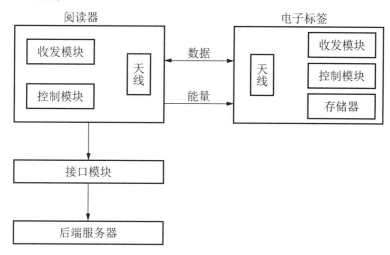

图 5.5 RFID 系统的示意图

RFID 系统的工作原理如下:首先,阅读器通过天线发射预设频率的射频信号,当携带有标签的物体(如智能卡)进入读写器工作区域后,标签的天线接收射频信号,就产生感应电流从而获得能量被激活;然后,标签将设定的信息代码发送出去,读写器接收到标签的消息之后,对应答信息进行解调、解码,从而读取标签信息;接着,将信息传送给后端服务器;最后,后端服务器执行认证协议的流程判断该标签的合法性,完成身份认证过程。

1. RFID 电子标签

电子标签置于智能卡中由个人携带或置于要识别的物体上,每个标签具有唯一的电子编码,是 RFID 系统的数据载体。一般的电子标签由标签天线和标签专用芯片组成,天线用于收发无线电波,芯片用于存储数据和操作计算。电子标签具有体积小、容量大、寿命长、可重复使用等特点,可支持快速读写、非可视识别、移动识别、多目标识别、定位与长期跟踪管理。功能主要包括:①具有容量,可以存储所附着物品的相关信息;②存储并保持物品信息的完整性,并随时将信息传输给阅读器;③可以对接收到和发送出去的信息进行简单的计算和处理;④具有一定的使用年限,使用年限内不需要维修。

电子标签分为被动式、半主动式、主动式 3 种，它们都有不同的电子编码。一般，主动式标签都是有源标签，被动式标签是无源标签。有源标签有内置电池，使用自身的电池能量将信息发送出去，它的信息调制方式可为调幅、调频或调相方式。无源标签没有内置电池，其工作所需的电源来自读写器发射的电磁场，这种标签利用读卡器端的载波来调制数字信号，使用调制散射方式发送信息。半主动式标签的内置电池只对标签内部供电，但是电池的能量标签并不能对发送的数据提供能源，只有在读卡器的能量场，通过电磁感应方式获得能量将经过信息发送出去。

标签具体由天线、电压调节器、调制器、解调器、逻辑控制单元和存储单元组成。各部分的功能如下。

调制器：调制信息数据，并将信息加载到天线，然后发送出去。

解调器：把收到的信息进行解调，去除载波以获得需要的信号。

天线：接收来自阅读器的信号和把相应的数据发送出去。

电压调节器：把收到的射频信号经大电容储存能量，再经稳压电路转换为标签提供稳定的工作电压。

逻辑控制单元：将收到的信号译码，并实现逻辑运算功能。

存储单元：包括 EEPROM 模块和 ROM 模块。标签中的数据都保存在存储单元中。

2. RFID 阅读器

阅读器是可以接收标签信号，并与标签相互通信，同时受主机系统控制的设备，有读或者读、写的功能。阅读器通过网络与其他主机系统进行通信，通过无线信道与标签通信。

读写器的核心部分是控制单元、高频通信模块和天线，主要功能是实现对非接触式 IC 卡的数据读写和存储。读写器的控制单元不仅能实现对射频卡的控制，还具有很多其他强大的处理功能，包括认证、数据加解密、数据纠错、出错报警及与后端服务器通信。

电子标签中存储器可存储为几个比特到几万比特的数据，不仅可以存储永久性数据，还可以存储非永久性数据。永久性数据为不可更改数据，作为用户唯一的身份标识；非永久性数据存储于可重写的存储器(如 EEPROM)内，主要为用户数据，如用户的用车信息，包括使用时间、目的地、车型、离用户较近的停车场、电话等。由读写器发出相关的指令，射频卡可以根据这些指令对卡内的数据实时地进行相应的读写操作。读写器中的控制模块完成数据接收、译码及执行读写器的命令，读写数据控制，实现数据安全等功能。电子标签分为无源卡与有源卡，有源卡有内置天线和电池,而无源卡只有内置天线没有电池,工作能量由读写器提供。由于无源卡内没有电池,因此其尺寸较有源卡要小并且使用寿命长,应用越来越广泛。

3. 后端服务器

后端服务器系统包括接口模块、RFID 系统应用软件和数据库。数据库管理软件系统主要对数据信息进行存储、管理及对射频标签的信息进行读写,数据管理系统通过中间件与读写器进行通信。接口模块是 RFID 系统中一个独立的系统软件或服务程序,起着 RFID 系统中枢的作用,它负责连接 RFID 阅读器和数据管理系统。这种软件安装在服务器中,管理后端服务器的计算资源和存储资源。

后端服务器中的数据库存储和管理标签的相关信息,如标签 ID、密码和产品特性等,它把标签的相关数据发送给目标阅读器,与阅读器进行通信。

4. 智能卡

智能卡也可称为 IC 卡,被公认为是世界上最小的计算机,由专门的厂商通过专门设备生产,是不可复制的硬件。智能卡是把具有存储、加密及数据处理能力的芯片镶嵌于塑料基片之中,由合法用户随身携带,登录时必须将智能卡插入专用的读卡器读取其中的信息,以验证用户的身份。这种认证是基于"你拥有的东西"的手段,通过智能卡硬件不可复制来保证用户身份不会被仿冒。基于智能卡的认证方式也可以是一种双因素的认证方式(PIN+智能卡,共享汽车目前的取车方法之一,便是智能卡获得授权打开汽车后,在车载计算机上输入 PIN 码,才能起动汽车),这样即使 PIN 码或智能卡被窃取,用户仍不会被冒充。

非接触式智能卡又称为射频卡,是在智能卡内部电路的基础上,采用射频识别技术,增加了射频发射、接收及相关电路,是 20 世纪 90 年代初发展起来的新技术。射频卡由感应天线、控制芯片、存储单元组成,并完全密封在一个标准 PVC 卡片中,无外露部分。射频卡本身是无源体,当射频卡进入读卡器的读写范围时,读写器发出的射频信号被卡片所接收。射频信号由两部分信号叠加组成:一部分是电源信号,当卡接收后,送入卡内的 LC 谐振电路为芯片工作提供工作电压;另一部分则经解调后,控制芯片完成密码验证、数据的读取、修改、存储等,并返回给读写器。共享汽车用户取车时所使用的卡便为非接触式智能卡,即将电子标签置于用户所持有的非接触式智能卡中,从而实现认证。

共享汽车发展便是充分利用了电子标签(视频识别、RFID)的无线传输、可识别高速运动的物体等功能。从欧美各国的共享汽车看,一般将含有射频识别、传感器、智能芯片等技术的"盒子"(即读卡器)直接粘贴于汽车风窗玻璃上。共享汽车用户从网上或手机预订车辆后,用户的用车信息,如使用时间、目的地、车

共享汽车概论

型、离用户较近的停车场、电话等，通过无线通信系统传输到共享汽车公司的计算机系统，公司进而将这些相关信息传送到汽车的"盒子"中去。"盒子"通过天线发射预设频率的射频信号，当用户携带含有电子标签的射频卡(即非接触式智能卡)后，后端服务器执行认证协议的流程判断该标签的合法性，完成身份认证过程。若身份认证合理，则授权用户使用此车。

目前，用户除了采用射频卡完成认证外，还有利用 App 完成认证的方式。一种是提车时，用户先到车辆停放位置附近的取钥匙点取钥匙，通过扫描手机上的二维码，钥匙会"duang"的一下弹出来，即可将车开走，戴姆勒的 car2share 项目运用的便是这种方式。另一种是用户与车主达成协议后，可直接用手机上的 App 通过鸣笛寻找车辆，找到车辆后，又可以通过 App 打开车门，拧开起动钥匙，便可将车开走，宝驾租车运用的便是这种方式。

随着电子技术、识别技术的不断进步与发展，用户身份认证的方式也将不断变化。

5.3 汽车共管、共监的实现

车辆监控系统是一个复杂的多元综合系统，主要由通信子系统、调度管理子系统、地理信息子系统、车载设备子系统、数据管理子系统组成，这些系统各自的功能相结合，最终成就了 GPS 车辆调度管理系统。GPS 车辆调度管理系统可满足车辆实时监控、快速调度及准确命令的实际需求，从而实现定位监控、动态调度以及数据传输等目标。

GPS 车辆调度管理系统 3 个关键方面的设置对实现汽车的有效调度、监管具有重要意义，可有效实现分级、分区汽车调度管理。①电力围栏与显示屏：利用电力围栏保证车辆的正常运行，如果车辆出现越界等情况，车内可自动发出报警信号，便于监控中心的接收。同时在实际管理过程中结合运输需求通过在车载中加装液晶显示屏等相关设备，系统管理人员可在调度监控中心远程调度运输的车辆，并利用终端监控设备将相关的调度信息发送至车载，通知驾驶员。②呼叫策略：对于汽车调度管理系统而言，其主要是全面有效管理车辆的整体运行情况，而呼叫策略的设置则有利于其对运行车辆的位置及时了解和掌握，便于呼叫指令的发送及定位信息的及时传输，从而追踪与定位汽车的行程及位置。车载系统对汽车位置的相关信息及时传输后，调度控制室则能有效追踪和查看车辆的全部情况，如行驶方向、车速和位置等属性值。③速度限定标准：对汽车的行驶速度进行科学的限制可有效保证汽车的安全性。如果车速与规定的标准值不符合，则可触动车载装置，发出报警信号，提醒相关人员注意。监控管理中心可将车辆在实际运行过程中产生的相关数据与信息进行及时保存，便于日后的查询。此外，只需要有效选择车辆的起始点，终端监控中心就能详细地播放车辆运行过程中的全部信息，并对汽车进行远程控制，如控制汽车的熄火、开车、锁车、断油与断电等。

GPS 车辆调度管理系统在不断完善下，在不久的将来即可实现以下功能。

(1) 合理的多目标显示方式。随着汽车市场的不断发展与变化，客户的需求变得更加多样化，要想有效满足客户的实际需求，需合理制定多目标显示方式。例如，在地图上以车牌号码等为依据进行标注，并能够对其进行随时切换，当然需要对目标名称进行合理设计，使客户能在多目标显示方式的基础上进行自由切换，确保显示方式与目标之间的一致性。同时连接分散的轨迹点，促进目标轨迹的形成，保证显示方式更为多样性和丰富化。例如，一同显示轨迹点和连线、显示轨迹点之间的连线等，并将移动与平滑选项适当加入系统中，以车辆速度为依据推算其运行的情况，便于目标位置自动准确显示，达到良好的显示效果。

(2) 综合各种监控方式。利用 GPS 的实时交叉互换，以及分组监控功能，在一个监控窗口内对多个目标进行有效的监控。当监控目标过多时，可以采取分组的方法，可以将同一区域或者同一方向的车辆归属于一类，进行监控有效的调度。

(3) 实时显示功能。在 GPS 监控系统中，通过充分利用地图的显示功能，可令路况信息跟随地图漫游实时地变化，并始终在显示窗口之内，这样有利于对车辆进行及时的监控。对于不同的路况信息，运用 GPS 系统的许多功能进行处理，保障监控中心显示的信息不重叠。当目标超过现行的位置时，利用 GPS 的切换功能，对实际情况进行实际的变化。同时为了方便，可以在显示屏的右下角设置相应的地图比例。在地图操作层面，系统对地图能实现自由的放大变小，对于特定的目标，可以进行自动放大或缩小，也可以直接输入想要确定的比例，使系统自动就定位成想要的显示效果。在系统中，还可以设置放大镜功能，如果监控工作人员单击该功能就能实现实时效果的逐步放大，在放大后可以根据该功能进行大小调整，直到达到最终想要的效果。在监控管理系统中，还可以设置图层管理器，从而达到对图层的多少进行有效的控制，使想要的图层能在第一时间找到。为了能提高搜寻速度，还可以激发系统的查询功能，在地图中对想要了解的地域或者想要的路况进行标注。为了提高查询效率，这个系统必须具备关键词的查询功能，只要工作人员在该系统中输入相关的关键词，就能及时地在系统内查询想要的位置。为了解决驾驶员或者工作人员对路线的查询需求，比如正在行驶的车要走路线最短的线路，这时工作人员可以在该系统中进行查询，通过输入车辆现在的位置和即将去的目的地，便能第一时间查询到最短的路程，以及如何行驶。在输入名称层面其方式应当灵活简单，可满足地图直接点击的要求，也可以满足于工作人员直接输入，或者默认起点进行查询等。

5.4 现有共享汽车案例

5.4.1 EVCARD

EVCARD 品牌是上海国际汽车城新能源汽车运营服务有限公司开展的电动汽车分时租赁项目。EVCARD 电动汽车分时租赁是借助物联网技术实现的一种新型汽车分时租赁服务模式，实现了用户任意时间自行预订、任意网点自助取还的用车需求。上海国际汽车城新能源汽车运营服务有限公司是上海市第一家面向新能源汽车开展租赁和共享的专业公司，主要开展面向集团用户(B2B、B2B2C 模式)及私人用户(B2C)的新能源汽车长短租服务。

EVCARD 坚持"共享、环保、高效、创新"，所有的运营车型都是零排放的纯电动汽车，以时间计费的方式极大满足了用户短时出行的需求，是介于公共交通和出租车之间的一种全新、清洁高效的出行方式，旨在"解决城市最后一公里"，为用户在公司到地铁、地铁到家及往返于其他出行目的地时提供更便捷、更健康、更休闲环保的交通解决方案。

EVCARD 所采用的服务车型有荣威 E50、奇瑞 eQ、宝马之诺等。

(1) 荣威 E50：0.5 元/min，续航里程 120km，180 元/天，最高车速 130km/h。

(2) 奇瑞 eQ：0.5 元/min，续航里程 200km，180 元/天，最高车速 100km/h。

(3) 宝马之诺：1 元/min，续航里程 150km，360 元/天，最高车速 120km/h。

EVCARD 方便智能，手机 App 全程自助租车还车，如图 5.6 所示。

图 5.6　EVCARD 用车过程

1. 预约车辆

(1) 打开 App，选取地图就近网点图标。

(2) 选择满足行程需要里程的车辆。

(3) 支付押金或预授权。

(4) 完成预约，收到预约成功短信。

2. 网点取车

(1) 将会员卡置于感应区上方，车门自动打开。

(2) 起动车辆，检查车辆续航里程。

(3) 开启 EVCARD 之旅。

3. 网点还车

(1) 任意网点还车，将车停放在 EVCARD 专用停车位。

(2) 熄火并关闭车门，给车辆充电。

(3) 将会员卡置于感应区上方，车门自动落锁。

(4) 打开 App，单击"还车"按钮。

4. 订单支付

(1) 还车成功后，单击"支付"按钮。

(2) 选择"E 币支付"或"现金支付"方式，"现金支付"支持支付宝、微信及银联支付 3 种渠道。

(3) 用车结束。

如图 5.7 所示，EVCARD 提供全程保障服务，11 项行车保险全程保障无忧出行。

客服热线　　紧急救援

完善保障

品牌车型

A借X还

A借A还

图 5.7　EVCARD 保障过程

要成为 EVCARD 会员，需要完成以下步骤。

(1) 会员资格。持有中华人民共和国有效驾驶执照(准驾车型为 C1 以上)。

(2) 注册渠道。手机 App、官方微信搜索 EVCARD 或官网 www.evcardchina.com，正确填写手机号、驾驶证号、能收到快递的有效地址、上传有效期内的驾驶证照片(正副两面)。

(3) 租车准备。下载 EVCARD App/打开 EVCARD 官网，以注册时的手机号码登录，信用卡预授权/押金预存一笔违章保证金。

5.4.2 Car2Share

Car2Share 是由戴姆勒大中华区投资有限公司推出的新一代车行生活方案，以"灵动时尚、省油环保"为理念，为白领一族提供线上预订、楼下取车、即租即还的一站式用车服务，无论客户大会，抑或死党聚会，皆可享受 Car2Share 带来的个人空间与驾乘乐趣。

Car2Share 采用 Smart 车型。该项目仅在中国运营(图5.8)，是专为中国市场打造的，并且针对中国市场做出了一些改进与量身定制化的服务。

图 5.8　Car2Share 在中国运营

Car2Share 随心开最早于 2014 年 1 月在深圳某公司试点，2015 年 9 月开始正式在北京、上海、深圳拓展。早期的合作对象主要以企业园区为主，用户基本上都是各大公司的白领，不对外开放，而在 2016 年 7 月 1 日，该项目正式登陆北京侨福芳草地，也意味着该项目开始对外界进行开放。

Car2Share 最大的特点是面向高端白领+高端人群，再具体化一点，就是高端一些的上班族。戴姆勒大中华区投资有限公司商业创新部负责人陈冰表示："Car2Share 随心开致力于为都市上班族提供工作、生活无缝衔接的自驾出行体验。"此次 Car2Share 入驻侨福芳草地，陈冰认为："这是一种延展，我们服务的核心人群依然是以企业员工和白领为主，而未来的模式不会仅限于跟某一家企业合作提供服务，而是会扩展到比如 business center，比如像侨福芳草地这种大型的工作购物为一体的商圈，为在这个区域里上班的白领提供服务。"

简单来说，Car2Share 现在的目标人群主要是大企业的白领上班族，未来也希望延展到一些高端的商务、购物中心。

Car2Share 约车过程与大多数分时租赁无异，但 Car2Share 无需 App，而是通过微信服务号进行服务。注册时上传身份证号及驾驶证的照片，等待大约半小时，验证通过后该服务号会自动推送一条信息通知用户，已通过验证。如果是首次使用，在约车前需要支付 300 元的租车押金，用以处理违章等扣款，如果在随后没有发生扣款以及用车，该押金会退回到银行卡账户。

Car2Share 与一般分时租赁不同的是，可以最长提前 30 天进行预约用车，根据用户的预约时间，运营团队能够保证车辆的供给。戴姆勒大中华区投资有限公司 Car2Share 随心开业务负责人杨昱表示，这样做的目的是让用户出行更有计划和保障："我们服务的是都市上班族，很多时候我开一个会，如果下大雨我打车打不着，客户是不会等的。"

Car2Share 的计费方式采用时间+里程的计费方式，半小时起租，具体收费方式如图 5.9 所示。

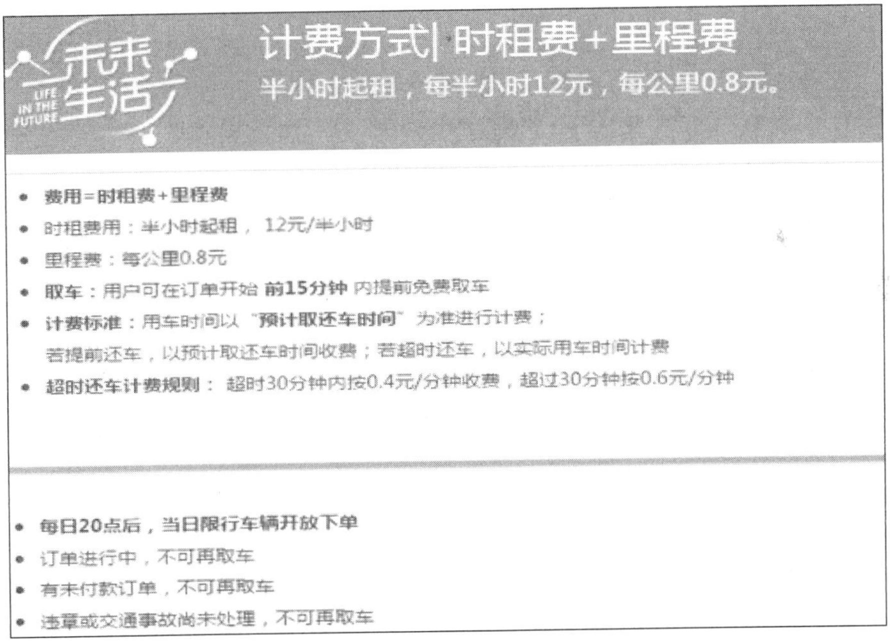

图 5.9 Car2Share 的计费方式

与其他分时租赁不同的是，Car2Share 随心开采用的是燃油车，这使用户无需担心续航里程问题。如果在使用中发现车没油了，可以使用油卡随时加油，北京 95 号汽油加满即可(图 5.10)。

图 5.10　Car2Share 加油卡

Car2Share 自上线以来，始终朝着一个正向积极的轨道向前发展。在目前的阶段，重点站点已经达到了较高的使用率。好的站点使用率达到 50%～80%，高峰期甚至可以达到 100%。在 2016 年下半年，Car2Share 的业务拓展会进行提速，计划到 2017 年年底，北京达到 200 个站点。服务车辆达到上千辆规模。另外，该项目很快就将会在杭州上线，而未来的方向则是向二三线城市发展。

整体来看，Car2Share 随心开主要面向的人群还是偏高端一些的白领上班族，能够在众多分时租赁中，找到特定的细分市场进行深耕，无疑将会是 Car2Share 的最大优势。

5.4.3　宝驾租车

宝驾租车成立于 2014 年 3 月，总部位于北京。宝驾租车是 P2P(peer-to-peer)私家车分享平台，是中国领先的汽车共享社区。宝驾租车应用在驾客(租客)和私家车车主(车东)之间搭建了一个在线的通过地理位置就近找车、分享车辆座驾的平台，该应用通过移动互联技术即时地连接了有租车出行需求的驾客及附近分享的座驾及其车主。通过宝驾租车应用，驾客可以随时随地搜索附近可供租用的私家车，通过手机即可完成车辆预定提交和预定沟通，并可以安全地完成预定支付。

宝驾租车旗下拥有宝驾租车 Web 版、安卓版 App、IOS 版 App 3 款产品。

驾客可以在管理面板查阅和管理"我的预定"，方便地管理自己的行程。当预定的车辆完成行程时，驾客可以对车辆状况及车主服务进行反馈和评价，以鼓励车主提供更好的座驾状况和服务。

对于车主，通过简单的几步操作，即可轻松地将闲置的私家车租借给周边需要用车的驾客，分享的私家车可以按时间、指定日期分享，也可以长期分享。车主通过分享车辆，在帮助他人的同时结识新的朋友，也因分享带来额外的收入，使养车更加轻松。

为了让私家车分享租借和私家车预约租用更加安全、可靠，宝驾租车应用和官网提供了完善的会员诚信认证体系，每个在此应用上预约车辆租用的驾客，都得到了充分而必要的身份认证和信用认证。车主在收到预约租用请求时，可以看到此驾客的身份和信用认证情况，并可以自行决定是否将车辆租借给当前驾客，为此车主仅需通过应用回复同意或婉拒预约请求。

宝驾租车通过 PC 与移动互联的技术，一方面提供了比传统租车服务提供商更多的可靠车源，另一方面大大缩短了租车流程所花费的时间，三者让租车可以随时随地进行，这是租车行业的创新发展，也在日益火热的社会分享经济领域开创了新的车主经济产业模式。

宝驾租车为上述个人间的 P2P 私家车租赁提供服务支持。

通过宝驾可以租到各种品牌和型号的座驾，如大众租车、宝马租车、起亚租车、别克租车、丰田租车、福特租车、奔驰租车、马自达租车、奥迪租车、雪佛兰租车、标致租车、日产租车、现代租车、本田租车、比亚迪租车、路虎租车，如图 5.11 所示。

宝驾租车为车主与驾客提供优质的产品服务与完善的保险服务。

对于车主：宝驾租车实行了严格的会员准入机制，每位驾客都必须提交身份证和驾照信息，且相关信息需要通过公安部身份信息系统的实名认证，以及交通局驾驶证信息系统的驾照信息和驾驶记录核查，以确保驾客符合资格要求。除此以外，车主可以在系统内查询到驾客的租车信用记录和身份信息。

在车辆安全保障方面，宝驾租车为每个车主的车辆安装宝驾智能盒，实时监控车辆位置、车辆的行驶情况及驾驶人的驾驶情况。车辆出租期间，车主可在宝驾租车平台上实时监控车辆当前位置。若驾客未经批准驶出约定范围，或者车辆行驶出现异常，车主和平台可收到即时提醒。

奥迪A6 2013 京N
王女士的奥迪A6 40 hybrid 2013
北京,东城天安门东(地铁站)
351M
¥498 /天
周三限行
100% 响应率及时

日产GT-R 2011 京F
张先生的日产GT-R Premium 2011
北京,东城东华门街道市劳动人民文化宫
427M
¥6888 /天
周四限行
100% 响应率及时

别克GL8 2016 京N
张先生的别克GL8 陆上公务舱 2.4L AT 经典..
北京,东城东华门街道市公安部
805M
¥380 /天
周三限行
100% 响应率及时

图 5.11　宝驾租车车型

对于驾客：宝驾租车严格规定平台上的所有车辆都是正规注册的汽车并且车辆的任何改装都符合交通部门的要求，并且车辆在加入会员时，车龄不超过 10 年。另外，所有车辆都具有有效的车辆拥有证明并已支付相关的车辆税费，并且车主已购买车辆机动车交通事故责任强制保险。除了满足基本的安全要求以外，宝驾租车还要求平台上的车主能提供安全驾驶保障，并确保车辆外观及内饰清洁，状况良好，适合使用；并在租用期开始时，保证车辆油箱至少有 1/4 的存油量。

保险：在车辆保险服务上，宝驾租车会为每一辆宝驾平台上达成的每一次交易提供商业保险(由中国人寿、太平洋保险与中国平安保险承保)，最高可达 180 万元人民币。每笔租车订单，都有针对车辆驾驶人在租赁期间的额外保险，车主自身商业保险在租车期间内不受影响。保险由驾客在下单时支付。若车辆出租期间发生事故，对于驾客有责的情况，有责方和无责方的维修费用均由保险赔付。

第6章
共享汽车监控系统

共享汽车监控系统指的是连接车辆的网络系统,特指通过双向的、实时交互的、全覆盖的通信网络,实现移动的车辆电子系统的车辆电子系统之间和车辆电子系统与服务平台的连接,这个概念是相对于目前以单车为单位独立运行,或只是具有单向接收功能(如无线电广播、卫星定位等)的汽车电子系统而言的。

共享汽车监控系统是以车为对象的网络系统连接,它事实上包含了对车内各种传感器、控制器和车辆电子系统得到的各种参数的连接,以及通过车辆中的人机交互界面实现的与驾驶者、乘坐者的连接,甚至包括通过车内网络与车辆所载物品的连接,包括通过车内网络与车辆所载物品的连接。

共享汽车监控系统综合利用先进的传感技术、通信技术、网络技术、数据处理技术和自动控制技术等,以车辆为载体,感知其属性和动态信息,通过收集、处理和共享道路、交通、环境、汽车导航、汽车电子等多个系统间大范围、大容量的数据,使驾驶者、管理者、车辆、道路和城市网络等相互关联,并构成有效信息流和智能控制流,实现对所有共享车辆的有效监管并提供综合服务,实现车与车、车与路、车与人、人与环境的智能协同。

共享汽车监控系统的功能是通过搜集信息中心,利用各类传感器监控汽车各部件及道路状况,实时对接交警、维护、保险等信息系统平台,从而获得三大类服务:交通信息与实时导航服务、安全驾驶与车辆故障诊断服务、娱乐与通信服务。

6.1 搜集信息中心

共享汽车监控系统是车、路、人之间的网络连接系统，搜集信息中心作为监控系统必不可少的技术环节之一，以车为节点和信息源，通过汽车感应技术及无线通信等技术手段将获取的信息连接到终端系统平台网络加以分析和管理，其核心就是信息获取和反馈控制，从而实现车与路、车与车、车与城市网络的相互连接。

6.1.1 车载终端系统平台

车载终端系统平台主要分为三大部分：车载终端、云计算处理平台和数据分析平台。车载终端采集车辆实时运行数据，实现对车辆所有工作信息和静、动态信息的采集、存储并发送。车载终端由传感器、数据采集器、无线发送模块组成，车辆实时运行工况包括驾驶员的操作行为、动力系统工作参数数据等，由云计算处理平台处理海量车辆信息，对数据进行"过滤清洗"。数据分析平台则负责对数据进行报表式处理，供管理人员查看。

就像互联网中的计算机和手机，车载终端是驾驶员获取传感信息最终价值的媒介，可以说是整个汽车监控系统中最为重要的节点。当前，很多车载导航娱乐终端并不适合汽车分享网络的发展，其核心原因是采用了非开放的、非智能的终端系统平台。不开放、不够智能的终端系统平台是很难被打造成网络生态系统的。这方面可以参照智能手机领域来感受其重要性：大量的开发者基于苹果公司的 iOS 和 Google 的 Android 终端操作系统构建了几十万款应用，这些应用为这两个手机网络生态系统创造了核心价值，而这一切都是因为开发者可以基于这样的系统开发应用，特别是 Google 的 Android 系统，源代码完全开放，可以裁减和优化。因此，从目前来看 Google 的 Android 系统也将会成为汽车网络终端系统的主流操作系统，它为网络应用而存在，并专为触摸操作设计，体验良好、可个性化定制，应用丰富且应用数量快速增长，已经形成了成熟的网络生态系统。反观当前车载终端使用最多的 WinCE，却是一个封闭的系统，很难有进一步发展的空间，因为应用非常少，任何修改都由于微软的封闭策略而无能为力，辛辛苦苦开发了上网功能，却无特色的应用和服务可用。前装市场上的荣威 350 及其 inkaNet，后装市场上路畅科技的 Android 平台产品已经证明了 Android 的价值，Android 将是车载娱乐导航终端平台操作系统的必然选择。

通过车载终端采集来的交通数据具有数据信息量大、数据波动严重、信息实时处理性高、数据共享性高、可用性和稳定性高等特点，这对交通数据的存储、处理和管理提出了很高的要求。而云计算强大的计算能力能对庞大、复杂而又无序的交通数据进行分析处理。因此基于云计算建立一个具有庞大的存储能力、高效的计算能力及强大的均衡负载能力的云计算处理平台，并与车载终端相联系，实现对所有计算资源的集中管理、监控和调度，进而实现对交通数据的分布式处理和融合及对交通流的动态预测。从技术层面来讲，云计算是分布式处理、并行处理和网格计算的发展，是透过网络将庞大的计算处理程序自动分拆成无数个较小的子程序，再交由多台服务器所组成的庞大系统，经计算分析之后，将处理结果回传给用户。例如，对于管理者来说，通过云计算处理平台把前端汽车、油站、道路、其他基础信息与交通数据中心动态连接起来，使基础信息在较低成本下实现多数据中心的漂移，既能提高数据安全性，又能方便数据调度与前后端动态管理。另外，对于车主来说，通过云计算处理平台整合周边车辆、基础设施、娱乐设施、道路信息等需求信息，车主可以随时掌握想知道的任何信息和需要处理的任何车辆、路况、娱乐数据。

而数据分析平台则可以运用统计学、数据挖掘等技术，对交通信息进行再处理，然后实现交通仿真分析，进而预测未来交通状态的发展趋势，为评价交通组织方案提供参考依据。数据分析平台还可以将经处理分析后的交通信息发给交通管理中心，由交通管理中心制定有效的交通控制方案，并通过无线通信的方式反馈给终端，实现城市道路交通的自适应智能控制。利用已获取的基础交通流信息，结合地图匹配方法、最短路径优化算法和云计算的超强计算能力，能够实现大规模路网动态、实时诱导和停车诱导，缓解道路交通拥堵。另外，数据分析平台还可以通过监控工具对云计算平台内物理和逻辑的计算资源进行全面的监控，将监控结果汇总到统一的服务管理平台上，以保障系统的稳定运行，同时为资源分配和调整提供辅助决策。同时，数据分析平台也可以通过时时监控，保证云平台的交通数据高效准确；错误的数据及时修正或者弃用，为用户提供交通诱导服务。

汽车具备高度智能的车载信息系统，可以与城市交通信息网络、智能电网及社区信息网络全部连接，从而可以随时随地地获得即时资讯，并且做出与交通出行有关的明智决定。由此，共享汽车将缓解城市交通堵塞、减少车辆尾气污染及减少车辆安全隐患，优化车主的行驶路线，缩短旅途时间，让旅途更具可预测性。

6.1.2 互联网技术

互联网技术是实现信息共享的技术。整个共享汽车监控系统通过整合车、路、

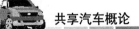

人等各种信息与服务，最终为人(车内的人和关注车的人)提供服务。能够获取汽车网络提供的信息服务的不仅仅是车载终端，而是所有能够访问互联网的终端，因此计算机、手机也是汽车网络的终端。现在互联网技术及其应用基本上都能够在汽车网络中使用，包括媒体娱乐、电子商务、Web 2.0 应用和信息服务等。当然，汽车网络和现有互联网相比，有两个关键特性：一是车和路相关，二是把位置信息作为关键元素。因此，围绕这两个关键特性发展共享汽车网络的特色互联网应用，将给共享汽车使用者带来更加便捷的网络服务。

共享汽车监控系统利用装载在车辆上的电子标签获取车辆的行驶属性和系统运行状态信息，通过卫星定位技术获取车辆行驶位置等参数，通过 3G 等无线传输技术实现信息传输和共享，通过各类传感器获取车辆内、车辆间、车辆和道路间、桥梁等交通基础设施的使用状况，最后通过互联网信息平台，分别对接交警、维护、保险等信息系统平台，实现对车辆运行的监控，并提供各种交通综合服务。

6.2 对接交警信息系统平台

交警信息系统平台是共享汽车监控系统平台的核心，其主要功能是针对交通信息的收集、处理及应用。交警信息系统平台在信息技术、人工智能技术、计算机技术等的快速发展背景下，通过采用先进的技术对道路网络等交通资源进行更有效的控制和管理，提高交通的机动性和安全性，最大限度地发挥交通基础设施的运行效率。交警信息系统平台主要由视频交通检测系统、车路通信系统等各类交通子系统组成，它的核心就是把各交通子系统有效集成起来，实现信息的互换、处理和利用，从而提供各种交通信息服务。

6.2.1 视频交通检测系统

视频交通检测系统通常由电子摄像机、图像处理机和显示器等部分组成。电子摄像机对道路的一定区域范围进行摄像，所得图像经传输线路送入图像处理机，图像处理机对图像信号进行模数转换和格式转换等，再由微处理器处理图像背景，实时识别车辆的存在，判别车型，由此进一步推导其他交通控制参数，在显示器端以图表形式显示交通流信息数据。图像处理机还可以根据需要给监控系统的主控机、报警器等设备提供信号，监控中心可根据这些信号确定控制方式，向执行机构发出控制命令。

视频图像识别是交通信息采集中应用较为广泛的技术之一，从功能应用上来分，大致包括车辆身份识别(物理车牌识别)、车辆行为识别和交通信息识别等。

1. 物理车牌识别

物理车牌识别技术通过视频或图像抓拍的方式对物理车牌进行识别,从而实现对车辆身份的识别。物理车牌识别技术集中了先进的光电、计算机、图像处理、模式识别和远程数据访问等技术,对监控路面过往的每一辆机动车的特征图像和车辆全景图像进行连续全天候实时记录,计算机根据所拍摄的图像进行牌照自动识别。

物理车牌识别的工作原理为车辆通过监测区域时,检测装置将车辆的通过信号传送到图像采集设备,图像采集设备采集车辆图像,并将图像传送到计算机,再由计算机对车牌进行自动定位和识别,并将识别结果送至监控中心或收费处等应用场所。物理车牌识别系统的原理流程如图 6.1 所示。

图 6.1 物理车牌识别系统的原理流程图

2. 车辆行为识别

车辆行为识别的主要功能是从连续的视频图像中检测出运动的车辆目标,同时对提取出的运动车辆进行分类、跟踪和识别,在理想状态下,能对其行为进行理解和描述,达到异常检测和行为识别的目的。

3. 交通信息识别

基于视频图像处理的交通信息识别技术是今年来逐步发展起来的一种新型的车辆检测方法,它具有天线、可一次检测多参数和检测范围较大的特点,使用灵活,具有很好的应用前景。

6.2.2 车路通信系统

车路通信系统是基于车辆与路边基础设施通信的系统,当车辆驶入这些接入点的通信范围内时,通信自动建立,车辆和路边基础设施之间的通信类似于无线局域网,路边单元相当于无线局域网中的接入点。这种通信方式可以实现更大范围的信息共享,如接入互联网、电子收费等。在智能车路系统中,车路通信主要有以下几种数据传输方式。

(1) 路面设备收集路况信息并发送给车载终端。路面设备可以用无线摄像头采集路口的交通状况,并发送给需要该信息的车载终端,或存储到服务器中等待终端提取;也可以利用现有的感应线圈采集交通拥挤情况;或者将该路面设备覆盖范围内的道路状况发送给该路段的终端以进行车路协调；甚至还可以采集该路面设备附近的便利店位置、加油站位置等信息等待终端提取。

(2) 路面设备存储数据并等待车载终端提取。在一个完善的智能车路系统中，必然拥有大量的车载终端需求的数据，由于数据量过大，可以将这些数据存储在路面设备上，待终端需要时进行现场提取。

(3) 路面设备中转车载终端发出的需要由路面设备中转的数据。当多个车载终端在可通信范围外并且需要并行数据通信时，就需要路面设备有中转这种数据的功能。

(4) 路面设备发布用于商业用途的信息。智能车路系统是一个社会基础设施，完全可以由政府全力出资搭建，但在不影响该系统正常作业的基础上，也可以进行一些商业用途，如用路面设备广播一些附近的娱乐设施情况、宣传信息和广告等。

因此，实现车路通信系统连接就是实现道路与行驶汽车的联网。首先，将无线数字传输模块植入当前的道路交通信号系统中去，数字模块可向经过的汽车发送数字化交通灯号信息、指示信息和路况信息等，接收联网汽车的信息查询和导航请求，并将有关信息反馈给相关的联网汽车。同样，将无线数字传输模块植入联网汽车中，使联网汽车可接收来自交通信号系统的数字化信息，并将信息于联网汽车内的车载终端上显示，同时还将信息与车内的自动/半自动驾驶系统相连接，将其作为汽车自动驾驶的控制信号。另外，联网汽车的显示终端同时作为城市道路交通导航系统来使用，联网汽车的数字传输模块包含联网汽车的身份识别信息，这是监控系统对汽车进行通信、监测、收费和管理的依据。

6.3 对接维修、维护信息系统平台

伴随着现代汽车自身功能的不断升级与改善，对汽车的维修保养维护要求也在不断地提升。此时，传统的汽车维修方式已经不能再适应现实需求了。这也就导致汽车维修行业更加趋于向现代化的方向进行转变。电子信息科技作为汽车现代化技术的一个重要组成部分，在现代汽车的主体构造中被频繁运用。相应地，针对汽车维修时的检测设备也在不断地被完善。含有高科技方式的维修与检测设备，无疑为现代汽车的维修提供了有力的保障。共享汽车监控系统通过电子诊断技术、电子仪表诊断技术、计算机管理系统及远程监控系统等系统及其技术对接维修、维护信息系统平台，提前预警诊断汽车故障，并在发生紧急事故后提供紧急救援。

6.3.1 电子诊断技术

电子诊断技术在汽车维修行业中具有十分重要的实际应用价值。它不但推动和提升了我国汽车维修行业的专业水平，大大延长了汽车的使用年限，为行车安全提供了保障，而且极大地提高了对汽车各项故障诊断的排查。

电子诊断技术在汽车维修中的具体应用如下。

(1) 对诊断汽车内燃机异响现象的应用。汽车内燃机的异响多表现为气门敲缸、主轴承异响及连杆小端活塞销与铜套之间的撞击声响等。由于这些异响都处在同一缸体内，很难准确地予以判断，这就需要借助电子诊断技术来对其进行确定。主要的诊断方法有增大异响振幅，通过放大的异响声音对其根源进行判断；根据异响声音的频率进行判断，其频率可以依靠信号接收器和阴极射线管的示波器获取；对异响进行信号分析与检测。

(2) 对汽油发动机检测的应用。这方面主要是对汽油发动机综合性能分析仪的检测运用。通过汽车起动时瞬间产生的电压变化对可能存在的故障原因进行分析，并通过其峰值的高低及振荡曲线的变化对汽车的起动系统状态和隐患进行排查。

(3) 对汽车油样检测的应用。在实际对汽车的使用过程中，一些由表面摩擦而产生的金属粒会进入汽车的液压油或润滑油中。通过对这些金属粒的数量进行分析就可以大致判断汽车内部机械的磨损状况。通过对这种机械磨损状况的判定，不仅可以检测出汽车当前内部机械的运行状态，还可以对故障的产生进行预测，以便采取相应的预防措施。其应用的主要技术是油液铁谱分析和光谱分析。油液铁谱分析是使用高强度磁场将汽车内部机械磨损产生的微粒分离出来，再通过对其数量、大小、外形的分析对汽车内部机械部件的磨损状况予以掌握；光谱分析则是在加热、照射等情况下，对汽车内部机械磨损产生的微粒成分及数量进行分析并判定其状况。

(4) 对汽车制动性检测的应用。目前，我国汽车制动试验台主要有两种：惯性式和反力式。其中以反力式最为常见。它主要是通过汽车蜗轮、蜗杆及链条传输驱动前后两排滚筒转动，以带动汽车轮胎转动。之后，给滚筒施加一个反作用力，使杠杆产生位移，再通过力矩指示器控制仪表板的显示判断汽车的制动性。

6.3.2 电子仪表诊断技术

汽车上有许多电子仪表由汽车内置计算机进行控制，具有一定的自检功能，一旦发出指令，电子仪表板的电子控制器就会对主显示装置进行全面检查。如果出现故障,会给予不同的警示方式,使驾驶员得到警示,驾驶员从仪表板处得知系统出现故障及故障部位的故障码,便于利用故障码对汽车进行维修。驾驶员在确认仪表板上显示出故障时,应当及时进行检测。

快速检测器可以发出各种传感器信号,可以快速指出故障部位。例如,在使用测试器时,向仪表板输入信号,仪表板显示正常,则说明故障问题应该位于传感器或者电路;如果显示器无法正常显示,可以先把测试器和仪表板直接相连,插入输入插座上,如果此时显示器显示正常,则说明故障位于线路和连接器,如果不显示,则说明仪表板存在故障。

计算机快速测试器可以对汽车燃料-消耗和瞬时车速等信号进行模拟仿真,把测试器发出的信号从各个部门进行输入,从而可以对传感器、线束及显示装置进行检测,确保其正常工作。

液晶显示仪表测试器对汽车进行检测,可以直接在仪表板上进行显示,还可以为仪表板和信号中心提供参照输入信号,直接反映信息中心的工作状况。液晶显示仪表测试器的测试目的是确保仪表板没有故障,并进行验证。

6.3.3　计算机管理系统

通过计算机管理系统,可以对各个车辆的相关数据进行记录存储,并展开处理分析,甚至可以通过构建汽车模型,对汽车的性能进行推演,及时提醒客户进行汽车的维修,或者是零部件的保养,将汽车维修工作做在事前,尽量降低汽车安全事故。

通过信息化的手段,可以构建高水平的维修技术,提升汽车维修的整体业务水平。例如,针对某品牌汽车,其发动机在维修工作方面需要注意的问题有排放控制、进气控制、点火控制、燃油喷射、故障自诊断等多个方面的内容。

通过信息技术优化维修手段,利用先进的信息化手段或是仪器设备,对这些问题进行检测和故障处理方案生成,具有重大作用。

汽车还会涉及防抱死系统、动力分配、车轴扭矩、防盗系统、车窗控制、电子系统等多个方面的问题,在一些问题综合出现时,就需要依靠更加先进的技术展开维修工作。汽车故障诊断仪就是融合了信息技术的先进设备,其综合了远程诊断系统(Remote Diagnosis System,RDS)、移动PC及多功能诊断接口几个部分,能够实现维修诊断、维修刷新及系统设置等几个方面的重要功能。维修诊断可以实现故障码清除、故障码读取、示波等作用;维修刷新可以实现模块重设、数据更新及模块编程等作用;系统设置可以实现在线更新、语言设置等作用。

通过信息技术构建汽车维修网络,将汽车的全部故障信息及处理方案录入其中，甚至可以将故障排查和处理的完整流程通过视频的模式进行展示，以此为汽车维修的实际工作提供可靠参考。不仅如此，还可以将汽车故障和处理的技术网络和消费者实现对接，使消费者能够通过网络技术对汽车出现的异常现象进行检查判定，进而做出正确的处理。甚至可以创设一对一专家指导服务，通过网络实现汽修专家和消费者的一对一交流，使消费者不用到维修场所就能够实现故障处理。

6.3.4 远程监控系统

远程监控系统能够准确地定位车辆所在的城市和具体的位置信息，一旦重要零部件出现故障，监控平台即刻显示故障发生的时间、地点及故障描述，技术人员根据故障等级进行分析、作出判断并给出相应的处理措施。远程监控系统主要的理念是做到事前预警及为事后故障排查提供数据支持。通过查询历史数据，分析事故发生时、发生前后驾驶员的操作意图及相关零部件的工作状态，最大限度地还原事故现场。事实上，远程监控系统更关注事故发生前的车辆和人员状况。在出现一般故障时，远程监控平台检测到故障，当技术人员分析该故障可能引发严重事故时，则会及时通知用户并采取有效措施，如停车、远离车辆、开去 4S 店等，避免发生严重事故。即便事故发生，也可以最大限度地保护人的生命和财产安全，让损失降到最低。

6.3.5 紧急救援系统

紧急救援系统是一个特殊的系统，它的基础是交通信息服务系统(Traffic Information Service System，ATIS)、交通管理系统 (Traffic Management System，ATMS)和有关的救援机构和设施，通过 ATIS 和 ATMS 将交通监控中心与职业的救援机构连成有机的整体，为道路使用者提供车辆故障现场紧急处置、拖车、现场救援、排除事故车辆等服务。

6.3.6 安全运行维护方式

安全运行维护方式简称安全运维，是指对共享汽车监控系统维修、维护系统平台的安全运行进行检测及维护。安全运维要求网络运维过程中做好技术设施安全评估、技术设施安全加固、安全漏洞补丁和安全事件应急响应等运维保障工作，及时发现并修复信息系统中存在的安全隐患，降低安全隐患被非法利用的可能性，并在安全隐患被利用后及时加以响应。

安全运维工作包括以下内容。

(1) 确保安全运维设计的信息系统和关键技术设施工作正常。

(2) 执行首次技术设施安全评估，评估关键技术设施存在的安全隐患并进行安全排查。

(3) 根据首次技术设施安全评估的结果，对安全技术设施进行技术加固。

(4) 定期执行技术设施安全评估，针对评估所发现的安全隐患，提出改进建议，并指导系统管理人员进行安全加固。

(5) 当主机或网络正遭到攻击或已经发现遭受入侵的迹象时，及时进行应急响应，分析事故原因并防止损失扩大。

(6) 及时跟踪并提供安全漏洞和补丁信息或相应的安全建议。

(7) 针对系统管理人员在日常维护时发现、产生的安全技术问题提供咨询服务。

6.4 对接保险信息系统平台

共享平台的健康发展取决于安全保障。安全保障主要针对信息安全、出行安全及意外保险安全3个方面。

6.4.1 信息安全

共享私家车车主的准入安全，通过对申请者的身份信息、驾驶记录和身体条件等资格进行审核，确保平台会员的准入安全。在大数据背景下，软件后台记录了大量的驾驶员乘客个人身份和银行卡信息，一旦信息泄露或出现网络故障，将带来极大的负面影响和安全隐患。因此，约租车企业必须投入足够的技术和资金支持，做好自身的升级维护和安全维护，确保用户线上信息安全，线上交易流畅。安全运维要求在网络运维过程中做好技术设施安全评估、技术设施安全加固、安全漏洞补丁和安全事件应急响应等运维保障工作，及时发现并修复信息系统中存在的安全隐患，降低安全隐患被非法利用的可能性，并在安全隐患被利用后及时加以响应。

由于共享平台感知信息层的信息量种类繁多，通信方式也是多渠道的，所以要确保监控系统海量感知信息的可靠获取，必须要有安全保障措施。基本的做法是建立可信支撑平台，对各类信息进行有效的分类处理，同一类的信息可通过统一安全通用协议、加密和签名等技术进行安全保障，不同信息之间按照设备终端编号进行设备认证，同时对车辆的标识信息进行唯一性保障，防止克隆和重复使用等。通过可信支撑平台的作用确保系统内数据不外漏，并保证网内各用户通过安全权限和认证体系进行通信。可信支撑平台包括可信接入平台和管理平台两部分，二者均部署在监控系统数据中心。可信接入平台实现信源认证、签名验证和完整性验证。管理平台负责对信源进行管理，如标识卡认证、密钥、算法初始化和用户信息输入。

监控系统可信接入平台的功能如下。

(1) 在传感器设备和基站数据中心之间，采用认证协议对传感器进行设备认证，该协议负责定时对传感器设备进行身份认证，确认传感器是否完好。

(2) 在传感器设备和数据中心之间，建立对数据进行数据签名和数据完整性验证(签名认证)的协议，该协议负责对传感器采集的信息进行完整性验证，保证传感器采集的信息数据完整、可信(没有被篡改)。

(3) 在传感器设备和数据中心之间，建立数据保密传输协议，该协议负责对传感器采集的信息进行加/解密，保证传感器采集的信息安全传输到数据中心。

基站设施实现系统信息的前端收集和转发，采用设备监控措施对基站系统性能、物理端口、服务端口和硬件运行状态等进行实时监控，出现问题及时上报和处理，保障基站系统的稳定性和可靠性。基于此，为了实现共享平台监控系统前端采集的车辆电子信息的安全传输，保障基站采集数据的完整性和一致性，需要对数据进行分析处理，并以数据中心为中心，建立 IPSec 隧道加密技术体系，对监控系统基站采集的数据进行加密传输，防止数据被非法篡改和截获。另外，对于以无线方式传递信息的基站，应使用无线加密隧道上传无线基础信息数据。

另外，操作系统、数据库系统、应用系统和网络设备系统均不同程度存在一些安全漏洞，这也是黑客攻击得手的关键因素。因此，应对运营数据中心网络系统、安全系统、操作系统、数据库系统和应用系统提供安全配置、补丁安装等服务，提高系统自身的安全防护能力。对系统自身安全漏洞进行修补，应采用终端管理补丁功能，实现智能化的安全漏洞修补，系统自身安全配置优化和设置需要采用人工加固方式进行安全加固。

6.4.2 出行安全

共享汽车的出行安全，通过汽车定位技术、导航技术、无线网络传输技术和行车记录仪等设备，从技术上确保车主和乘客的出行安全。如果发生事故，远程监控系统可以提供紧急救援服务。因为远程监控系统具备及时触发报警和定位功能，所以它可以在第一时间发现事故发生的时间和地点，可以协助呼叫救援车辆、救援人员赶赴现场。同时，技术人员根据上传监控平台的历史数据进行分析，可快速定位引发本次事故的源头，并协调安排离事故发生地较近的维修人员到事故现场解决技术问题。对于涉及设计缺陷引起的重大安全事故,远程监控系统能提供最直接的证据。

6.4.3 意外保险安全

共享平台通过与保险公司合作,签订人身团险、购买座位险和成立赔付基金型等险种,确保意外保险赔付。图 6.2 所示为车险信息系统平台。共享汽车网络的发展将采用一种"依靠资源、形成资源、凭借资源、进行应用服务而获得经济效益"的可持续发展经济模式。其中,资源是指涉车信息资源。通过对共享汽车网络的需求类型分析和市场可行性分析可知,共享汽车应用平台系统的搭建应由用户、运营管理商、涉车消费单位、商业银行和信用担保中心五大载体组成。共享汽车系统涉及的涉车信息资源和涉车信息服务将由第三方(运营管理商)运营。

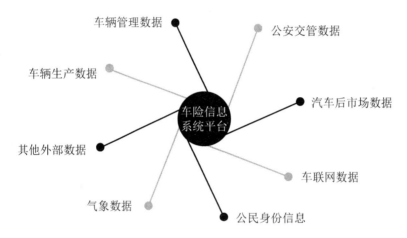

图 6.2 车险信息系统平台

第7章
共享汽车保险及维护

　　车的安全问题一直是共享汽车公司运营中不可忽视的挑战。目前，我国尚无关于共享汽车的法律法规，《北京市汽车租赁管理办法》是我国第一个汽车租赁共享服务的地方行政性规范，该办法第 4 条规定：鼓励汽车租赁经营者提供汽车租赁共享服务。因而，建立完善的风控体系，强化车主和租客的审核、监管力度，进而保障车辆安全，保障私家车共享车主乃至租客利益，对于共享汽车公司的发展具有重要意义。共享汽车的保险涉及租客、私家车车主、共享租赁公司等多方面的利益，需考虑的方面有很多。值得注意的是，与私家车发生交通事故后"追车不追人"的情况不同，共享汽车用户的用车信息彼此独立，进行事故定责时采用"追人不追车"，责任明确到用车个人的原则。

　　此外，汽车在使用过程中，随着行驶里程的增加，各零部件会出现磨损、老化等问题，导致车辆技术状况变差，故障率也会增加，甚至可能危及行车安全，出现重大事故。私家车在进入共享市场前，是否进行定期维护多根据车主的个人习惯而定。通常来说，私家车车主汽车定期维护的意识淡薄，部分私家车甚至几年也不做一次大的维护，存在严重的安全隐患。然而当私家车进入共享模式时，其性能的好坏就不单是车主个人问题，这关系到大量参与使用该车的人的生命安全。我们将私家车的使用权进行转移时，一同转移的还有对生命的尊重。因而对准入的私家车进行必要的保养维护具有举足轻重的意义。

7.1 共享汽车保险

7.1.1 中国现有车辆保险概况

汽车保险是财产保险的一种，是对机动车辆由于自然灾害或意外事故所造成的人身伤亡或财产损失承担赔偿责任的一种保险业务。它可以分为3部分，即车辆损失险、第三者责任险和汽车附加险，这样被保险人通过参加保险来获得保障自身人身和生命安全的权利。

在财产保险领域中，汽车保险是一个年轻的险种，它伴随着汽车的出现和普及而产生和发展，随着汽车数量的猛增，车险市场呈现出快速发展的态势。根据产业信息网发布的《2015—2020年中国汽车保险行业前景调查及投资策略分析报告》，在我国财产保险保费收入中，车险所占比例最大，这是由于汽车消费量的增加、相关政策的出台及投保率不断提高。从图7.1可以清楚地看到，自2009年开始，我国车险保费收入逐年增加。

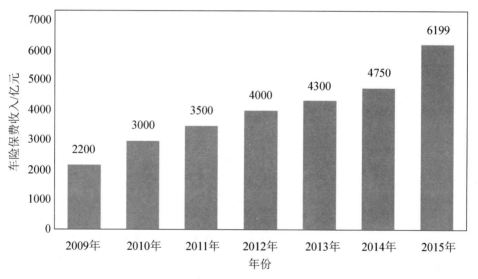

图 7.1　2009—2015 年我国车险保费收入走势

目前，在汽车保险中，直赔方式受到客户和保险公司的青睐，其主要原因是从买保险到发生保险事故索赔的整个过程中，被保险人可能都不用和保险人联系，索赔、领取赔款的人都不是被保险人，而是4S店和修理商，这样直赔很大程度上方便了被保险人，免去了被保险人要先支付修车款，再向保险公司索赔的烦琐过程，因此受到客户的青睐，也是各保险公司提升服务品牌的举措之一。

目前，我国汽车保险的发展仍存在很多问题，主要表现在：①人们的投保意识薄弱。据统计，就全国机动车辆的社会拥有量和投保比例最高的北京市而言，投保率不到50%，发达国家机动车辆投保率都在80%以上。②车险品种贫乏，保险费率单一。在国外，机动车辆保险合同内容和保险费率都由各个保险公司自定，保险商品种类很多，其费率也是灵活多变的。而我国机动车辆保险条款和附加险条款及其对应的费率由保险监督管理委员会统一制定，很少有车型差别，更没有地区差别，如汽车、电车、电瓶车、摩托车、拖拉机、各种专用机械车、特种车均适用机动车辆保险条款。③保险监管问题。汽车保险情况相对来说比较复杂，涉及的险种相对较多，导致很多人有骗保的不正当行为。这主要是由保险行业运行机制的不健全造成的，所以维护正常的市场秩序非常必要。④理赔困难。由于理赔过程中存在现场勘查难、调查取证难、理赔控制难等一系列问题，以及我国的法制环境和诚信环境的现状造成了理赔的实际困难。

针对我国目前汽车保险市场的发展现状和存在问题，特提出以下相关建议。

1. 完善我国汽车保险制度

(1) 强化保险的补偿和保障功能。各大车险公司应把更多的人力、物力投入防灾防损上，通过降低事故发生率来实现自己的利润。而当客户出险时，车险公司以各种方式给客户提供方便，如在定损前预先赔付，以及在客户修车时提供替代车服务，这不仅给受害者以赔偿，更能体现保险公司的人性关怀，从而提高车险公司的市场竞争力。

(2) 厘定合理的车险费率。我国应根据具体情况健全费率体系，将"从车"因素和"从人"因素结合起来，各大车险公司应实行信息共享，根据风险状况的不同制定较为科学和合理的价格机制。将产品设计和服务相结合，确实体现产品的创新。

2. 进一步加大车险行业监管力度

从中国汽车保险的现状来看，销售误导、理赔难等侵害消费者利益的行为，通过虚假费用、虚挂中介进行变相贴费等非理性竞争行为，虚假赔案、虚假保单等违法违规行为仍然存在；个别公司在发展网络销售的同时，网络运营管理没有完全跟上，为网络犯罪提供了可乘之机；一些公司的电话营销涉嫌侵犯公民隐私，严重损害行业形象。这些违法违规行为在监管高压态势下手段更加隐蔽，规范市场秩序的任务仍然比较艰巨。当前，中国汽车保险的现状虽保持相对平稳，但是随着车险业务全面向外资车险企业放开，国内产险公司的竞争能力和可持续发展能力,直接关系到全行业的可持续发展。对此,监管机构要高度重视,从政策和制度上加强引导,推动产险公司走差异化和专业化发展道路,不断提升自身可持续发展能力。

3. 改进免赔制度,提高服务水平

对于被保险人来说,保险费率的科学合理就意味着公平,车险公司加强风险管理表面上是那些赔付额低于赔偿限额的被保险人得不到赔偿,实际上却是因有效遏制道德风险减少了赔付,免赔制度的改进最终使被保险人受益。产品、价格是基础,服务是关键。各车险公司需要形成自己独具特色、内涵丰富的公司服务文化,更多地考虑为用户在各环节提供的后续服务,如销售、维修、保养,以及发生事故后的索赔、自修复等一整套的服务系统,为客户提供高质量的专业化服务。

7.1.2 现有私家车及出租车保险

私家车保险和出租车保险,即机动车辆保险,简称车险,是指对机动车辆由于自然灾害或意外事故所造成的人身伤亡或财产损失负赔偿责任的一种商业保险。汽车保险是财产保险的一种,它伴随着汽车的出现和普及而不断发展成熟,汽车保险具有以下特点。

(1) 不确定性。机动车在陆地上行驶,流动性大、行程不固定,对于保险人而言,无疑增加了危险事故与保险损失的不确定性和难以预测性。

(2) 扩大可保利益。如经被保险人允许的合格驾驶人员使用已保险的车辆,发生保险事故,保险人负赔偿责任。这实际上是对保险合同中可保利益的一种放大,同时也是保险责任的放大。

(3) 无赔款优待。它是机动车保险特有的制度,其核心就是为了解决在风险不均匀分布的情况下,使保险费直接与实际损失相联系。

(4) 维护公众利益。机动车第三者责任保险的出发点就是为了公众利益,即确保在道路交通事故中受害的一方能够得到有效的经济赔偿。

机动车辆保险种类有很多,比较典型的有以下9种。

(1) 交强险。交强险是家车保险种类的一种,由对应的保险公司对投保的机动车在发生交通事故的时候给人员造成伤亡或者有财产损失的时候,在相应的合同规定的范围内给予特定赔偿的一种强制性、责任性保险。

(2) 车辆损失险。车辆损失险指的是投保的相应车辆在遭受对应的保险中规定中的情形的自然灾害或者是意外的事故,最后给车辆本身造成了损失的情况下,保险公司依据相应的保险合同给予的对应的赔付。

(3) 第三者责任险。第三者责任险指的是驾驶员在使用投保车辆的时候发生了意外事故给第三者造成了对应的损失及伤亡，保险公司依据合同给予的赔付。

(4) 盗抢险。盗抢险指保险公司对被保险的车辆在全车被盗或者被抢造成的损失，以及由于被盗被抢而发生的对应维修的合理费用进行赔付的一种保险。

(5) 人员责任险。人员责任险主要是指由保险公司对发生意外交通事故导致车上的驾驶员及乘客发生人员伤亡而造成的经济损失，以及为了减小相应损失而花费的合理地进行保护和施救的对应费用进行赔付的一种保险。

(6) 玻璃单独破碎险。玻璃单独破碎险指的是保险公司负责赔偿保险车辆在使用过程中，发生本车玻璃单独破碎的损失。玻璃单独破碎，是指被保车辆只有风窗玻璃和车窗玻璃(不包括车灯、车镜玻璃)出现破损的情况。

(7) 自燃险。自燃险指的是被保的车辆在正常的行驶中因为本车自身的原因而引起的起火燃烧，从而给被保车辆造成了损失及为了挽救损失而支付的对应的合理性的费用。

(8) 划痕险。划痕险指的是投保车辆在正常的使用过程中，被其他人员划伤，没有发生明显的碰撞，而需要进行相应划痕修复的合理费用。

(9) 不计免赔率。如果车辆发生了车辆损失险或者第三者责任险范围内的事故造成了索赔，那么对应的由被保险人进行承担的免赔金额由对应的保险公司来进行赔付。

现有机动车辆保险的理赔过程通常包含报案、查勘与定损、维修、递交理赔材料、审核与赔款。

(1) 报案。保险车辆若发生道路保险事故后，应立即向事故发生地交通管理部门报案，同时拨打保险公司报案电话。需要注意的是，所有报案一定要在事故发生的48h内，否则保险公司可拒绝理赔。

(2) 查勘与定损。保险公司接到报案后，会对车辆进行查勘定损，并根据车辆的受损情况确定损失金额。如果理赔金额超出承保上限，需要车主或有责任的一方自掏腰包补差价。发生轻微事故，车主可直接将车辆开到定损中心进行定损。如果损失较大，保险公司会派查勘员到事故现场进行查勘。

(3) 维修。根据损失部位痕迹及程度定损后，可选择将事故车拖到保险公司指定的修理厂地(建议)，修理厂会尽快将车辆修理好。当然，也可以自行选择4S店或修理厂进行维修，但在保险公司业务大厅办理定损时要提前告知工作人员，选择好修理地点后，不再更改。

(4) 递交理赔材料。一般来说，理赔材料包括车辆的保单、行驶本、驾驶本、被保险人的身份证及责任认定书，单方事故无需提交责任认定书。如果涉及人员伤害，还需提供伤者的诊断证明及医疗费发票。

(5) 审核与赔款。在提交的索赔材料真实齐全的情况下，保险公司进行保险理赔的准确计算和赔案的内部审核工作。保险公司将根据商定的赔款支付方式和保险合同的约定支付赔款。

出租车保险理赔与私家车理赔过程的不同之处在于涉及出租车公司。出租车保险在理赔时，首先要及时向保险公司报案，保险公司在接到报案后，会派人对车辆查勘定损，定损后出租车公司即可进行车辆维修。接着，出租车公司需要提交相关理赔资料，而保险公司会审核资料，通过后，就可以领取保险金。

7.1.3 网约车的保险

中国第一家打车软件是在2011年创立的摇摇招车，它主要为乘客提供快捷、有趣的私人专属的接送服务。后来，滴滴出行、快的打车等打车软件也慢慢发展起来。目前，类似的打车软件已经达数十个。传统打车存在驾驶员拒载、空载、故意抬价等不良现象，打车软件的出现不仅可以有效减轻传统打车的压力，也可以为驾驶员和乘客双方带来便利。

网约车的服务一般分为3种：第一种是像P2P租车那样，车辆拥有者通过把闲置车辆出租给出租公司来获取收益；第二种是像滴滴出行、Uber那样，私家车车主要加盟作为驾驶员端，为乘客提供快车、专车、顺风车等相关服务，从而获取收益；第三种则是原有的出租车驾驶员与打车软件合作，获取更多的客户源，进而获取更多的收益。从图7.2中可以看到，2015年我国打车软件累计注册用户已经达到了4300万之多，增长率达到了48.28%。

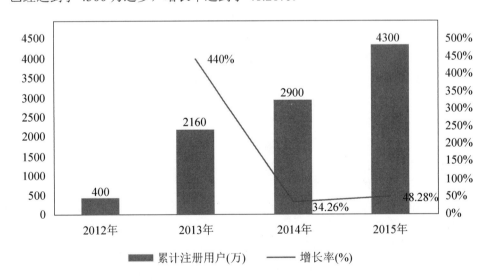

图7.2　2012—2015年我国打车软件累计注册用户

2016年《关于深化改革推进出租车汽车行业健康发展的指导意见》和《网络预约出租车经营服务管理暂行办法》同时出台，网约车的合法地位得到明确，私家车符合条件可登记为预约出租客运车辆。这样，出租车特许经营权的垄断被打破了，通过改革经营模式、降低过高的承包费和抵押金的方式，出租车将有效降低驾驶员负担。同时，滴滴、Uber、神州等网络约车企业的"春天"到来了，乘客可以更踏实便捷地选择不同的出行方式。很多城市多年来存在的打车难、打车贵的问题，随着网约车的出现，也会一步步得到改善。网约车带来便捷、降低出行成本的同时也带来了严重的安全隐患。网约车合法化的同时，要监管车辆和驾驶员的运营资质，保证乘客的人身安全和财产安全。

下面简介美国Uber推出的一种保险服务方式。

美国Uber率先提出了"分时段+按量计费"的保险服务方式。个人使用和第一时段由保险公司提供保险服务。该保险费的收取按照一定公式计算而得，即每月保费总额=每月基础保费+每月行车里程×单位里程保费。驾乘人员的第二时段和第三时段则由Uber提供相应的商业保险(表7-1)。其中，每月基础保费和单位里程保费会依据不同车主而做出相应变化。这种模式的最大好处是既有利于推进车险费改革，也可以给驾驶员行车提供全时段的保险服务。

表7-1 美国Uber保险计费方式

时段名称	行车状态
个人使用	车主关闭Uber App，不为其服务
第一时段	车主打开Uber App，但还没有匹配到乘客
第二时段	车主打开Uber App，同时已经匹配到乘客
第三时段	车主打开Uber App，乘客上车起直到下车

专车新政的实施推动了城市交通供给侧的结构性改革，进一步推动了网络约车的发展，为"互联网+"和分享经济提供了更大活力。接下来，我国应该努力完善网约车的保险机制，为每一位驾乘人员提供安心和可靠的保障。

在我国，上海唯家保险经纪有限公司已正式推出网络约车专属保险。该网络约车专属保险由专车险和驾乘险两个保险产品组成，可由网络约车平台或驾驶员直接投保，保障对象既包括驾驶员也包括乘客。

(1) 专车险：责任险的一种，投保人可以为平台和驾驶员，服务过程中因为驾驶员的过失导致乘客人身损失可获得保险赔偿，乘客最高可获赔付10万元，一份专车险一年最高累计赔付100万元，限额内可多次理赔。

(2) 驾乘险：意外险的一种，投保人为驾驶员，保障对象为驾驶员和乘客，每人最多可投保 5 份。当驾驶员和乘客发生人身意外损失时，最高可赔付 13.9 万元。

该保险目前正连同一款名为"天易保盒子"的安全硬件捆绑销售，购买"天易保盒子"产品首年可免费获赠网络约车专属保险。"天易保盒子"是一款专门为网络约车新政开发的安全智能硬件，结合了 GPS、手机安全应用和保险，可一次性满足网络约车新政的要求，更重要的是可以保护网络约车驾驶员和乘客的安全。

虽然网络约车新政的实施，使得网络约车得以合法化，但是对于网络约车的保险仍然存在很多问题。值得注意的是，此前处于灰色状态的网络约车，潜在的最大问题是一旦出事儿保险公司可以拒绝赔偿。这是因为，私家车买的是家用型保险，如果转做专车，就成了营运车辆，改变了车辆的使用性质，保险公司当然有权拒绝理赔。

所以，在网络约车合法化之后，首先需要的后续举措，就是解决保险的尴尬。符合条件、登记为预约出租客运车辆的私家车，究竟应该购买怎样的保险？出事后会获得怎样的赔偿？这都需要保监会、保险公司赶快研究并制定相应办法，及时给出明确的险种和条款。

2016 年发布的《网络预约出租车经营服务管理暂行办法》当中，第四章第十六条明确规定：网约车平台公司承担承运人责任，应当保证运营安全，保障乘客合法权益。"承担承运人责任"，就明确了滴滴、Uber 不仅仅是一个所谓提供信息的"中介"，所以这些企业在迎来合法化的春天之后，相应的责任也就更重了，他们必须为利益受损的乘客承担连带的赔偿责任。

7.1.4 共享汽车的保险现状及预测建议

共享汽车作为顺应共享中国的大趋势下的一种产物，必然会引起巨大的轰动。随之而来的共享汽车保险，也就必然面临着巨大的市场。共享汽车保险作为新兴保险种类之一，前期将会面临许多问题和挑战，也就意味着我们必须要制定详细的规则，保证它的顺利运行。

1. 共享汽车公司风控体系建设

(1) 金融征信，包含对租户信用记录、消费记录和基本身份的核实。每位租客都必须提交身份证和驾照信息，且相关信息需要通过公安部身份信息系统的实名认证，以及交通局驾驶证信息系统的驾照信息和驾驶记录核查，车主也可以在系统内查询到租客的租车信用记录和身份信息。通过人脸识别技术验证租车人的真实性，严格甄选租客，拒绝有恶劣驾驶记录和犯罪行为者。

(2) 通过 IT 系统完成对服务流程的全线监控。例如，和侦查类服务供应商进行合作、配备 IT 桌面监控系统运营人员、建立"监控中心点"地面团队等，实现在必要条件下的实时追踪和其他监控需求。

(3) 组建共享汽车公司法务团队，主动和政府设立的安全机构(如公安系统)进行合作。

(4) 通过行驶记录仪，利用 GPS/GIS 技术对已租车辆状况、位置进行实时追踪跟访。

(5) 联合小猪短租、你我贷等活跃于网贷、租车和房屋短租等领域的 P2P 平台成立"诚信联盟"，联盟成员内共享各自诚信黑名单查询权限方式进一步完善和提升风控体系。例如，2015 年 7 月 15 日，宝驾租车筹建的首个全国性汽车租赁诚信信息咨询服务平台"车立信"便可实现联盟商家的黑名单共享。

(6) 引入交强险外保险险种。为有效解决车辆租用期间的租客风险，保险公司已根据 P2P 租车需求及风险状况设计出国内第一款租车责任保险产品。此险种作为交强险的超赔保险，优先于机动车辆损失保险及车辆三者商业保险进行赔偿。目前，凹凸租车与太平洋保险，PP 租车(现更名为 START 共享有车生活平台)与中国人保财险及华安保险，宝驾租车与中国人寿、中国平安和太平洋保险已展开合作。

2. 构建共享汽车保险市场的建议

1) 努力创建规范的市场

要创建一个规范的市场，简单来说，就是要根据市场的需要，建立完备的市场运营机制。当前的中国汽车市场上存在很多混乱现象，一些汽配市场的汽车零部件存在管理漏洞，使消费者无所适从。例如，某些汽修厂、4S 店故意以次充好，来获取更多的利润，这些行为很难得到有效监管。然而，一些保险公司的收益却不是很多，在相同的成本下，多数的利润都被理赔员或者修理店分走，这样就降低了保险公司的积极性。中国拥有巨大的汽车保有量，可以肯定中国的汽车保险行业的市场潜力是非常大的，所以做好市场监管和运营机制，才能够更好地促进汽车保险行业的良性发展。

2) 保证市场的透明度

由于缺乏市场透明度，所谓的监管根本无从谈起，很多暗箱操作的问题依然没有解决。增强市场透明度的问题刻不容缓，如此一来，才会有健康的市场环境。当保险公司与汽配商之间缺乏信息沟通时，保险公司的车险理赔员就不得不付出大量的精力去完成零配件价格询价工作，造成理赔时间长，工作效率低。在理赔的过程中如果赔付额过高就会造成保险公司的成本支出增大，或者理赔的数额过

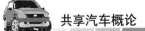

低,汽车修理厂和车主都不会满意。所以如何确立一个合理的理赔方式,才是一个行之有效的方法,而它的基石就是建立一个透明的市场机制。加强保险公司与汽车修理厂以及车主之间的信息共享,建立互信机制,才能提高理赔的效率,符合大家的利益要求。

为了使我国的汽车保险行业迅速健康发展,我们不但要了解当前的发展现状,也要借鉴其他国家的成功经验。结合我国汽车保险市场的实际情况,大胆创新,不断向前发展。与此同时,我们更应该创立一个交流与合作的互联网平台,把汽车保险行业的整个产业链有序连接起来。

我们要认清目前我国汽车保险的发展现状及存在的问题,同时借鉴汽车保险发达国家的成功经验,并结合我国保险市场的实际情况,找出解决汽车保险产业存在问题的有效途径。要将整个汽车保险产业链整合起来,通过建立一个沟通和交流的平台,共同解决汽车保险发展中存在的问题,实现整个产业链上各个主体的协同发展。

7.2　汽车保养维护

2016年7月28日《网络预约出租汽车经营服务管理暂行办法》出台,自2016年11月1日起实施。新规指出:私家车作为网络约车必须满足:①7座及以下乘用车;②安装具有行驶记录功能的车辆卫星定位装置、应急报警装置;③车辆技术性能符合运营安全相关标准要求。充分满足上述条件的私家车方可取得《网络预约出租汽车运输证》。同时规定:私家车行驶里程达到60万km时强制报废;行驶里程未达到60万km,但使用年限达到8年时,不强制报废,但必须退出网络约车经营。同时规定需建立车辆定期检查、保养制度和完整的车辆维修、保养档案,确保按规定对车辆性能进行安全性能检测。从车辆的性能要求、保养维护方面,对私家车用于商业载人的条件进行了明确规定,这对于探讨私家车进入共享模式的要求具有很好的参考意义。

通常来说,汽车维护可分成普通维护和特别维护。普通维护是指为保持汽车良好的技术状况而必须做的维护项目,通常包含例行保养、等级保养、走合期保养、换季保养和停驶保养。特别维护是指在普通维护的基础上,为满足某些特殊要求或喜好而额外增加的局部维护项目,如针对车厢内的蒸汽消毒,针对车轮的四轮定位和动平衡以及充氮气等。为保证安全,共享汽车应该严格做到定期进行普通维护,周期性地进行特别维护。

7.2.1 共享汽车保养维护的必要性

共享汽车属于营运车辆,所以要在负载情况下行驶较长里程,虽然共享汽车的行驶路段多为城市的平坦公路,但其车辆的磨损、位移和变形依然存在。随着运营里程和时间的增加,其损坏周期也会缩短,这时,车辆的转向机构、悬架装置、传动系统、行驶系统和制动系统就会逐渐出现异常情况,如离合器发抖、制动不灵或出现制动侧滑、甩尾、转向轮异常磨损等现象。

为保障车辆的安全行驶和运营,必须建立相应的定期检查制度。在共享汽车服务所覆盖的网点里,一定要根据法律法规和技术规范要求严格把好质量关,对外部采购件质量确认、维修人员素质培训、仪器设备完好率都要做到量化管理,形成一套规范的操作、维护和检测流程,建立完整的质量保障体系。为了保证车辆安全和服务水平,服务网点要有科学的管理办法,合理地调配人力物力资源。在依法监管的同时,也要充分利用具有资质的汽车综合性能检测站作为监管手段,构建一个封闭的车辆质量监控网。

7.2.2 共享汽车的周期维护

GB/T 18344—2001《汽车维护、检测、诊断技术规范》中规定:汽车日常维护的周期是出车前、行车中和收车后。汽车的一、二级维护周期的确定,应以汽车行驶里程为基本依据,对于不使用行驶里程统计、考核的汽车,可用时间间隔确定一、二级维护的周期。定期维护间隔里程应依据车辆使用说明书的有关规定,结合汽车使用条件的不同,由各省级交通行政主管部门确定。按使用时间间隔确定维护周期的车辆,可依据汽车使用强度和条件的不同,参照汽车一、二级维护行驶里程周期确定。

(1) 汽车制造厂提供的车辆使用说明书中的有关规定。在每辆新汽车的随车资料中,都会有车辆使用说明书。其中不但介绍了汽车的使用、操作办法,而且对此车型强制维护的分级、周期及各级维护的作业内容都有明确的规定。车辆在使用过程中,应按照使用说明书的要求严格执行,特别是车辆在初驶过程中应到制造厂指定的维修站进行维修。

(2) 汽车使用条件与维护周期。汽车的使用条件包括汽车运行地的地理环境、气候、风沙条件,汽车运行强度和燃料、润滑材料等品质。应根据使用条件的不同,结合汽车使用说明书的规定,调整一、二级维护的周期。

(3) 汽车新旧程度与维护周期。汽车新旧程度不同,其技术状况的变化速度和故障出现的规律、频率也不同。应根据汽车新旧程度的不同，结合汽车使用说明书的规定，调整一、二级维护的周期。

7.2.3 车辆的日常维护

日常维护是各级维护中的基础维护作业，它所涉及的内容有坚持"三检"，即出车前、行车中、收车后对车辆的安全机构及部件连接紧固情况的检查；保持"四清"，即保持机油、电气、燃油滤清器和蓄电池的清洁；预防"四漏"，即防漏水、漏油、漏气和漏电；保持车容整洁。汽车日常维护是发挥车辆效率、减少行车事故、节约维修费用、降低能耗和延长车辆使用寿命的重要环节。

1. 出车前服务人员要检查的项目

(1) 清洁汽车外表，并检查报修项目是否修复良好，检查发动机缸体放水开关、散热器放水开关及储气筒放水开关是否关好。

(2) 检查燃油容量是否充足：检查润滑油容量，在机油标尺刻度线"MIN"和"MAX"之间为合适，且润滑油应无变质、变稀、渗水等现象；检查蓄电池电解液液面高度，应高出极板 10～15mm；检查冷却液容量，冷却液面高度应在膨胀水箱水位线"MIN"和"MAX"之间；检查轮胎气压是否符合标准：气压过高或过低时，应及时调整或补充充气。对于用液压操纵离合器、制动器的汽车，还应检查制动液容量；对于装有动力转向装置的汽车，还应检查液压油容量，视需添加。

(3) 检查汽车主要外露部位的螺栓、螺母等是否齐全有效、紧固可靠，视需紧固。

(4) 检查转向横、直拉杆，转向臂等连接件是否牢固可靠；检查转向万向节及万向节叉的连接紧固情况，视需紧固调整。

(5) 检查离合器、制动装置的操纵系统，其工作应灵活可靠、操纵轻便，制动效能应符合规定。

(6) 检查加速踏板操纵机构的连接情况，应操纵轻便、灵活可靠。汽油发动机还应检查行车门和阻风门的连接工作情况，柴油发动机还应检查断油机构的连接及工作情况。

(7) 检查幻光照明、指示灯信号、喇叭音量及刮水器等装置是否正常工作，齐全有效；检查后视镜是否完好；检查门锁、门窗玻璃及其升降机构是否齐全有效、操纵灵活。

(8) 检查车辆装载及乘员座椅是否符合规定，若拖带挂车，必须检查牵引装置和连接部件是否牢固可靠，挂车的安全防护装置必须齐全有效；检查备胎是否完好有效、固定牢固，随车工具是否齐全。

(9) 按照规定方法，起动发动机，检查发动机各部运转是否正常，查听发动机是否有异常响声。汽车各部位均不得有漏油、漏水、漏电、漏气等故障。当储气筒内气压高于441kPa时，气压报警灯应熄灭，各个仪表均应指示正常。

2. 行车中驾驶员要注意的事项

行车中的维护作业又可分为途中行驶和途中停车两种情况。

1) 途中行驶情况

(1) 发动机起动后，当冷却液温度高于50℃、储气筒气压达到441kPa时，车辆方能行驶。

(2) 行车中应随时查听发动机、底盘有无异响，注意有无异味。

(3) 离合器、变速器、转向系统、制动系统应操纵轻便、有效，工作正常。

(4) 随时注意观察各指示仪表指示车辆的工作状况是否正常，如有异常应立即停车检查，排除后或采取相应的急救措施后方可继续行驶。

(5) 行车中应随时注意观察各照明灯光、指示信号工作是否正常，如有异常修复后方可继续行驶。

(6) 经常注意货物装载状况和乘客的动态。

2) 途中停车情况

(1) 检查轮胎外侧、气压，及时清除胎面花纹中的杂物和轮胎间的夹石。

(2) 检查有无漏水、漏油痕迹，检查有无漏气声。

(3) 检查制动器有无拖滞发热现象。

(4) 检查转向机构等各连接部件是否牢固可靠。

(5) 检查拖挂装置是否安全可靠，安全防护装置是否齐全有效。

(6) 检查货物装载是否牢固，如有松动，应及时加固。

3. 收车后服务人员要检查的项目

(1) 清洁汽车外部，打扫驾驶室内部。

(2) 检查有无漏水、漏油印痕，查听有无漏气声，及时补充燃油、润滑油、冷却液等(有的汽车还需补充制动液、液压油等)。

(3) 冬季未加防冻液的汽车，应及时排出发动机冷却系统内的冷却液，以防冻结。放水开关有两个，一个在发动机气缸体的下部，手柄在进气管中部上方

(CA1092 在左下侧，EQ1092 在右下侧)；另一个在散热器出水管下方。放水时，应打开散热器加水口盖，将散热器和气缸体内的冷却水放尽。放尽后，应再起动发动机，怠速运转 2～3min。以防气缸体内残留的冷却液冻结，损伤气缸体。

(4) 冬季室外气温低于零下 30℃时，露天停放的车辆应将蓄电池拆下，放在室内存放，以免蓄电池电解液冻结。

(5) 检查各连接装置，外露部位的螺栓、螺母有无松动。

(6) 检查钢板弹簧总成有无断片、移位现象；减振器有无漏油现象，安装是否牢固。

通过进行日常维护，使汽车达到：车容整洁；螺栓、螺母不缺不松；油、气、水、电等不渗不漏；轮胎气压正常；制动系统、转向系统灵活可靠，操纵轻便，润滑良好；发动机、底盘无异响和异味；灯光、喇叭、刮水器、信号、仪表等工作正常。

7.2.4　车辆的二级维护

加强车辆的二级维护，在目前状况下是延长汽车使用寿命、减少故障发生、提高行车安全、保证运输任务顺利完成的必要手段。汽车在长期使用过程中，发生故障和损坏是不可避免的，相应的维护也是必需的。但由于汽车是一种复杂的系统，由数千个零件所组成，如何维护好汽车，确定最佳的维护周期不是一件简单的事情，因为要涉及车辆的技术或经济性、行驶安全性、运输任务的顺利完成。

根据交通部《道路运输车辆维护管理规定》《汽车维护、检测、诊断技术规范》等有关条款规定：我国车辆维护制度是贯彻安全第一、预防为主的方针，保障汽车运行安全的基本制度。车辆维护是指道路运输车辆运行到国家有关标准规定的行驶里程或间隔时间，必须按期执行的维护作业。道路运输车辆的维护分为日常维护、一级维护、二级维护。其中二级维护是由维修企业负责执行的车辆维护作业。二级维护同样要按期执行。道路运输经营业户和驾驶员，必须按国家或行业有关标准规定的行驶里程或间隔时间，对车辆进行维护作业，进口车辆及特种车辆需按出厂说明书的规定执行。

二级维护除一级维护作业外，以检查、调整转向节、转向摇臂、制动蹄片、悬架等经过一定时间的使用容易磨损或变形的安全部件为主，并拆检轮胎，进行轮胎换位，检查调整发动机工作状况和排气污染控制装置等。

汽车二级维护项目一：发动机。汽车二级维护需要检测发动机的怠速、中速和高速运转时的状况,气缸压力和真空度等是否符合标准,以及发动机通过三清三滤作业后的各项指标的情况是否符合规范。这个项目的检查相对一级维护而言,较为精细。

汽车二级维护项目二:离合器。这个项目是对离合器操作的方便性、平稳性、可靠性的检测,确保离合器在使用的时候方便、无异常、液压系统也没有漏油,使驾驶员更好地使用离合器。

汽车二级维护项目三:轮胎。检测轮胎的胎压是否正常,轮胎纹路里面是否夹杂碎石子等容易伤害轮胎的杂质,以及轮胎是否存在老化、鼓泡等现象;还要检测轮胎正常运行时是否与车厢底板有摩擦现象。

汽车二级维护项目四:整车检验。这个项目是检测车的整体情况,如车架的裂缝、螺丝的松动、照明的启用及行车时有无不正常的响声等。如有发现,则应立即检查、调整和排除,确保车辆正常行驶。

第8章 共享开取驾驶模式

8.1 共享开取驾驶案例概述

共享,即sharing,意指共同享有,强调用户在享有使用权的同时不用必须具有所有权。开取,即open access,意指开放的渠道,用户可按需取用。"开取"一词的概念我们可能并不熟悉,但是开取的生活方式却早已融入我们生活中。例如,自助餐、超市、开放的图书馆等,人们可以按照自身需求自主地去选择自己需要的物品。这种消费模式,淡化所有,强调共享,实现开取,绿色畅通。

共享开取驾驶模式是汽车共享模式的延伸。在共享汽车模式下,我们强调的是用户自我服务、随时用车、车辆共享,即租车、用车、还车全过程用户可完全自助,不需要直接与共享汽车机构的工作人员接触;随时用车是用户可以全天候随时订车并到附近停车场取用汽车,不需要等待或者走很远的路;车辆共享就是所有用户根据自己的需要共用汽车,不必购置私家车或乘坐出租车,着重强调用户的用车过程;而共享开取驾驶模式将资源进行进一步整合,将驾校车辆纳入共享系统,并融入虚拟驾校的概念,使用户学车、买车、开车的过程进一步简单化,让用户拿到驾照便有车开。

将电动汽车进行共享不仅可以减少私家车车主的用车成本,降低能源消耗和温室气体排放,缓解停车、拥堵等问题,还在一定程度上规避了电动汽车目前发展的主要瓶颈。

基于这种大背景，我们在电动汽车分时租赁的基础上与鲁科驾校合作，创造了"共享开取驾驶模式"。该模式在极大地方便驾校学员学车的同时，满足了有驾驶证但无汽车的学生的日常出行需求。

8.1.1 运营计划

公司前期预投入 10 辆车进行试运行，发展步骤如下：①将山东科技大学打造成电动汽车分时租赁样板，通过单点模式运营，逐步发展成熟；②将山东科技大学成熟的模式复制到青岛的其他高校，利用单点模式运营；③将电动汽车分时租赁发展成多点模式，将各大高校电动汽车分时租赁网络连接起来，不与社会并网；④与社会并网，建立自己的汽车分时租赁平台；⑤将各大汽车分时租赁平台连接起来，打造独一无二的汽车分时租赁总平台。

8.1.2 社会价值

共享电动汽车出行方式作为一种新的产业机会，借助网络 App 平台的便利性、实时性及驾校亟须转型的现状，通过发掘大众对新的出行方式的需求，将带来新的商业增长点。

(1) 合伙人：该项目目前已与青岛市政府进行协商，获得政策支持；与鲁科驾校、特锐德公司签订协议；同时依托山东科技大学进行技术支持。在政府、学校、企业多方支持、多方合作的形势下，电动汽车分时租赁将具有更好的前景，从而赢得更多的利润。

(2) 消费者(18～50 岁有驾驶证的大学生及白领阶层)：为广大消费者提供快捷、安全、方便、实惠的消费新体验。同时，消费者可以享受手机预约、自动取车、定点还车(前期)、以时计价、网上付款的特色服务。

8.1.3 应用前景

2015 年至今，中国的新能源汽车市场一直呈现突飞猛进的状态，各地的新政也在陆续发布。相对于之前的高额补贴政策，此轮新政更侧重于新能源汽车应用环境的建设，各地政策对新能源汽车路权的开放，促使用户选择驾驶电动汽车出行，电动汽车分时租赁成为用户最便捷的使用途径。

(1) 分时租赁实际上是一个汽车共享的概念，是指以小时或天计算、随取即用的汽车租赁服务，用户可以按个人用车需求和用车时间预订租车的小时数，其收费将按小时来计算。在车企的规划中，分时租赁具备更经济、更便宜的特点。不同于打车或者拼车，租赁模式具有自驾属性，节省了支付给驾驶员的人工成本，而且比打车和传统的租车有更高的支配车辆自由度。

(2) 提起购买电动车，很多人依旧持着一种观望的态度，这并不奇怪。虽然电动车既经济又环保，但使用上的不便，尤其是续航里程的限制，令其很难成为现今汽车消费的主流。分时租赁巧妙地避开了电动车载续航里程上的短板。选择分时租赁的用户一般出行时间和距离都较短。同时，建立电动汽车共享机制，将充换电设施进行共享，有效整合现有充换电网络，实现资源的优化配置，对电动汽车进行统一管理充电，可有效解决充电桩的限制问题。

（3）分时租赁将降低用户的使用成本。由于采用电能驱动并不消耗燃油，因此与传统内燃机汽车相比，电动车的使用成本几乎可以忽略不计，而这种优势最直接地体现在租赁价格上。相较于动辄数百元的传统汽车租赁价格来说，电动车的日租赁价格要低很多，一般一百多元便可租一辆车，而且在使用过程中车辆并不会额外产生燃油费用，由此吸引了大批客户愿意选择这种出行方式。

（4）用车无保险和保养费用。租赁电动汽车，用户无需承担电动汽车保险及保养费用，同时也不必面临动力电池衰减带来的问题。

（5）此项目前期的服务对象是在校大学生及家属区教师，在目前大学生不允许有停车位的情况下，分时租赁保证了大学生出行的便利性。

（6）对于驾校学员来说，能够较为省钱、快速、方便地拿到 C2 驾驶证，因此可以吸引大量的学员来增加驾校的收益，进而推动企业的发展。

（7）政府扶持、高校嫁接的背景，使得企业具有更为广阔的发展前景。

8.1.4 发展规划

（1）初期：区域试点(单点)。初期以山东科技大学鲁科驾校试点运营为主，成功推广项目运营模式。

（2）中期：网络优化(模式复制)。中期在初期运行的基础上，对试点在高校间进行复制、移植、拓展，形成高校间汽车租赁的网络布局。

（3）长期：地区融合(共享开取)。打通中国最大的区域性生活特色出行方式的移动互联网平台，占据现有出行方式的主导地位。

8.1.5 竞争壁垒

（1）运营优势："互联网+"模式下的汽车共享运营新模式。通过智能电桩、纯电动轿车、管理平台构筑起全新的城市绿色智能出行方案。该试点投入使用后，可实现科技大学内的办公、班车及教师上下班、学生购物等用车需求，并可根据运行中各种需求及时增加服务点和车辆。

（2）团队优势：政府、企业、高校结合的运营体系。政府在新能源汽车及配套设施上给予一部分补贴；企业为初期建设提供资金及管理型技术人才；山东科技大学交通学院的加入为团队注入了专业性人才，为项目的运营提供了技术保障。

(3) 模式优势：在与驾校结合的"分时+自助+分享"新模式下，给用户以便捷、经济、环保、时尚的出行新体验，能够有效实现节约资源、缓解交通拥堵、改善城市环境的目标，是建设生态化城市循环的一种新的交通解决方案。

(4) 个性化服务：选择驾校作为本项目的切入点，是现存驾校的一种转型提升，能够在吸引大量学员的基础上，赢得更多的利润。对学员来说也是一种新的机会，不用再担心学车难的问题。同时也为山东科技大学交通学院的学生提供了便利的实习基地。实现共赢的局面。汽车租赁的出现同时解决了大学生考完驾照以后，买车难、停车难的多种后顾之忧。

8.2 共享开取驾驶模式概述

共享开取驾驶模式的突出特点是纯电动汽车、分时租赁、全程自助、网点借还、安全保障，其特点如图 8.1 所示。

纯电动汽车；
北汽 E260；
无需支付油费；
绿色出行、节能环保

(a) 电动汽车

按分钟收费；
短时：0.36 元/min；
日租：0.1 元/min；
时段租：09:00—17:00，0.2 元/mm；17:00 至次日 9:00，0.07 元/min

(b) 分时租赁

手机 App；
全程自助租还车；
就近停车、刷卡取车、租车网点还车、结算

(c) 全程自助

网点租车、还车

(d) 网点借还

保险救援
无忧出行
安全保障

(e) 安全保障

图 8.1 共享开取驾驶模式的特点

共享开取驾驶模式的平台架构如图 8.2 所示。

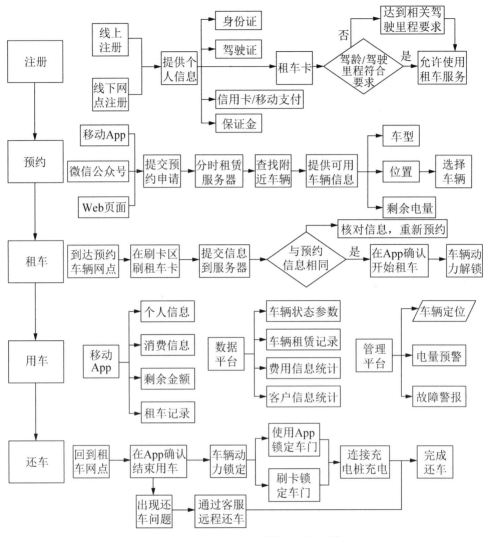

图 8.2 共享开取驾驶模式的平台架构

8.2.1 技术支撑

建立电动汽车共享机制,需要利用无线标识与传感技术,实现电动汽车等物理实体的标识和传感数据的采集;利用无线通信技术、移动通信技术和互联网技术,实现海量数据的传输;利用云计算技术和大数据技术,实现数据的存储、查询、分析、挖掘和利用,达成对电动汽车共享系统的智能监控、数据安全保障和低成本高质量解决方案供给及 App 开发应用,为智能终端应用提供技术支持和平台支撑;最终架构成要素资源配置优化,电动汽车、动力电池、充换电站、充电停车位和数据信息共享的电动汽车共享技术平台,其结构示意图如图 8.3 所示。

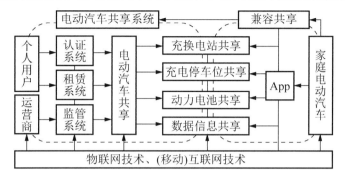

图 8.3 电动汽车共享系统技术架构

各共享主体通过手机、车载智能设备等智能终端获得相应的共享服务。①便捷化的认证系统:该系统可实现一系列智能的自动注册申请审批和计量收费工作,包括身份信息和驾驶证的审核、会员费的收取、会员卡的制作与寄送、驾驶记录的认证、费用的计量与支付电子账单的生成与发送等。②自助化的租赁系统:该系统可为用户提供实时信息查询、位置信息、车况信息、行驶路线导航、车辆租赁、充换电设施使用及预约服务。③智能化的监管系统:该系统包括电动汽车监管、动力电池监管和充换电设施监管,系统应用传感设备、视频设备和远程控制设备等,进行视频监控、安防监测、车况监测、车辆调度和远程控制等。

充电桩的建设由共享开取驾驶项目与特来电公司合作完成。特锐德是世界上最大的高端箱式电力设备研发、生产基地,中国箱变产业领军者,特来电作为其全资子公司主要从事新能源汽车充电网的建设、运营及互联网的增值服务等。用于共享的充电桩由特来电公司建设完成,具体情况如下。

1. 充电终端

1) 单体壁挂式充电终端

外形尺寸为 315mm×208mm×450mm,适用于靠墙的车位,可根据使用需求配套 125A 或者 250A 两种充电枪,满足 GB/T 20234.2—2015《电动汽车传导充电用连接装置 第 2 部分:交流充电接口》要求,设置急停开关,满足应急情况下的紧急停电需求。其外形如图 8.4 所示。

2) 单体落地式充电终端

外形尺寸为 400mm×200mm×1136mm,适用于单排车位安装,用于单车单枪充电,可根据使用需求配套 125A 或者 250A 两种充电枪,满足 GB/T 20234.2—2015《电动汽车传导充电用连接装置 第 2 部分:交流充电接口》要求,设置急停开关,满足应急情况下的紧急停电需求。其外形如图 8.5 所示。

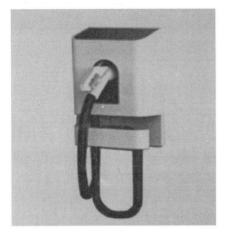
图 8.4　单体壁挂式充电终端

图 8.5　单体落地式充电终端

3) 背靠背落地式充电终端

外形尺寸为 400mm×350mm×1136mm，适用于背靠背车位安装，用于两车单枪或者单车双枪充电，可根据使用需求配套 125A 或者 250A 两种充电枪，满足 GB/T 20234.2—2015《电动汽车传导充电用连接装置　第 2 部分：交流充电接口》要求，设置急停开关，满足应急情况下的紧急停电需求。其外形如图 8.6 所示。

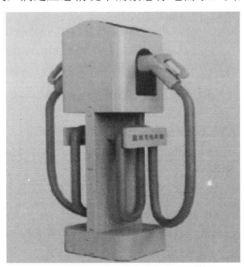
图 8.6　背靠背落地式充电终端

2. 充电方式

(1) 即插即充型：充电枪插到车上自动识别确认，不需要操作就可以开启充电业务。云平台可以记录每次充电的业务数据，并根据用户需求出具报表。

(2) 就地操作台：充电枪插到车上后，需要通过一个控制台来开启充电。开启充电的时候，不会区分用户。

(3) 手持式调度充电软件：充电枪插到车上后，需要通过控制台来开启充电。操作台上会显示充电状态、充电参数等信息。

(4) 刷卡操作：通过刷卡的方式可以实现开启充电业务，后台记录充电业务数据。

(5) 充电扫码：通过特来电 App 扫描充电终端上的二维码，可以开启充电业务。可以通过 App 直接进行线上结算。

3. 充电站监控方案

(1) 充电站监控：实时查看所有运营电站的信息，监管当前终端工作状态、充电历史记录等，跟踪充电站、各终端的历史数据并进行数据分析。

(2) 交流充电监控：可以实现车辆的电压、电流、充电电量的实时监控。

(3) 直流充电监控：除了可以实现车辆的电压、电流、充电电量的实时监控外，还可以通过车上的电池管理系统获取一些车辆的电池信息。

4. 充电站应急组织架构

充电站应急组织架构如图 8.7 所示。

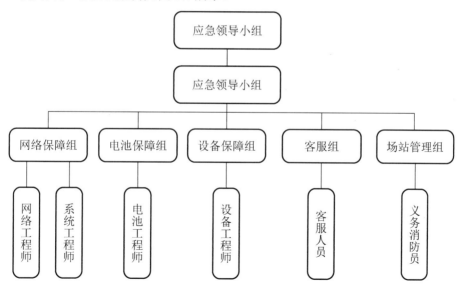

图 8.7　充电站应急组织架构

5. 安防监控方案

安防监控方案如图 8.8 所示。

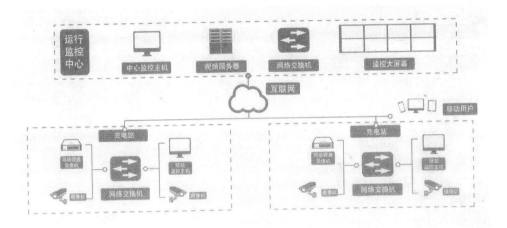

图 8.8　安防监控方案

6. 环境监测方案

环境监测方案如图 8.9 所示。

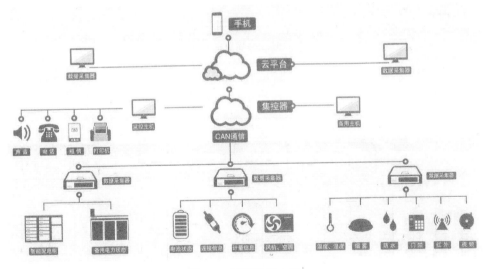

图 8.9　环境监测方案

7. 车辆监控方案

车辆监控监管举措主要包括以下内容。

（1）汽车监控：实时监控当前所有汽车上线率，掌控所有汽车的运行、停放、充电状态。

(2) 单车情况监控：准确掌握单车信息，实施追踪单车的行驶数据、电池数据、预警数据和故障数据。

8.2.2 项目配套情况

1. 收费制定

1) 前期投入

(1) 28 个充电桩(政府补贴)。

(2) 10 台电动汽车(北汽 E260，15 万/辆)，共 150 万元。

(3) 软件开发费用。

(4) 一卡通费用、员工费。

(5) 车辆维护费。

(6) 宣传推广费用。

2) 预计收入

(1) 5 辆车作为教练车。预期收入如下：收取驾校报名提成 1000 元/学员，考试中心每月给驾校 40 个考试名额，一年约计 400 个名额。收入共计 400×1000=40(万元/年)。

(2) 剩余 5 辆车作为分时租赁共享车。具体租赁费用(参照真情巴士收费标准，时间+里程=租赁价格)见表 8-1。

表 8-1 租赁费用

车型	小时租/元	日租/元	时段租(元)		月租/元
			09:00—17:00	17:00 至次日 09:00	
北汽 E260	21.8 (相当于 0.36 元/min)	158 (相当于 0.1/min)	99 (相当于 0.2 元/min)	65 (相当于 0.07 元/min)	4700 (相当于 0.1 元/min)
里程费为 0.25 元/km					

按日租 158 元/辆，一个月按 15 个出租日计，一年收入共计约 158×15×5×12=14.22(万元/年)。

经初步预算，一年收入约 54.22 万元，3 年内回本。

注：对于非整天(24 小时)的租期，租期不超过 7h，以小时价格计算，不足 1h 按 1h 计算；租期超过 7h 不超过 24h 的，以一天价格计算。对于非整月(30 天)的租期，租期超过 1 天不超过 29 天的，以天价格进行计算。

2. 安全保障

在安全保障方面,我们借鉴 PP 租车的共享租车风控体系,从共享行为的开始、运行、结束 3 个环节全程把关,确保安全。

首先,在个人信息注册环节。预约租车的用户必须提交真实有效的相关资料,主要包含身份证和驾照信息,且相关信息需要通过公安部身份信息系统的实名认证,以及交通局驾驶证信息系统的驾照信息和驾驶记录核查,严格甄选租客,拒绝有恶劣驾驶记录和犯罪行为者。平台可以在系统内查询到租客的租车信用记录和身份信息。同时,通过人脸识别技术验证租车人的真实性,避免冒用别人信息进行驾驶的行为。

除此之外,可以考虑联合小猪短租、你我贷等活跃于网贷、租车和房屋短租等领域的 P2P 平台成立"诚信联盟",联盟成员内共享各自诚信黑名单查询权限方式进一步完善和提升风控体系。例如,2015 年 7 月 15 日,宝驾租车筹建的首个全国性汽车租赁诚信信息咨询服务平台"车立信"便可实现联盟商家的黑名单共享。

其次,在汽车出租环节。建立 7×24h 智能风险识别系统,借用 GPS/GIS 技术,对出租的车辆异常行驶轨迹等关键操作进行智能识别、实时监控。可以考虑与一定辖区范围内的公安机关建立高效的联动机制,一旦发生丢车事件,与公安机关配合积极追回车辆(后续过程中,当规模继续扩大时,可以考虑投放具备远程自动锁死功能的车辆,并加设电力围栏,一旦车辆出现越界情况,车辆自动向监控中心发射报警信号,便于监控中心接收,并在车载显示屏上对驾驶员进行预警,将调度信息发送给驾驶员。如果驾驶员仍不按预定轨道行驶,则通过远程控制,将发动机进行锁死,便于追回车辆)。

最后,租车行为结束之后。虽然共享的汽车进行了联网和实时监控,但仍可能出现信息延迟的情况。例如,车辆违反交通规则,出现违法违规行为,无法同步获得交警大队的信息,可以考虑追查到个人。可以通过核查违规行为发生的时间段再追寻到这一时间段的租车人,从而确定事故赔偿。

总的来说,私家车出现违章问题或交通事故时找车不找人,而分时租赁的原则则是找人不找车。出车期间一切的违规、违法问题都由租客负责,而这需要相应的保险作支持。我们考虑引入交强险外保险险种。这是保险公司为有效解决车辆租用期间的租客风险,根据 P2P 租车需求及风险状况设计出的国内第一款租车责任保险产品。此险种作为交强险的超赔保险,优先于机动车辆损失保险及车辆三者商业保险进行赔偿。

此外，还可以借鉴支付宝的芝麻信用模式，为每个租客建立诚信档案，对于租车期间从未或较少出现违规驾驶行为、未出交通事故的租客实行奖励制度，租车给予适当的价格优惠，或者在用车时享有优先选择权，形成一种良好的共享机制。

8.3 共享开取教练车

随着驾驶模拟器在驾驶培训中的推广使用，"模拟+实车"这种训练模式逐渐引起人们的关注。驾校也已采用"模拟+实车"这种组训方式，在原有训练车的基础上添加模拟驾驶系统，这样能够提高训练效率，减少训练时间。

这种驾驶模拟器的应用，在减少因驾驶员人为因素导致的恶性交通事故、降低交通事故带来的经济损失、保障交通顺畅等方面有着巨大的帮助。一项研究发现，与有经验的驾驶员相比，新驾驶员更容易发生交通事故，而使用驾驶模拟器能有效降低交通事故的发生。同时，还能使驾驶培训在资源匮乏的今天，走出一条低成本、低损耗的可持续发展道路。

8.3.1 仿真驾驶模拟器

驾驶模拟器由软件部分和硬件部分组成。软件部分由视景生成系统、车辆模型和交通模型等组成。硬件构造主要由驾驶舱、操作部件、仪表板、传感器、计算机及大屏幕显示设备等部分组成。其中，操作部件和仪表板采用实车配件，并参照实车的操作部件及仪表板的位置关系进行安装。下面主要介绍软件部分。

根据培训的需要，实验选择两种模拟器即模拟器 1 和模拟器 2 进行培训。模拟器 1 具有与实车完全相同的操纵机构，模拟器 2 训练场景较为逼真，训练环节更加细化。下面简单介绍实验采用模拟器的具体情况。

1. 模拟器 1

1) 系统简介

模拟器 1 仿真软件是专为培训型模拟器配套开发的最新视景软件。该软件是根据中华人民共和国交通行业标准 GB/T 30340—2013《机动车驾驶员培训机构资格条件》及 JT/T 378—2014《汽车驾驶培训模拟器》的要求，结合现代汽车培训的需求研制开发的，包括 5 项场地考试训练、驾驶中常见的安全隐患情形模拟训练等。

2) 软件的基本功能和训练内容

驾驶模拟器软件包括被动驾驶训练和主动驾驶训练两大模块。其中被动驾驶训练根据预定的设计呈现虚拟场景,用于驾驶培训的初级阶段;主动驾驶训练根据驾驶员操作信息,实时计算、呈现虚拟视景,用于汽车驾驶培训的中、高级阶段。其中被动驾驶训练模块包括一般道路、高速公路;主动驾驶训练模块包括一般道路、高速公路、城市道路、山区道路、危险场景、倒库训练、场内路考(C5项)。图 8.10 所示为模拟器选项主页面。

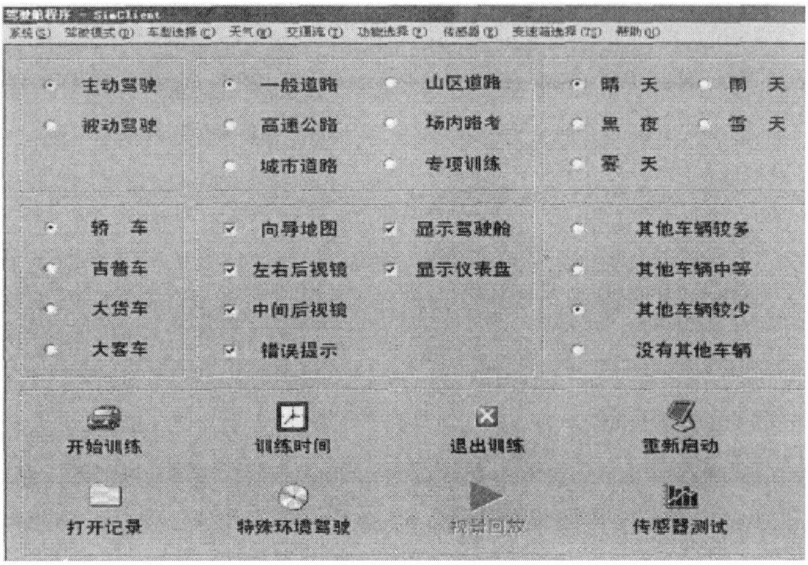

图 8.10 模拟器选项主页面

驾驶模拟舱主要由底板、座椅、转向盘、挡位等部件组成。图 8.11 所示汽车驾驶模拟器训练场景,为汽车模拟器操作提供操纵平台;运动平台与伺服机构共同构成了空间六自由度的运动系统,并为汽车模拟器的驾驶舱随视景变化而产生相应的运动提供驱动力;投影机与大屏幕组成驾驶视景显示平台,为驾驶员训练实时呈现三维动感驾驶视景;音响设备播放汽车驾驶运动中的声音,在听觉上给驾驶员一种真实感;主控计算机是整个驾驶模拟器的核心部件,主要实现运动姿态计算、视景生成、声响合成 3 方面的计算。

驾驶员操纵操作部件,使得与操作部件直接相连的传感器发生变化,从而引起电信号的变化。信号采集及处理子系统按照一定的精度定期采集传感器上的信号,并进行滤波等处理。处理后的信号作为车辆动力学模型子系统的输入,经过车辆动力学模型计算出的结果送入显示系统进行图形显示,送入音响系统进行声音模拟,以及送入仪表系统进行仪表显示。

图 8.11 模拟器训练场景

该培训系统软件的主要特点如下。

(1) 新颖的用户界面和操作菜单，使用方便、灵活。
(2) 采用最新汽车动力学模型，运动精确。
(3) 真实的道路及景观数据采集，场景逼真。
(4) 设置了常见的驾驶安全隐患训练项目，这是实训中望尘莫及的。
(5) 设置了场内 5 项考试整体式和分项式训练科目。
(6) 提供标准 RS232 通信接口，可与模拟器 IC 卡计时器连接。

2. 模拟器 2

1) 系统简介

模拟器 2 训练机仿真度高达 90%，能够很好地模拟真实的道路驾驶环境。该驾驶训练机的转向盘、节气门、离合器、制动、挡位、仪表、操作方法与真车基本一致，具有真车的全部感受，为全球首创产品。

2) 软件的基本功能和训练内容

软件采用三维地形模块，利用计算机三维虚拟仿真技术，产生逼真的三维立体的道路驾驶场景，系统采用图形运算加速和高速显示系统，具有很强的身临其境的感觉，可以根据教学任务选择不同的系统地形。包括各种天气状况；各种交通地形，如立交桥、涵洞、十字路口、坡道等；多种情况下驾驶、会车、跟车、碰撞等情况。

该软件包括基础知识、基础训练、场地训练和综合训练 4 个模块。其中，基础知识包括原地驾驶、汽车构造和基本操作；基础训练包括原地起步、换挡变速、定点停车、倒车练习和掉头练习；场地驾驶包括倒车入库、直角转弯、曲线行驶、坡道定点停车与起步和侧方停车；综合训练包括城市驾驶、高速路驾驶、坡道隧道驾驶、山区驾驶、小区驾驶和复杂场景条件下驾驶。图 8.12 所示为训练选项页面，图 8.13 所示为场地驾驶训练界面。

图 8.12　训练选项页面

图 8.13　场地驾驶训练界面

该培训系统软件的主要特点如下。

(1) 三维图、错挡行驶熄火、转向盘启动时微震、力回馈和位移等路感信息的模拟，让模拟驾驶有了真车训练的感觉。

(2) 模拟汽车在各种路面环境和天气状况下的行驶状态。

(3) 严格按照驾驶学习大纲要求监控学员操作动作，语音纠正错误动作。

8.3.2　驾校模拟器数据采集

汽车驾驶模拟器数据采集系统可以与学员 IC 学习卡互联，既可以给学员行驶行为打分，还可以记录学员使用记录，做到智能匹配学员信息。在教练车安装模拟器系统，通过模拟驾驶可以记录学员的行驶行为，在真正路试时，可以纠正学员的驾驶陋习，提高学车效率，做到安全驾驶。由图 8.14 可知，汽车驾驶模拟器数据采集系统通过传感器对仿真驾驶舱中各可操纵机构的状态进行检测，并将检测结果发送至中心控制系统，由中心控制系统通过汽车动力学模型及当前路况信息计算出当前速度、加速度、方向、位置等信息，然后计算机将处理数据传送到视屏设备，达到仿真的目的。

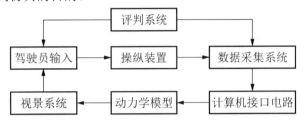

图 8.14　汽车驾驶模拟器工作原理图

汽车驾驶模拟器的数据采集是我们能否获取路面信息、道路交通环境数据和驾驶舱信息，进行相关数据传递和处理，最终构建一个产生"沉浸感""交互感"的汽车驾驶模拟器的关键。

在研究传统汽车驾驶部分数据采集的基础上，使用一个汽车驾驶模拟器数据采集系统的原型，其体系结构如图 8.15 所示。

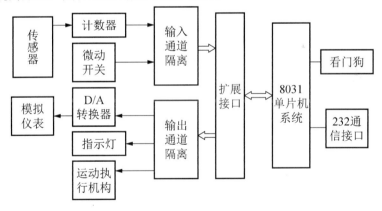

图 8.15　汽车驾驶模拟器数据采集系统结构图

1. 检测装置传感器

汽车模拟驾驶装置中需检测的操纵机构有转向盘、变速杆、离合器、节气门、制动踏板与驻车制动等的手柄或踏板装置以及电源、点火、转向灯等的各种开关。其中对转向盘、离合器、节气门、制动踏板与驻车制动的检测输出信号应能反映操纵机构的位置及运动方向，其他则为开关状态的变化。对于开关信号，可通过附加于操纵机构上的微动开关进行提取。而对于反映操纵机构位置及运动方向的信号检测，则通过附加于操纵机构上的检测装置进行。

1) 转向盘传感器

转向盘传感器主要由遮光盘、光电耦合组件组成。在转向盘的转向轴上装遮光盘，夹于遮光盘两侧的是两组光电耦合组件。遮光盘整个圆周上均匀地开有许多槽。当转向器旋转时，盘上的槽和齿使光电耦合组件之间的光进行通断。相关电路由通断的速度可检测出转向器的转动速度；由光电耦合组件内晶体管通断产生的脉冲的相位差，可检测出转向器的转动方向，如图 8.16 所示。

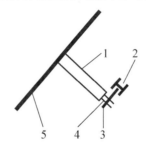

图 8.16　转向盘信号采集

1—套管；2—光耦组件；3—遮光盘；4—转向轴；5—转向盘

2) 变速杆、制动踏板与离合器传感器

根据离合器踏板、制动踏板和变速杆的操纵特点使用了一种开关式传感器，通过相应的机械机构分别安装在离合器踏板、制动踏板和变速器拨叉轴上，如图 8.17 和图 8.18 所示。

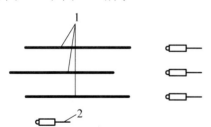 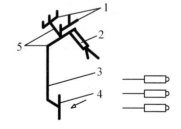

图 8.17　变速杆拨插轴信号采集　　　　图 8.18　离合器(制动踏板)踏板信号采集

1—拨叉轴；2—传感器　　　　　　　　1—模拟器台架；2—传感器；
　　　　　　　　　　　　　　　　　　3—铰链；4—离合踏板；5—弹簧

3) 加速踏板传感器

加速踏板传感器原理类似于转向盘传感器。由于加速踏板角位移较小，所以其遮光盘采用一个扇形齿盘。遮光盘通过一系列传动杆件与加速踏板相连。

2. 系统电路

1) 硬件接口电路

硬件接口电路把来自数据采集系统的电信号进行处理变换后送入计算机。其中转向盘传感器和加速踏板传感器脉冲信号的接口电路设计，采用鼠标与计算机的接口电路的工作原理；离合器踏板传感器、制动踏板传感器和换挡传感器的开关信号的接口电路采用 101 键盘的工作原理。

2) 脉冲计数电路

以转向盘为例，采用 EPC-755A 光电编码器对其旋转角度进行脉冲计数。转向盘转向为顺时针或逆时针，故需双向计数。同时计数前对编码器的输出进行鉴相，如图 8.19 所示。

其中鉴相电路由一个 D 触发器和两个与非门组成，计数电路由 3 片 74LS193 组成。

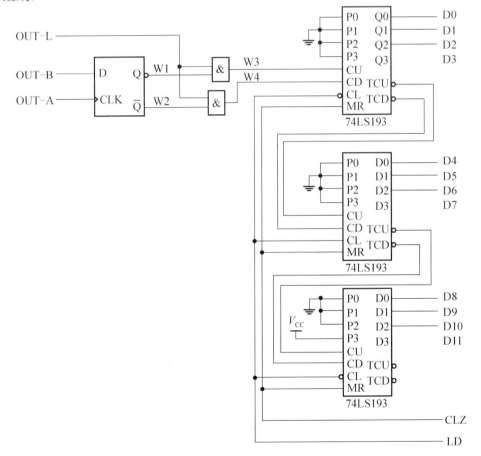

图 8.19 脉冲计数电路

3. 系统抗干扰

为防止各种电气干扰通过信号通道进入单片机系统，引起单片机程序跑飞而造成系统"死机"，各信号通道均通过光电耦合器隔离后接入扩展接口。同时，在信号检测过程中，当读/写扩展接口上的数据时，采用先写命令字，再读/写数据的指令冗余方法，保证了在采集数据时，扩展接口总处于正确的工作状态。采用上述硬件/软件抗干扰措施大大提高了系统的抗干扰性能，为系统工作提供了可靠的保证。

第9章 自动驾驶与共享汽车

9.1 自动驾驶

9.1.1 自动驾驶概述

1. 定义

自动驾驶汽车(autonomous vehicles 或 self-piloting automobile)又称无人驾驶汽车、计算机驾驶汽车或轮式移动机器人,是可通过车内智能驾驶仪实现无人驾驶的智能汽车。

如图 9.1 所示,自动驾驶系统组成包括车载雷达、计算机处理系统,激光测距仪,微型传感器、视频摄像头、计算机资料库等。自动驾驶汽车需要感知车辆和周围物体间的距离,激光射线可以满足这一技术要求,车顶安装能够发射激光射线的激光测距仪,通过从发射到接触物体反射回来的时间,车载计算机便可计算出和物体间的距离。

车辆为了能够避开道路路障和提前做出处理,需要车载雷达探测行驶中车辆周围的固定路障。车辆为了更好地探测路障,车载雷达的布局方式采用前三后一的安装格局。安装在车后方的雷达探测在车辆变换车道时左右后方是否有车,由于车顶的激光测距仪激光反射具有盲点区域,车后雷达弥补这一不足,达到防止车辆发生侧面撞击,同时在车辆倒车时,判断车辆的倒车距离,防止发生倒车碰撞。安装在车前的三个车载雷达，能够探知车前方是否有路口及是否有车制动动作，雷达把探测信息传递给车载计算机，系统对探测信息进行判断和处理，并作出相应指示操作。

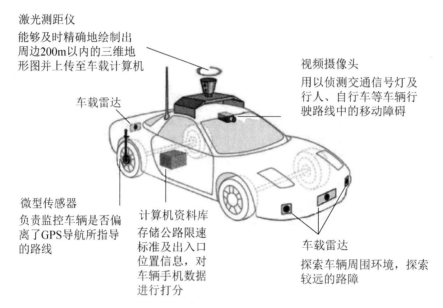

图 9.1　自动驾驶汽车的工作原理

如图 9.2 所示，在车辆底部装有雷达、超声波、摄像头等设备，能够检测出车辆行驶方向上的角速度、加速度等一些重要数据，再利用卫星定位系统传输的数据经行整合处理，能够精确计算行驶车辆的具体位置。安装在车辆的微型传感器能够监控车辆是否偏离 GPS 导航仪指定的行驶路线，而道路的宽度、交通信号灯以及车辆行驶的道路信息是通过车载摄像机捕获的图像经行判断分析处理的。

如图 9.3 所示，自动驾驶汽车为保障车辆在道路上正常行驶，符合交通法规，必须在车辆车头安装摄像头对道路地面进行分析判断，避免发生占道、偏离路线以及行驶错道。车辆在通过交通岗时，要利用车载雷达进行对人、车、物的分析判断，避免发生交通事故。车辆对交通信号的判断是通过视频摄像关捕获的实时图像，再结合雷达测量的路口距离，分析处理后对车辆做出停车、行驶，加速、减速等指示，从而提高交通效率，达到无人驾驶的目的。

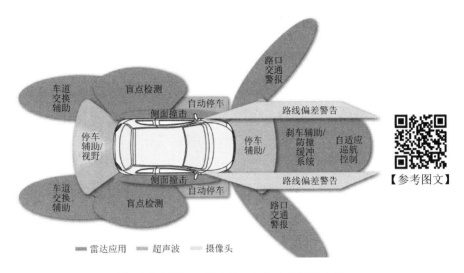

图 9.2 自动驾驶汽车雷达、超声波、摄像头范围及应用

图 9.3 自动驾驶汽车在道路口的判断

可以说,自动驾驶汽车技术是一门集合了自动控制理论、人工智能理论、视觉计算理论、程序设计技术、组合导航技术、传感器技术、信息融合技术等多种理论及技术的多学科、多行业的综合技术,是计算机科学、模式识别和智能控制技术高度发展的产物,也是衡量一个国家科研实力和工业水平的重要标志,在国防和国民经济领域具有广阔的应用前景。同时,随着我国汽车保有量的增加,道路交通拥堵现象越来越严重,每年发生的交通事故也在不断增加,而自动驾驶技术由于很好地排除了驾驶员不良行为因素的干扰,对于更好地解决道路拥堵,提

高交通系统效率具有重要的意义。有研究表明，一个年轻敏捷的驾驶员，通常对各种情况做出及时反应的时间不超过 500ms，自动驾驶系统做出及时反应的时间不超过 100ms，安全性更高，而且还可以将该系统装在大型货车上，替代疲劳驾驶的驾驶员，从而大大降低事故的发生率。

2. 研究意义

(1) 使车辆的自主驾驶行为可测、可控。驾驶员对车辆的驾驶行为受到自身驾驶技能、对车辆性能及道路信息的理解能力、个人驾驶习惯和处理紧急事故的心理状态等多方面的影响，因人而异，具有很强的随机性。然而在设计自动驾驶汽车的自主驾驶系统时，由于对外界的感知及对系统的分析都是通过计算机进行处理计算的，排除了驾驶员个人因素的影响，从而使车辆的驾驶行为具有可预测性，这一点在车辆安全出行方面所带来的好处是毋庸置疑的。

早前 Google 的机器人专家 Sebastian Thrun 曾预计，自动驾驶汽车推广普及后能够减少 90%的交通意外。而来自 Eno Center 的一份报告中也曾提到，如果道路上行驶的汽车当中，自动驾驶汽车比例上升至 10%，那么每年将可减少超过 370 亿美元的损失；而如果自动驾驶汽车的比例上升至 90%，则每年因交通意外减少所带来的价值将达到 4471 亿美元。

(2) 提高车辆系统对环境的快速反应能力。大量的实验研究及对数据的分析表明，人类驾驶员对外界突发事件的反应时间远远大于计算机的反应时间。例如，驾驶员操作制动系统的反应时间一般在 0.4～1.5s，对于进行车辆转向的反应时间甚至更长；而采用计算机处理后，可以将制动反应时间控制在 0.3s 甚至更少。这不仅增加了智能交通系统的运输能力，而且增强了车辆的安全稳定性。

(3) 改善了车辆对环境的感知精度。人类对环境的感知不可能像电子传感器那样精确，电子传感器的使用使得自动驾驶汽车在对外界复杂环境感知上变得更加准确，提高了车辆的操控准确性。

(4) 自动驾驶汽车控制系统的开发也可以针对其他特殊场合，如探索人类很难适应的恶劣环境、有危险性的科学研究及军事领域等。特别是在军事领域中的应用，由于驾驶员的驾驶水平、心理素质、反应能力等使得对特殊状况信息不能快速做出决策，无人驾驶的开发就为其提供了平台。

(5) 方便特殊人群的出行。现在很多国家都存在老龄化的问题，2016 年末数据显示，中国 65 岁以上的人有 15003 万，占总人口的 10.8%，今后这个比例还会增加，这些人由于年纪大，出行不便。另外，社会上还有相当大比例的残疾人及患有身体疾病的人无法获得机动车的驾驶资格。自动驾驶汽车的使用,无疑大大便利了这部分人的出行。

(6) 降低私家车保有量,缓解交通拥挤。随着自动驾驶技术的提升及自动驾驶汽车的普及,驾车出行会更加方便。这时很有可能会出现:只需要拨一个电话,汽车租赁公司就会派一个自动驾驶汽车过来接你到达目的地。出于这种便捷性,可能会有越来越多的人选择这种出行方式。这样一来,居民的购买欲就会降低,私家车的保有量也会大幅度降低,由于汽车保有量不断上升带来的交通拥挤、能源危机、环境污染等问题也会得到相应改善。同时由于自动驾驶技术的优势,车辆行驶间距可以更小,道路的使用效率也会更高。

除此之外,采用自动驾驶系统还可以解放双手,对于缓解驾驶员疲劳具有重要意义。需要注意的是,自动驾驶汽车是未来汽车发展的方向。但这并非要完全替代驾驶员,目前市面上的自动驾驶技术也只是一种智能辅助。例如,2015年宝马7系汽车推出的"增强型驾驶辅助功能",就禁止驾驶员双手同时离开转向盘。当车辆检测到驾驶员双手同时离开转向盘时,大概几秒钟后就会有动画提示驾驶员至少将一只手放在转向盘上。如果此时驾驶员仍然不将手放到转向盘上,"增强型驾驶辅助功能"就会进入待机状态。

目前自动驾驶汽车适合在路况、交通状况都相对简单的领域和场合使用,比较适合从事旅游、应急救援、长途客货运输和军事领域等,也可以用作校园、工业园、公园、机场和地铁等相对封闭的特定环境和特定区域内的短途客运工具,如从校园门口到教学楼、从地铁站到工业园区或居民小区的短途客运。

3. 研究现状

自动驾驶汽车的研究始于 20 世纪 70 年代,目前在可行性和实用性方面,美国和德国走在前列。美国是世界上研究自动驾驶汽车较早、水平较高的国家之一。早在 20 世纪 80 年代,美国就提出自主地面车辆(Autonomous Land Vehicle,ALV)计划,这是一辆 8 轮车,能在校园的环境中自主驾驶,实现了良好路面的低速驾驶功能。目前国外自动驾驶汽车取得较好成果如下。

(1) VaMoRs 和 VaMP 智能车的研究。1987 年德国慕尼黑联邦国防大学在奔驰公司的赞助下,研究设计了 VaMoRs 智能车,在当时该智能车已经创下了 96km/h 的纪录,然而他们的研究并未停止,经过短暂的几年努力,该智能车就完成了高速公路及较好的城市交通路上的自主行驶。后期他们研究设计的第二辆无人车 VaMP(图 9.4),已经可以在高速路上完成给定路径的跟踪、车道识别、超车等功能,并创下了 160km/h 的纪录。

图9.4 VaMP无人车

(2) Navlab 智能车的研究。1981 年起，在政府及汽车公司等多方面的资助下，美国卡耐基梅隆大学也开始了对自动驾驶汽车的研究，其中他们研制的 Navlab5 横穿了美国大陆，全长 4086km，其中 98%的路程是车辆自主驾驶完成的。此次行程中，智能车仅完成方向控制，而不进行速度控制(加速踏板及挡位由车上的参试人员控制)。

(3) PAIH 智能车的研究。美国加州理工大学在当地政府的支持下，对无人车在不同道路行驶时进行了详细的研究，为后期车辆在众多道路上建立车辆纵向控制、侧向控制模型奠定了坚实的基础，对无人车智能化的研究有非常重要的借鉴意义。

(4) 丰田汽车公司 2000 年开发的无人驾驶公共汽车。这套公共汽车自动驾驶系统主要由道路诱导、车队行驶、追尾防止和运行管理等方面组成。安装在车辆底盘前部的磁气传感器将根据埋设在道路中间的永久性磁石进行导向，控制车辆行驶方向。

(5) 德国汉堡 Ibeo 公司 2007 年推出的自动驾驶汽车。德国汉堡 Ibeo 公司在自动驾驶技术方面的研究位于世界前列，其在 2007 年推出的自动驾驶汽车由德国大众汽车公司生产的帕萨特 2.0 改装而成，外表与普通家庭汽车并无差别，却可以在错综复杂的城市公路系统中实现自动驾驶。行驶过程中，车内安装的全球定位仪随时获取汽车所在准确方位的信息数据。隐藏在前灯和尾灯附近的激光扫描仪是汽车的"眼"，可随时"观察"汽车周围约 183m 内的道路状况，构建三维道路模型。除此之外，"眼"还能识别各种交通标识，如速度限制、红绿灯、车道划分、停靠点等，保证汽车在遵守交通规则的前提下安全行驶。最后由自动驾驶汽车的"脑"——安装在汽车行李箱内的计算机，将两组数据汇合、分析，并根据结果向汽车传达相应的行驶命令。多项先进科技确保这款自动驾驶汽车能够灵活换挡、加速、转弯、制动甚至倒车。在茫茫车海和人海中，它能巧妙避开建筑、障碍、其他车辆和行人，从容前行。

(6) 2010 年，Google 公司研制的自动驾驶车辆开始了城市道路的行驶测试，截至 2012 年 8 月 8 日，这些自动驾驶汽车已经安全行驶了 48 万 km，超过了大部分普通轿车的生命周期。2012 年，美国内华达州机动车辆管理局为一辆搭载 Google 智能驾驶系统的汽车颁发了牌照，这也使得自动驾驶汽车开始真正驶入普通人的视线。

(7) 奥迪于 2013 年 CES 上展示了一辆具有自主泊车系统的 A7。该车可以通过与智能手机相连而进行直接控制。在演示过程中，该车时速没有超过 10mile（1mile≈1.6km）。2015 年后，该车时速被提升到 550mile，并完成从旧金山到拉斯维加斯行驶的全过程。2014 年，奥迪推出的 RS7 概念车在霍根海姆赛道上赛出了跑车速度，被称为"世界上最快的无人驾驶汽车"。

(8) 电动车巨头特斯拉于 2015 年 10 月 16 号正式向(美国)用户推送出 7.0 版操作系统，该版本最大的亮点在于支持自动驾驶模式(auto-pilot)。与 Google 内部进行大量测试不同，特斯拉 Model S 可以实时学习车主驾驶模式并进行模仿，并与其他车辆进行共享。

国内自动驾驶汽车的开发比国外要晚些，步伐较之欧美国家也较为落后。国防科技大学从 20 世纪 80 年代开始进行该项技术研究。

(1) 1989 年，我国首辆智能小车在国防科技大学诞生。这辆小车长 100cm、宽 60cm、重 175kg，有 3 个轮子，前轮是一个导向轮，后边有两个驱动轮。它包含了自动驾驶仪、计算机体系结构、视觉及传感器系统、定位定向系统、路径规划及运动控制系统，还有无线电通信、车体结构及配电系统。

(2) 1992 年，我国第一辆真正意义上的自动驾驶汽车也是在国防科技大学完成的。由计算机及其配套的检测传感器和液压控制系统组成的汽车计算机自动驾驶系统，被安装在一辆国产的中型面包车上，使该车既保持了原有的人工驾驶性能，又能够用计算机控制进行自动驾驶行车。

(3) 2000 年 6 月，国防科技大学研制的第 4 代自动驾驶汽车试验成功，最高车速达 76km/h，创下国内最高纪录。这辆自动驾驶汽车是一辆半新的米黄色北京 2020SG 吉普车，其智能控制系统主要由 3 部分组成：传感器系统、自动驾驶仪系统和主控计算机系统。

据介绍，这辆自动驾驶汽车在改装过程中，由于需要部分动力发电来为计算机及整个控制系统供电，从而影响了车体自身的行驶速度，76km/h 的车速只是车体改装后的最高行驶速度，而不是车内自动驾驶仪的极限允许速度，如果把这套系统应用于性能较好的大功率汽车，则会创下更高的速度纪录。

(4) 2005年，首辆城市自动驾驶车在上海交通大学研制成功。"自动驾驶技术"主要依靠车上的5个"器官"来保证。首先是位于车头上的俯视摄像头，它是车辆的"眼睛"，能够准确识别地上的白线，从而判断前进方向。在"眼睛"的一旁，一个凸出车头的激光雷达就像车辆的"鼻子"，随时"嗅"着前方80m范围内车辆和行人的"气息"。而在车辆的左右两侧，两只超声传感器就像车辆的"耳朵"，倾听着四面八方的声音。除了用"眼睛"指挥前进外，该车还可以通过另一种方式——用一只无形的"手"来感知地面的磁性物体，从而判断前进方向，而这只"手"就是位于车头底部的磁传感器。但这种方法需要在车辆运行的道路上埋入磁钉。最后的"器官"便是车辆的"脑"了，位于远处的遥控指挥中心是车辆的"大脑"，通过无线传输向车辆下达特殊指令；而车辆内部的计算机则是它的"小脑"，通过汇聚"眼睛""鼻子""耳朵""手"所得到的信息来避开周围车辆和行人。再配合程序中设计好的各景点的位置，自动驾驶汽车便能顺利地将乘客送到他们想去的地方。

(5) 2011年7月14日，国防科技大学自主研制的红旗HQ3(图9.5)首次完成了从长沙到武汉286km的高速全程自动驾驶试验，并自主超车67次，达到世界先进水平。测试过程中，试验人员仅给系统设定了最高车速110km/h，此后怎么开、开多快及加速、制动、转向、变道和超车等，都是由计算机系统控制完成的；利用自身的环境传感器对道路标线的识别，进而依靠车载的智能行为决策和控制系统，成功实现正常汇入高速公路的密集车流中自主驾驶。据统计，此次试验中，自动驾驶汽车自主超车67次，成功超越其他行车道上车辆116辆，被其他车辆超越148次，实测全程自主驾驶平均车速为87km/h；当遇其他车辆违规时，自动驾驶汽车的主动安全性能就会发挥作用。如果和前车距离过近，会立刻指挥减速、制动达到有效减速，此反应时间最快可达40ms，远快于人类的反应时间400ms。

图9.7 国防科技大学的自动驾驶汽车

(6) 2017 年 1 月 5 日，我国在中德装备园成立中德新能源汽车与无人驾驶技术(沈阳)研究院。研究院将结合中德汽车业界的中坚力量，充分发挥各自优势，共同研究探索新能源技术与无人驾驶技术在汽车领域的实践应用和未来发展。

4. 关键技术

自动驾驶汽车技术中，PC 所采用的有限的推理决策能力和自动驾驶汽车本身对环境感知的能力是设计者面临的主要问题，也是目前自动驾驶技术发展需要突破的两个瓶颈。自动驾驶汽车的关键技术包括以下几个方面。

1) 车辆行驶中的导航定位技术

自动驾驶汽车导航定位技术就是借助环境感知传感器和 GPS、组合惯性导航传感器所采集的数据，据此来分析、判断此刻车辆与预设路径及车辆与障碍物之间的相互关系，从而确定车辆在大地坐标系中的位置、航姿等信息的技术。这些位置、航姿等信息是自动驾驶汽车中央控制单元决策控制的基础。

目前自动驾驶汽车上常用的环境感知器包括摄像机、激光测距仪、GPS、惯导、里程仪等。随着技术的革新，目前国内外从事于自动驾驶汽车导航的研究者，都致力于借助机器视觉的方法对采集的图像信息进行计算、分析处理，从而引导自动驾驶汽车安全行驶。

在 Google 设计的自动驾驶汽车中(图 9.6)，便采用了以下导航定位技术。

图 9.6　Google 设计的首辆获得车牌的自动驾驶汽车 001 号

(1) 激光雷达：车顶的"水桶"形装置便是自动驾驶汽车的激光雷达，它能对半径 60m 的周围环境进行扫描，并将结果以三维地图的方式呈现出来，给予计算机最初步的判断依据。

(2) 前置摄像头：Google 在汽车的后视镜附近安置的一个摄像头，可识别交通信号灯，并在车载计算机的辅助下辨别移动的物体，如前方车辆、自行车或是行人。

(3) 左右轮传感器：很多人第一眼会觉得这个是方向控制设备，而事实上这是自动驾驶汽车的位置传感器，它通过测定汽车的横向移动来帮助计算机为汽车定位，确定它在马路上的正确位置。

(3) 前后雷达：Google 在自动驾驶汽车上分别安装了 4 个雷达传感器(前方 3 个，后方 1 个)，用于测量汽车与前(与前置摄像头一同配合测量)后左右各个物体间的距离。

2) 决策控制

自动驾驶汽车在对环境进行感知计算分析后剩余的控制，包括行为决策、任务规划等都可以归纳为决策控制。自动驾驶汽车的决策控制主要包含两个方面：侧向控制决策、纵向控制决策。侧向控制体现自动驾驶汽车的追踪能力，控制车辆快速、准确地沿着预设路径安全行驶；纵向控制体现自动驾驶汽车的速度调节能力，控制车辆速度及速度的变化率能平滑地进行调节。

3) 多路传感器数据融合技术

自动驾驶汽车只有在可靠、准确地捕获外界环境及车辆自身性能状态信息后，才能控制车辆可靠行驶，由于任何传感器都不能保证其时刻采集的信息的安全可靠性，因此采用多路传感器数据融合技术是迄今为止最有效、可靠的方法。该技术可以将车辆上各类传感器数据进行整理观察，随后进行融合。该技术利用传感器之间的互补性，消除了多传感器之间存在的数据冗余矛盾，降低了车辆对外界感知的不确定性，大大提高了自动驾驶汽车控制系统决策的正确性。目前，多路传感器数据融合技术已经成为自动驾驶汽车发展的主流趋势。

4) 智能控制技术

人工智能技术与计算智能技术统称为智能技术。对于智能车而言，其智能技术的关键是自动规划、自动决策和各路传感器的智能，包括数字图像处理、知识库的建立与表达、车辆侧向、纵向智能运动。其中，数字图像处理是自动驾驶汽车获取环境信息的最直接的方式，是一项关键技术，通过模拟人类视觉特性，对运动的物体进行检测、跟踪等。

除此之外，路径归化、路径最优、控制单元体系结构也在自动驾驶汽车的控制系统中有着广泛的应用。主要汽车品牌自动驾驶技术汇总见表 9-1。

表 9-1 主要汽车品牌自动驾驶技术汇总

厂商	代表车型	自动驾驶程度	搭载技术	产业化前景
Google	普锐斯	★★★★☆	汽车摄像机、雷达传感器、激光测距仪、网络云平台技术、车载计算机系统	目前 Google 所拥有的自动驾驶技术非常接近量产,受限于法律,目前还未正式投产
雷克萨斯	LS	★★★★	立体型高像素摄像头、GPS 天线、360°激光追踪技术、主动巡航系统、车道偏离系统、侧向辅助系统	雷克萨斯所发布的自动驾驶车型不仅拥有诸多感应设备,而且车载辅助系统也十分丰富
沃尔沃	V60、S60、XC60	★★★★	堵车辅助驾驶系统、摄像机、雷达、激光感应器、自动泊车系统、自动紧急制动系统、应急车道辅助系统	沃尔沃致力于成为第一家推出自动驾驶技术的厂商,目前沃尔沃正逐步开发无人技术
宝马	5系、i3	★★★★	新型自动巡航系统、GPS 定位、雷达、超声波、激光探测器、激光扫描仪、摄像监控设备、车道偏离系统、自适应巡航控制系统	搭载 CDC 系统的宝马 5 系汽车已进行了 5000km 的路面测试,无人技术已比较成熟
奥迪	TTS、A6	★★★★	雷达传感器、激光扫描仪、视频摄像头、泊车辅助系统,自适应巡航控制系统、主动式车道保持系统、超车警示等系统	奥迪是继 Google 之后第二家拿到美国自动驾驶测试的厂家,足以证明奥迪自动驾驶技术的成熟
奔驰	新 S 级	★★★☆	智能巡航系统、车道保持系统、路标识别系统、自动导航系统、自动泊车系统	目前新 S 级拥有丰富的驾驶辅助系统,同时也拥有部分智能感应设施
通用汽车	凯迪拉克 XTS	★★★☆	雷达传感器、摄像头、激光等、自适应巡航系统、智能制动辅助系统、前方碰撞报警系统、车道偏离报警系统	通用汽车独特的 Super cruise 系统,已可使车辆实现半自动驾驶,不过暂无自动驾驶汽车试验
福特	FUSION HYBRID	★★★☆	自适应巡航系统、智能制动辅助系统、盲点信息系统、车道偏离报警系统、主动泊车系统、光探测与光测距系统	福特汽车公司与麻省理工学院和斯坦福大学合作开发。麻省理工团队研究汽车如何最准确地预测行人和周围其他车辆的行为,而斯坦福大学团队则研究如何让汽车看清楚四周的障碍物

9.1.2 自动驾驶的阶段划分及类型

量产自动驾驶汽车的实现主要需要经历4个阶段,即驾驶员辅助阶段、半自动驾驶阶段、高度自动驾驶阶段和完全自动驾驶阶段。

1. 驾驶员辅助阶段

驾驶员辅助阶段中,驾驶员拥有车辆全部的控制权,驾驶员负责车辆的一切驾驶与操作。一些基础的车辆辅助控制技术,在特定情况下,通过对车辆运行状况及运行环境的检测,提示驾驶员驾驶的相关信息或警告驾驶员驾驶中可能出现的危险,方便驾驶员在接到提示或警告后及时做出反应。

这一阶段的技术有倒车影像与倒车雷达、车道偏离警告系统(Lane Deviation Warning System,LDW)、正面碰撞警告系统(Frontal Collision Warning System,FCW)、定速巡航系统(Cruise Control System,CCS)及盲点信息系统(Blind Spot Information System,BLIS)等。相较于其他发展阶段,这一阶段目前的发展已很成熟,相关技术在一些中高档汽车上也已有了普遍的配备。在未来几年里,这些技术将会通过降低其实现成本,逐步应用在低档汽车上。

2. 半自动驾驶阶段

半自动驾驶阶段,驾驶员和车辆共同拥有对汽车的控制权。驾驶员在任何时候都能驾驶汽车,驾驶辅助控制系统将实时监控车辆的运行,在特定情况下,一定程度上协助驾驶员控制车辆。

这一阶段的技术有自适应巡航系统(Adaptive Cruise Control,ACC)、车道保持辅助系统(Lane Keep Assist System,LKAS)、陡坡缓降系统(Hill Descent Control,HDC)、自动泊车系统(Automatic Parking System,APS)等,很多已运用到量产车型。

这一阶段也是当前处于并在快速发展的阶段,未来几年中,将有更多的驾驶辅助控制系统应用在量产车上。

(1) 自适应巡航系统:自适应巡航系统是一种智能化的自动控制系统,它是在定速巡航技术的基础上发展而来的。在车辆行驶过程中,安装在车辆前部的车距传感器(雷达)持续扫描车辆前方道路,同时轮速传感器采集车速信号。当与前车之间的距离过小时,自适应巡航系统控制单元可以通过与制动防抱死系统、发动机控制系统协调动作,在不影响舒适的情况下使车轮适当制动,并使发动机的输出功率下降,以使车辆与前方车辆始终保持安全距离;当需要更大的减速度时,自适应巡航系统控制单元会发出声光信号通知驾驶员主动采取制动操作;当与前车之间的距离增加到安全距离时,自适应巡航系统控制单元控制车辆按照设定的车速行驶。自适应巡航控制系统一般在车速大于 25km/h 时才会起作用。

(2) 车道保持辅助系统:车道保持辅助系统是对车道偏离警告系统的升级。该系统是为在高速公路和条件良好的乡间公路上行驶而设计的,因此它在车速高于 65km/h 才开始工作。

车速在 65~200km/h,辅助系统识别到本车道两侧的标记线时,车道保持辅助系统处于待命状态,位于车辆前方的摄像机可监测左右两边的车道线,在车辆靠近标线边缘时,即会以轻微的反侧向扭转力提醒驾驶员。若驾驶员未进行任何修正动作,系统将通过转向盘震动向驾驶员发出警告。如果车辆在跃过标记线前使用了转向灯,系统将因接受了有目的的换道而不会发出警告。

(3) 陡坡缓降系统:陡坡缓降系统也被称为斜坡控制系统,用于下坡行驶的自动控制。在系统启动后,驾驶员无需踩制动踏板,车辆会自动以低速行驶,并且能够逐个对超过安全转速的车轮施加制动力,从而保证车辆平稳下坡,此时制动踏板只是用于被动防止打滑。

由于在陡坡路况中,任何不当的踏板操作都可能引发失控的危险,如踩制动踏板会令轮胎锁死打滑、踩离合器踏板会失去制动踏板等。所以陡坡缓降系统在按钮设定后,驾驶员要放开所有踏板,包括加速踏板、制动踏板及手排车的离合器踏板才会有效作动。

(4) 自动泊车系统:自动泊车系统通过车辆周围的雷达探头测量自身与周围物体之间的距离和角度,从而判断寻找合适的车位,并通过车载计算机计算出操作流程,配合车速调整转向盘的转动,从而完成车辆的自动泊入。在此过程中,驾驶员只需参与挡位与制动的控制,可双手离开转向盘。自动泊车功能对于驾驶初学者是一个非常有帮助的功能。

2015 年上市的全新宝马 7 系汽车采用的"增强型驾驶辅助功能"(图 9.7)由自适应巡航系统与车道保持系统配合而成,该系统使宝马 7 系汽车可以在 0~210km/h 保持在车道中间行驶。

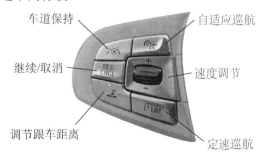

图9.7 宝马 7 系汽车"增强型驾驶辅助功能"按钮

按下左下角的"调节跟车距离"按钮,宝马 7 系汽车可以实现从设置车速到静止的自动跟车功能,前方无车时,车辆会按照设置速度行驶;前方车辆速度低于本车时,本车会依据设置的间距自动减速,甚至完全静止,当前方车辆移动时本车会自动跟进。

同时,宝马 7 系汽车已经可以实现在车道内进行"自动驾驶",驾驶员可以暂时释放双脚与双手,当识别出现问题或者道路状况发生变化时,则会提示需要驾驶员即刻接管车辆。当前方车辆速度远小于本车,并持续一段时间后,宝马 7 系汽车会提供主动的转向支持,并加速进行超车。

在车道保持系统的作用下,宝马 7 系汽车能够保持在本车道内平稳行驶。开启此项功能时,如果驾驶员在未打转向灯的情况下意图并线时,车辆还会主动将转向盘"抢"过去,将车辆转回现车道。

3. 高度自动驾驶阶段

高度自动驾驶阶段,驾驶员和车辆共享对汽车的控制权。在特定的交通环境下,系统有完全的自动驾驶控制权,驾驶员有能力偶尔控制车辆。现阶段已经提出的高度自动驾驶技术有堵车辅助系统、高速公路自动驾驶系统和自动泊车系统。目前,高度自动驾驶的技术尚未应用在量产车型上,在未来几年中,部分技术的量产将会实现。

(1) 堵车辅助系统:堵车辅助驾驶功能是自适应巡航控制和车道保持辅助系统的集成与延伸。在车流行驶速度低于 50 km/h 的情况下,驾驶员通过简单的按键操作启动堵车辅助功能,自动跟随前方车辆行进。与自适应巡航系统不同的是,堵车辅助系统可以实现车辆的起停,使汽车在非常低的车速时也能与前车保持设定的距离。同时车道保持辅助系统会自动纠正转向盘,保证车辆不会偏离车道,这样驾驶员的手和脚都可以处于放松状态,极大地降低了驾驶员在拥堵路段的驾驶疲劳度。

(2) 高速公路自动驾驶系统:与城市路况不同,高速公路的路况良好,车辆的行驶也比较稳定,因此高速公路的自动驾驶也成为部分自动驾驶的着手点之一。高速公路自动驾驶系统集成自适应巡航控制、车道保持辅助系统、超车辅助系统及道路标志识别系统等,驾驶员仅需在进入高速公路后启动系统并设置行驶路径,车辆便能够实现自动跟车、变道,并按照道路标示规范行驶。

这一系统的实现,将解决现代社会中最为危险、枯燥的高速公路驾驶中存在的问题,极大地降低驾驶负担,减少因疲劳驾驶造成的交通事故。

(3) 自动泊车系统(自动寻径):自动寻径的自动泊车系统是在自动泊车系统的

基础上发展而来的。车辆到达停车场入口，驾驶员即可下车，使用遥控钥匙使车辆自动寻找可用车位停放，并熄火落锁。待到驾驶员需要离开时，通过远程遥控，车辆自动从停车场内驶出。

该系统的实现，需要借助物联网技术，通过车辆与车辆以及车辆与设备的信息传输与交互，提供停车场车位与交通信息，实现安全、自动泊车。这一功能一旦实现，驾驶员将不再需要花费大量时间寻找车位，而将这一枯燥的工作交给车辆本身。

4. 完全自动驾驶阶段

在这一阶段，系统具有完全的车辆控制权，整个驾驶过程无需驾驶员参与。完全自动驾驶的实现将意味着自动驾驶汽车真正进入了人们的生活，也将使驾驶员从根本上得到解放。不过，随着完全自动驾驶的普及，相应的政策、法规、保险等社会因素也要配套跟上，只有这样，自动驾驶技术才能像智能手机一样走进千家万户的生活。

自动驾驶技术已然成为一种趋势，2015年百度自动驾驶事业部总经理王劲曾预言，未来10年后，在新生产的汽车中，80%的汽车将是自动驾驶汽车(图9.8)。未来的汽车甚至可以由智能系统控制，实现完全自动驾驶。

图 9.8　自动驾驶汽车

9.2　智能互联网技术

9.2.1　大数据

1. 定义

道格拉斯和莱尼提出："大数据"是需要新的处理方式才能具有更强的决策

力、洞察发现力和流程优化能力的海量、高增长率和多样化的信息资产；戈亚尔等认为：大数据是指多来源收集的、多种形式的，而且通常是实时的巨大数据集合，它已经超越了公司在 CRM 数据库中拥有的规则的数据集合，它的量级从几十个 TB 到若干 PB，它们是如此宽泛而复杂以至于需要专业化软件工具和分析专家去收集、管理和挖掘它们。维基百科对大数据的定义则简单明了：大数据是指利用常用软件工具捕获、管理和处理数据所耗时间超过可容忍时间的数据集。

其实，大数据本身是一个比较抽象的概念，目前也尚未有一个公认的定义。目前，学术界普遍认同的一种观点是大数据必须具有显著的 3V 特征：海量性(volume)、多样性(variety)和高速性(velocity)，见表 9-2。

表 9-2 大数据的特征

特征	释义
海量性	大型数据集规模一般为 TB(万亿字节)级左右,而大数据则是 PB(1000 个 TB)级至 EB(1000 个 PB)级
多样性	包含结构化的数据表和半结构化、非结构化的文本、视频、图像等信息，而且数据之间的交互非常频繁和广泛
高速性	一是指数据本身在不断更新和增长；二是与传统数据批处理相比，大数据的存储、传输和处理速度要求更高更快

与传统的数据库相比，大数据在数据规模、数据类型、模式和数据的关系、处理的对象和处理工具方面都有了根本性的变化，因此，有学者将两者形象地类比为"大海捕鱼"和"池塘捕鱼"。

2. 研究现状

大数据是智能交通的核心。如何高效地从海量数据中分析、挖掘所需的信息和规律，结合已有经验和数学模型等生成更高层次的决策支持信息，获得各类分析、评价数据，为交通诱导、交通控制、交通需求管理、紧急事件管理等提供决策支持，为交通管理者、运营者和个体出行者提供交通信息，显得至关重要。交通数据分析的发展趋势开始由常规分析转向深度分析，如图 9.9 所示。

目前的大数据分析技术尚不成熟，如对所获得的交通数据不能充分加以分析，信息挖掘程度也不够，容易忽略交通数据的潜在价值等。目前的科研论述主要集中在交通大数据流来源、大数据在交通中的应用要求及应用形式，对于框架结构、数据分析技术的研究相对少些。例如，罗西君从信息服务系统、交通管理系统、车辆控制和安全信息系统几个方面详细论述了大数据在智能交通系统中的应用，并且进一步提出了发展共享。在交通数据分析方面，生昕格交流了交通云数据处理平台的一个具体应用实例，该平台基于廉价计算机构建集群，用 Hbase 存储大数据，采用 Map Reduce 进行分布式计算；Chen 等利用 Map Reduce 框架对交通流进行预测；李磊等论述了基于云计算的铁路数据中心的逻辑结构。这些工作没有涉及交通大数据处理平台需要面对的各种应用场景及系统构建应遵循的原则，如没有涉及实时数据流处理问题。周为钢等在《论智能交通大数据处理平台之构建》中研究了构建交通大数据处理平台的使用技术。

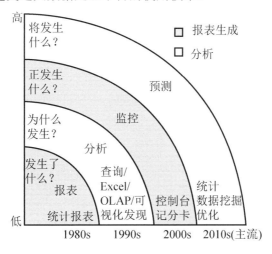

图 9.9　交通数据分析的发展趋势

3. 体系架构

从技术层面看，公共交通大数据平台可分为 4 层。图 9.10 中给出了公共交通大数据平台架构，自底向上依次为数据来源层、大数据数据层、大数据逻辑层和大数据表现层。这个架构体系综合了从数据的生成、组织、存储、查询、分析到服务的一系列过程。

数据来源层通过车载设备、GPS 技术、传感器、一卡通设备、自助服务终端等收集交通数据，实现数据的采集功能，并向上传递给大数据中心进行处理。大数据数据层接收到数据后，对数据进行存储和集成，考虑数据的海量异构性，采用分布式存储和计算，并根据用户需求抽取数据进行分析和挖掘。该层采用数据仓库的数据集成方法，通过和数据挖掘技术结合起来，从掌握的海量数据出发，挖掘出具有潜在价值的信息和知识。

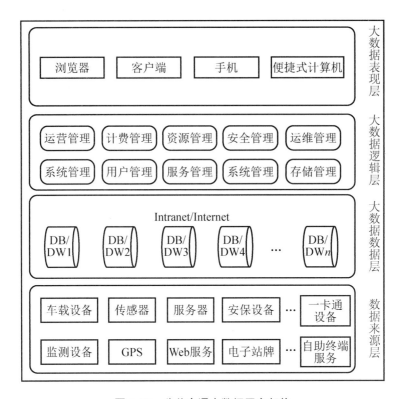

图9.10 公共交通大数据平台架构

大数据平台向下将应用层发送来的需求转换成大数据逻辑层能够识别的需求，对需求任务进行处理，把任务分解到各个服务器上进行并行计算。收集各个服务器传送回来的处理结果进行集成、处理，并向上提供给用户。同时应用层中的显示技术可满足用户个性化的显示需求，用户可以通过普通浏览器、客户端应用程序、便携式计算机、手机等各类终端进行访问。逻辑层中有各个服务系统，通过 SOA 技术满足各方面需求，同时实现公共交通行业跨公司、跨系统的智能调度。

数据集成是数据处理中最关键的技术。从实现的体系结构来看，海量结构化数据的集成方法主要包括联邦数据库、中间件技术和数据仓库技术。

联邦数据库转换多源的数据格式，实现系统之间的通信、交流和信息传递。但因需要编写大量的接口程序，开发难度和系统的耦合性较高，并不适用于公共交通行业。中间件技术则是依靠软件将异构数据转换成预先设计好的数据模式。但该方法不适于改变数据的存储和管理方式，对于实时多变的公共交通数据并不适用。数据仓库技术提供了容纳大量信息的场所，通过与数据挖掘技术的结合，可从海量繁杂的数据中真正找出有价值的信息和知识,是最适合交通大数据的处理方式。传统的数据仓库技术体系结构如图 9.11 所示。

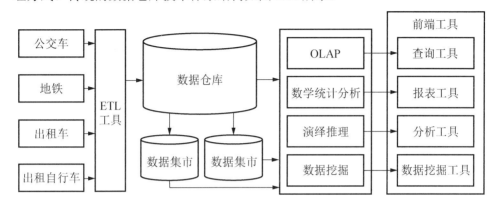

图 9.11　传统的数据仓库技术体系结构

从图 9.13 中可看出,整个数据仓库被划分为 4 个层次,数据源首先通过 ETL 工具被抽取到数据仓库中进行集中存储和管理,再按照星形模型或者雪花模型组织数据,然后 OLAP 工具从数据仓库中读取数据,之后前端工具对数据仓库中的数据进行查询、分析和挖掘等。这种模式对于海量的大数据来说主要有两个问题:一是数据移动代价高,虽然在数据源层和数据分析间引入存储管理,可提升数据质量并对查询进行优化,但也存在数据迁移成本和执行连接代价,特别是针对海量的数据;二是数据仓库应对新需求时不能快速变化,传统数据仓库都是对数据源到前端整个流程中的各个部分进行修改,然后重新加载数据,有的甚至要重新计算数据,这种模式对适应变化的周期是比较长的。

传统数据仓库对数据处理的效率通常较低。ETL 在单节点上运行,数据量较大时,其处理能力就会受到限制,大数据下,ETL 处理速度很难适应数据容量增长的速度。近年来,有学者将 Hadoop 中的 Map Reduce 引入数据仓库中,建立了基于 Map Reduce 的数据仓库体系结构,如图 9.12 所示。Hadoop 可将大的数据文件分割成小的数据文件,存储到分布式文件系统,从而实现对数据的并行处理。数据仓库中可使用多维模型,在 OLAP 上对数据进行钻取、上卷、切片、切块和旋转,多视角观察和分析数据,从而提高数据处理效率。

在公共交通大数据平台中,逻辑层是实现公共交通信息共享的核心层次。公共交通大数据平台表现层是用户直接操作的界面集,用户可以通过普通浏览器、客户端应用程序、便携式计算机、手机等终端来浏览各类交通信息数据。表现层负责使用者与整个系统的交互,外观界面、表单控件、界面框架等部分构成了该层。大数据逻辑层和表现层的结构设计需要较好的计算机基础,在此不予详述。

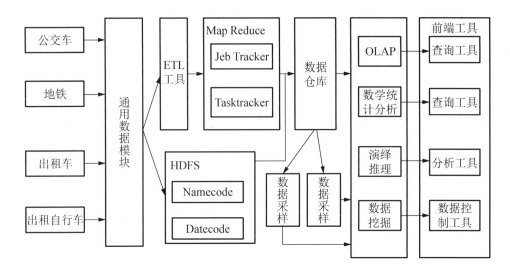

图 9.12 基于 Map Reduce 的数据仓库体系结构

4. 大数据在智能交通方面的应用

大数据在智能交通方面的应用主要体现在以下方面。

1) 基于智能交通子系统间的数据融合

智能交通系统是极其复杂的运输性系统,它包含了车辆、道路、使用者这 3 种最大的子系统,并以实现这些子系统的运行效率为主要目的。

只有各个子系统间的信息被充分整合,智能交通系统才能够实现它的功能,而各子系统要想融合信息,就需要构建一个共享信息的平台,通过这个平台使各个子系统可以分享信息资源。因为有了这个平台,城市交通系统更加规范,各系统之间的信息性质、组织结构、传送方式等更有规律性、更加高效。

智能系统的各个子系统的数据信息不是一成不变的,因此想要准确加以应用,需要大数据技术将子系统里的动态信息进行提取并共享,综合不同区域、不同领域的数据仓库。大数据平台虽然综合了各个系统的历史数据,但是却不至于分散,而是互相联系,更便于理解数据之间的关系。作为一个共享信息平台,大数据技术还能根据使用者的需求从中快速检索相关的信息并直接提供给使用者,同时确保数据信息的全面性和相关性。

2) 基于信息采集技术的大数据应用

智能交通系统中最关键的要素就是数据,这些数据来源很广,其中较为重要的参数有平均车速、实时车流量、平均车道占有率等。只有采集并分析大量的交通数据信息,智能交通系统才能够更好地进行管理预测。传统的数据采集方式主要是运用光学检测器和摄像机等设备,但所取得的数据都是静态的,而在大数据技术下,不仅数据的采集量越来越大,而且可以获得实时动态的数据信息,未来传统的数据监测会被视频监控、GPS 及移动数据等逐渐替代,交通系统会逐渐向智能化的方向发展。

运用大数据技术,智慧交通可以细化为不同的数据系统集合,并且能够反映数据的实时变化。例如,可以将车载导航系统与交通信号控制系统结合,以便使车与车之间形成联系。如果将 GPS 系统、导航系统、天气系统等相结合,就能使人与车之间产生连接,再通过数据技术采集实时的数据信息,分析其中的行为信息并总结预测,方便交通的管理与服务。

9.2.2 云计算

1. 定义

有人曾做了一个详细的比喻:各种大数据的应用是一辆辆"汽车",云计算则是支撑起这些"汽车"运行的"高速公路"。正是云计算技术在数据存储、管理与分析等方面的支撑,才使得大数据有用武之地。

云计算至今没有一个准确的定义,不同的组织从不同的角度给出了定义,据不完全统计,目前至少有 25 种不同的定义。维基百科认为云计算是一种计算方式,通过互联网将资源以"服务"的形式提供给用户,而用户不需要了解、知晓或者控制支持这些服务的技术基础架构(云)。

IBM 关于云计算的定义或理解"虚拟化"特色非常明显:云计算是用于描述平台及应用程序类型的一个术语,"云"是一个虚拟化的计算机资源池。云计算平台可以根据需要动态地提供、配置、重新配置及取消提供服务器。"云"中的服务器可以是物理机器,也可以是虚拟机器。高级的"云"通常包括其他计算资源,如存储区域网络(SAN)、网络装置、防火墙及其他安全设备。云计算也指那些经过扩展后可通过互联网进行访问的应用程序。这些云应用程序使用大型数据中心和强劲的服务器来托管 Web 应用程序和 Web Service。任何人只要具有合适的互联网连接和标准浏览器,就可以访问云应用程序。

美国国家标准和技术研究所的云计算定义草案(2009 年 4 月 24 日)认为云计算是一种按使用量付费的模式,这种模式提供可用的、便捷的、按需的网络访问,进入可配置的计算资源共享池(资源包括网络、服务器、存储、应用软件、服务),这些资源能够被快速提供,只需投入很少的管理工作,或与服务供应商进行很少的交互。云计算模式由 5 个主要特点、3 个服务模式、4 个部署模式构成。美国国家标准和技术研究所颁布的《NIST 云计算工作定义》试行稿认为,云计算是一种

共享汽车概论

能使用户便捷、随需应变地对共享的可配置计算资源共享池(如网络、服务器、存储器、应用程序和服务)进行网络访问的模型。该模型可在最少的管理投入或服务供应商介入的情况下快速实现资源的提供与发布。

中国科学技术大学陈国良院士等在《并行计算的一体化研究现状与发展趋势》一文中把云计算作为并行计算的新发展方向给出了如下定义：云计算是指基于当前已相对成熟与稳定的互联网的新型计算模式，即把原本存储于个人计算机、移动设备等个人设备上的大量信息集中在一起，在强大的服务器端协同工作。它是一种新兴的共享计算资源的方法，能够将巨大的系统连接在一起以提供各种计算服务。

简单点说，云计算是一种基于互联网的计算方式，通过这种方式，共享的软硬件资源和信息可以按需提供给计算机和其他设备。这些资源来自一个共享的、可配置的资源池，并能够快速获取和释放。云计算的核心思想，是将大量用网络连接的计算资源统一管理和调度，构成一个计算资源池向用户提供按需服务。

云计算的基本原理是，通过使计算分布在大量的分布式计算机上，而非本地计算机或远程服务器中，相关行业数据中心的运行将与互联网更加相似，这使得相关部门能够将资源切换到需要的应用上，根据需求访问计算机和存储系统。云计算应用的思想是将资源整合，使用户可以方便找寻。

云计算概念在交通工程行业的应用——交通信息云，是一种新型的信息处理和服务模式。交通信息云是由云计算和交通信息云服务构成的信息全过程，是一种交通信息采集、处理和应用的工作模式。海量的交通信息如道路网路连通信息、车牌自动识别信息、车辆 GPRS 定位信息、信号灯倒计时信息，通过无线通信存储到网络上构成交通信息云，由于其特定的性质，它的存储和计算能力不会受到限制，也可以进行交通信息的交换，为用户提供计算基础设施、计算平台和交通基础数据。

基于交通云，交通物联网通过"交通信息服务体系"和"现代化综合交通运输体系"来实现，"交通信息服务体系"主要涵盖交通物联网、交通云计算、交通云服务、交通云管理及交通"云"群体系的形成，如图 9.13 所示。

汽车云的构建可以有效解决独立车体之间联系比较难的问题。例如，管理者通过交通汽车云，可以把前端汽车、油站、道路、其他基础信息与交通数据中心动态连接起来，并能使基础信息在较低成本下实现多数据中心的漂移，既能提高数据安全，又方便数据调度与前后端动态管理；车主可以通过交通云整合周边车辆、基础设施、娱乐设施、道路信息等需求信息，也可以随时掌握他想知道的任何信息和需要处理的任何车辆、路况、娱乐数据。图 9.14 所示为交通云时代"汽车云"的公共服务结构。

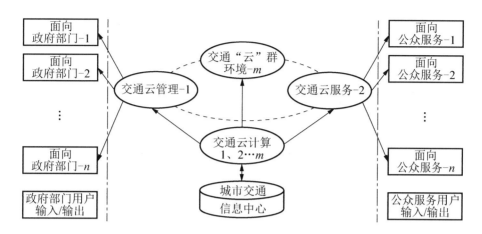

图 9.13 交通云时代"智慧交通"的公共服务结构

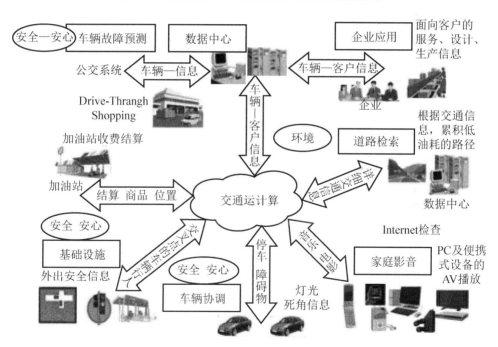

图 9.14 交通云时代"汽车云"的公共服务结构

交通云的使用采用的是按需出租的模式:电信运营商通过建设 IDC 云服务基础设施(Infrastructure as a Service,IaaS),将计算能力、存储能力、网络能力按需出租,满足交通云计算中心对于 IT 基础资源的需求。IDC 通过资源池化现有资源,通过精确按需计算向客户提供他们所需要的计算资源与存储资源。这种方式

(图 9.15)在保证用户满意度的同时，能够帮助 IDC 减少投入和降低机房的使用面积。

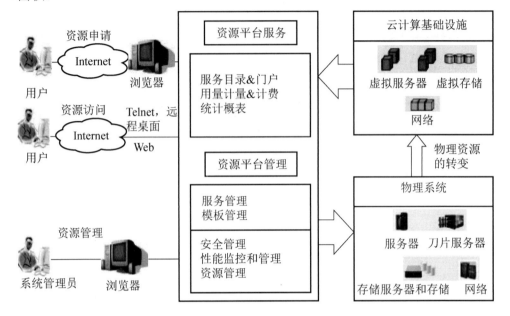

图 9.15　交通云时代"资源云"的公共服务结构

2. 云计算在交通信息处理中的应用与前景

1) 基于 GPS 的浮动车交通信息云

浮动车通常是指具有无线通信装置和定位系统的车辆。浮动车系统一般由 3 个部分组成：车载设备、无线通信网络和数据处理中心。浮动车将采集到的时间和行车位置等具体信息通过无线通信网络上传给数据处理中心进行存储及预处理，然后根据相关的算法模型将数据匹配到地图上，计算或预测出车辆的里程数、行驶时间及行车速度等道路参数。

传统的交通数据信息采集技术，如固定型交通检测设备检测技术，主要包括红外线检测、磁感应线圈、超声波测量技术、微波检测等固定检测技术。它不仅在信息采集方面存在检测范围小、实时性差、检测准确率低等缺点，而且检测设备昂贵且不易维修。

基于 GPS 的浮动车交通信息采集技术是一种新的低成本的交通信息采集方式。通过记录车辆在路网上运行的时间、速度、坐标等状态信息，得到路段的区间运行速度和行程时间信息，改善了传统交通检测设备的实时性差、投入高、数据精确率低等缺点。它既可以有效显示车辆的现行速度，保证了数据采集的准确率和精度，又可以降低成本，对传统交通信息采集技术进行了有益补充。

高速信息网络将计算机、服务器、虚拟机和车载 GPS 装置连接起来构建成云计算的基础设施。它特有的信息交易体制可以吸引更多的车辆成为交通信息采集的提供者，使获取的 GPS 信息能够更加全面地反映道路交通状况，而车载 GPS 的定位精度和计算能力可以为数据处理中心提供更高质量的定位信息，减轻数据中心的计算压力和复杂程度。云计算机制和强大的计算能力能够使其深度感知交通状况，通过对采集的数据信息的处理和反馈，为海量个体提供个性动态导航服务。图 9.16 所示为云计算技术在交通 GPS 浮动车信息处理和服务中的应用。

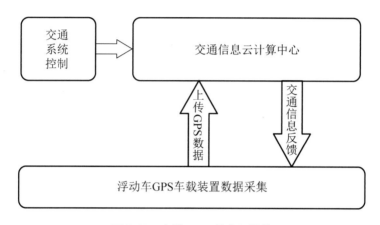

图 9.16　交通 GPS 信息云计算

2) 基于云模型的短时交通流预测

交通流预测是指在时刻 t，通过对云计算数据中心数据的分析，再由云计算服务平台通过对交通的拥堵情况、路面的行驶状态及车辆的实时行驶速度进行统一的综合处理，预测出下一个决策时刻 $t+\Delta t$ 以致以后的若干时刻的交通流。一般将时刻 t 到下一个决策时刻 $t+\Delta t$ 之间的时间间隔不超过 15 min 的交通流预测称为短时交通流预测。

云模型是用自然语言值表示的某个定性概念与其定量表示之间的不确定性转换模型。云的数字特征可以用期望值、熵和超熵这 3 个数值来表示，即采用基于正态分布的数字特征，它把模糊性和随机性结合在一起，构成定性与定量之间的映射。以当前采集的交通量为例，给定推理机制中云模型的各项参数，如下班高峰期的交通量与平时的历史数据集中的数据的平均量差异较大，但下班高峰期的交通量受之前交通量的影响，因此预测下班高峰期的交通量应该以下午以前的交通量作为当前云，然后根据云模型的推理机制，循环处理若干次，直到得到足够的云滴，最终以所有云滴的平均值输出。

若要实现连续时间差的短时交通流预测,可以运用直接预测法和迭代预测法实现。直接预测法用当前云作为当前预测的趋势,结合历史云和当前云来生成预测云,对未来值进行预测。迭代预测法通过迭代当前的交通数据生成预测值,然后根据预测值迭代生成当前云。

3) 最优路径诱导服务

交通诱导服务是云计算技术在智能交通中的另一个重要应用。该服务以交通数据为基础,云计算数据中心在对人、车、路等综合交通影响因素进行处理分析和融合,快速判断出路况后,通过广播、电子地图、实时手机短信、车载终端等媒介将信息发布给广大的道路使用者,为其提供最优路径引导信息和各类实时交通信息帮助服务,便于驾驶员提前改变行车路线,避开交通拥堵、事故路段,提高通行效率和安全。

由于交通行为的诱导高度依赖于交通信息数据,因此对发布的交通信息具有高效性、准确性和及时性的要求,交通信息云计算将信息采集与信息服务结合在一起,以及高效的数据处理能力和准确的交通预测,为交通行为的诱导提供了信息计算的基础。

除此之外,智能交通云还可以在物流监控与跟踪方面发挥很好的效用。

9.2.3 车联网

1. 定义

车联网是物联网在智能交通系统((Intelligent Traffic System,ITS)领域的延伸,它是以车内网、车际网和车载移动互联网为基础,按照约定的通信协议和数据交互标准,在车与车、车与互联网之间,进行无线通信和信息交换,以实现智能交通管理控制、车辆智能化控制和智能动态信息服务的一体化网络。车联网通过车辆网络动态地收集、分发和处理数据,使用无线通信方式共享信息,实现汽车与汽车、汽车与建筑物,以及汽车与其他基础设施之间的信息交换,使汽车与城市网络相互连接。它甚至可以实现汽车与路上的行人和自行车、汽车与非机动车之间的"对话"。车联网示意图如图9.17所示。

2. 研究现状

在国外,车联网技术取得了较快的发展,推动了车路协同系统项目的研究进展。目前比较领先的车路协同系统有欧洲的协作车辆-基础设施系统(CVIS)、美国的车路一体化系统(intelli-drive)和日本的公共道路测试系统(smart way)等。

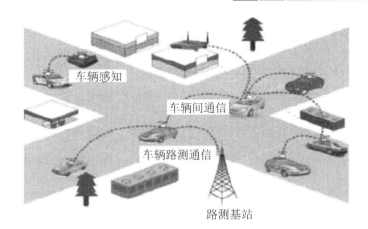

图 9.17　车联网示意图

欧洲智能交通协会于 2003 年 9 月提出 e-Safety 的概念，将重点转移到研究安全问题，并且更加重视体系框架和标准、交通通信标准化、综合运输协同等技术的研究。主要是利用先进的信息与通信技术，加快安全系统的研发与集成应用，为道路交通提供全面的安全解决方案。通过车车及车路通信技术获取道路环境信息，从而更有效地评估潜在危险并优化车载安全系统的功能。这些项目为车联网的进一步研究奠定了基础。具体项目如图 9.18 所示。

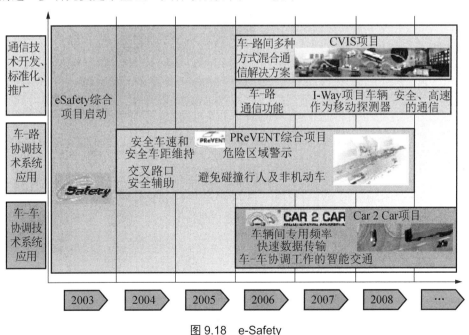

图 9.18　e-Safety

其中较为典型的系统便是车路协同系统(cooperative vehicle infrastructure systems，CVIS)，它是一个协作交通信息系统，采用多种协作模式(图9.19)。其中，城市协作模式是在城市里面，由交通管理中心通过出入协同、车车协同、信息采集，将采集到的信息经路边单元发送到中心。它对交通流量的覆盖面和时效性大大增强，便于中心做全网的管理和规划。区域协作模式，即在本地道路拥堵时，通过区域分布式的计算来完成协作，提供疏解拥堵的方案，或推荐下一路口的速度，提高效率。也可以提供道路动态占用的信息，协作进行车道分配，提高交通资源的使用效率。车路协作模式主要应用于增强驾驶感知，交通中心基于车路交互方式，通过路边设备把所有主要的信息都发送给车辆，其中，安全信息具有优先权。出行者协作模式，即车辆有选择性地将主要信息反馈给中心，通过分布式协助系统完成相应的互动交互，提高系统的效率。

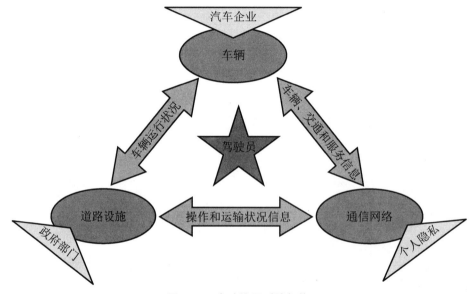

图9.19　车路协同系统架构

其中的Car Talk 项目(图9.20)研究了车辆自组织网络，利用前车作为检测器。当前车感知到危险时，通过车车通信技术将危险信息发送至后车，使后车有足够的反应时间来进行避险动作。该项目作为辅助驾驶技术已在高速公路上进行了试验。

从21世纪开始，美国将智能交通的战略方向向车辆安全及车路协调技术方面转移，开始对综合运输协调技术、车辆安全技术、车车/车路通信技术、车辆感知技术等进行研究。车辆-基础设施集成项目(VII)、车路一体化系统(intelli-drive)是其中具有代表性的项目。

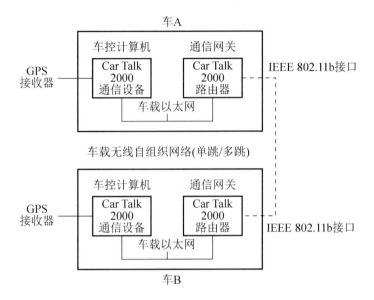

图 9.20 Car Talk 项目示意图

(1) 车辆-基础设施集成计划(Vehicle Infrastructure Integration，VII)：该计划致力于利用无线通信技术使行驶中的车辆更紧密地与周围的环境相联系，从而提高交通系统的安全性，该计划的主要参与者包括美国交通运输部、加利福尼亚州交通部及戴姆勒、福特、通用等汽车公司，并在加利福尼亚州 101 公路和密歇根 Novi 市部署了数十个路边基站，用于测试汽车与路边基站的通信能力。

在 VII 系统中，车载单元(On-board Unit，OBU)将其通过安置在车辆上的各类传感器采集到的信息(如车辆的行驶速度、位置信息等)上传至路侧单元(Roadside Unit，RSU)中，同时也接受路侧单元发送的周围车辆的实时状态信息及各类交通服务信息(所处区域的交通状态信息、道路环境信息等)。车载单元和路侧单元之间采用短程无线通信技术(Dedicated Short Range Communications，DSRC)相连。

(2) Intelli-Drive 项目：针对推广 VII 系统时遇到基础设施运营商和汽车厂商对采用单一标准的路侧系统建设和运营兴趣不大的问题，美国交通运输部推进 Intelli-Drive 项目的研发。在 Intelli-Drive 项目中，考虑采用移动通信技术、WiMAX、卫星通信等方式，建立开放式通信平台，为车辆提供无缝的通信服务。Intelli-Drive 提供的服务重点在车辆主动安全方面，同时兼顾多种运输方式和出行模式的解决方案，为驾驶员提供动态、连续的服务。Intelli-Drive 项目把出行者、管理中心、场地和车辆 4 个主体，利用广义的无线移动通信和固定的骨干有线网相连，完成车辆之间和车辆与路侧之间的信息交互。车路协同系统框架技术如图 9.21 所示。

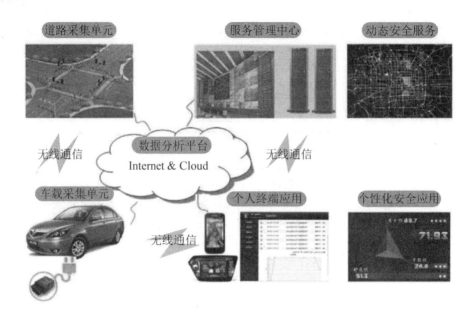

图 9.21 车路协同系统框架技术

(3) Smart Way 系统：日本的 Smart Way 系统目的是实现车路联网，提高道路通行效率和交通安全，通过在汽车上安装电子导航系统、通信设备、各种传感器装置等，使驾驶员实时掌握复杂的交通状况，从而选择最优行车路线，并依靠信息采集和通信技术实现自动或半自动驾驶。

(4) 搭载 Apple 的 CarPlay 与 Google 的 AndroidAuto 平台的汽车 2015 年有显著增加。涉足车联网的品牌见表 9-3。

表 9-3　全球车联网市场主要玩家的定位及市场规模

序号	企业	业务领域	业务模式	市值/亿美金
1	Google	无人驾驶，成立开放汽车联盟，成员包括通用、本田、奥迪、现代和芯片商英达伟	后装	3813
2	Apple	推出汽车版 IOS，已与宝马、本田、奔驰、法拉利等车企合作	后装	7387
3	Nvidia	智能汽车芯片	后装	107
4	Samsung	GALAXY Gear 通用独享 App 获取汽车信息	后装	1250
5	宝马	使用 GALAXY Gear 的 i3 电动车	前装	814
6	奥迪	LASERLIGHT&车内 4G	前装	266

续表

序号	企业	业务领域	业务模式	市值/亿美金
7	通用	OnStar 汽车健康应用&车内 4G	前装	590
8	福特	与智能手机互联	前装	636
9	丰田	G-BOOK、雷克萨斯汽车实现无人驾驶	前装	2390
10	特斯拉	Model S,实现地图更新、远程诊断、人车交互	前装	330

车联网的国内研究现状如下。

(1) 2010 年 6 月"车联网"论坛集中探讨了"车联网"技术发展及其如何彻底消除交通事故和城市拥堵等问题。2010 年 10 月,在无锡举行的 2010 中国国际物联网博览会暨中国国际物联网大会,决定将车联网项目列为我国重大专项中第三专项的重要项目。但是,由于中国在车联网方面的研究刚刚起步,在各个环节尚待完善。实际应用还主要集中在电子不停车收费系统(Electroinc Toll Collection,ETC)等方面。部分高校和研究机构进行了相关智能化车路协同控制技术的研究,如国家科技攻关专题"智能公路技术跟踪"、国家 863 课题"智能道路系统信息结构及环境感知与重构技术研究"和"基于车路协调的道路 智能标识与感知技术研究"等,同时设立"智能车路协同关键技术研究"主题项目。"十二五"发展计划中对车联网相关技术研究的规划见表 9-4。

表 9-4 "十二五"发展计划中对车联网相关技术研究的规划

	第 1 年	第 2 年	第 3 年	第 4 年	第 5 年
车路协同系统安全及商业服务相关的应用示例标准	√				
车路协同相关信息的数据库结构和接口,通信协议标准及数据安全技术			√		
车路协同信息采集技术及软硬件系统			√		
基于车路协同的交通优化控制,交通系统仿真技术				√	
基于车路协同的智能车路技术					√
基于车路协同的城市公交运行控制技术					√

(2) 2011 年 3 月 15 日,大唐电信与长春一汽旗下的启明信息技术股份有限公司携手共建联合实验室,研究下一代通信服务与汽车电子产品的融合,开发有自

主知识产权的高性能、低功耗汽车电子产品,标志着我国车联网从概念阶段正式走向应用阶段。

(3) 2010—2014 年,我国车联网行业政策变化情况见表 9-5。

表 9-5 2010—2014 年车联网政策变化情况

发布时间	政策内容
2010 年	2010 年 7 月交通运输部就提出车联网建设
2010 年	汽车移动物联网(车联网)被列为国家重大专项第三专项中的重要项目
2010 年	2010 年 10 月国务院在"863"提出两项设计车联网的关键技术项目,即智能车、路协同关键技术研究,以及大城市区域交通协同联动控制关键技术研究
2011 年	交通部发布了《道路运输车辆卫星定位系统车载终端技术要求》,并于 2011 年 5 月 8 日正式实施,要求"两客一危"车辆必须安装车载终端产品
2011 年	《物联网"十二五"发展规划》出台,明确提出物联网将在智能交通、智能物流等领域率先部署
2012 年	国务院《关于加强道路交通安全工作的意见》指出,重型载货汽车和半挂牵引车应在出厂前安装卫星定位装置,并接入道路货运车辆公共监管与服务平台
2013 年	交通部颁发《关于加快推进"重点运输过程监控管理服务示范系统工程"实施工作的通知》试点推进"两客一危"车辆安装北斗兼容车载终端,并接入全国道路货运车辆公共监管与服务平台
2013 年	《国家卫星导航产业长期发展规划》扩大大众应用规模中规定:适应车辆、个人应用领域的卫星导航大众市场需求,以位置服务为主线,创新商业和服务模式,构建位置信息综合服务体系
2014 年	交通运输部、公安部、国家安全监管总局联合制定的《道路运输车辆动态监督管理办法》施行

(4) 2015 年 3 月 12 日,上汽与阿里巴巴共同宣布,将合资设立 10 亿元的"互联网汽车基金"。3 月 23 日,北京汽车与乐视控股在香港正式签订战略合作协议,共同打造互联网智能汽车生态系统。双方在 2015 年广州车展上共同发布了搭载乐视车联网产品 ecoLink 的电动车 EU260 乐享版。同样是 3 月 23 日,富士康、腾讯与和谐汽车共同签订《关于"互联网 智能电动车"的战略合作框架协议》,其中腾讯负责提供互联网开放平台,富士康聚焦在高科技移动终端与智能汽车整合的设计与生产制造技术上,同时凭借和谐汽车在高端汽车营销及服务领域的积累,三方提出了"互联网 智能电动车"的商业模式。互联网企业正式入驻汽车生产行业,车联网行业迎来历史性变革。

(5) 2016年12月14日,百度公司正式宣告自动驾驶事业部的成立,并对外公布阶段性计划,1年内实现系统的全面搭建,3年内实现自动驾驶汽车的商用化,5年内实现量产。此前不久,该公司刚刚披露,已顺利完成无人驾驶汽车(由宝马3系汽车改造)在城市路、环路及高速路混合路况下的上路测试。

3. 体系架构

车联网技术是一种结合了全球卫星定位系统和无线通信技术的车载智能通信服务。其系统架构可分为3层,第一是感知层,由多种传感器及传感器网关构成,包括车载传感器和路侧传感器。感知层是车联网的神经末梢,是信息的来源。通过这些传感器,可以提供车辆的行驶状态信息、运输物品的相关信息、交通状态信息、道路环境信息等,并对多元化的交通信息进行有效的数据融合。第二层属于互联互通的网络层,即实现车与车、车与路的信息交换和互动。由车载网络、互联网、无线通信网、网络管理系统等构成。网络层在车联网中充当神经中枢和大脑。它能够传递和处理从感知层获取的信息,目前已经制定了车载环境下无线接入(Wireless Access in Vehicular Environment,WAVE)的相关协议。第三层是应用层,主要是与其他子系统的接口,用来完成多元化交通信息数据的处理。根据不同用户的需求提供不同的应用,如道路事故处理、紧急事故救援、动态交通诱导、停车诱导、危险品运输监控等。主要完成多元化交通信息数据的处理,并根据需求为用户提供服务功能。车联网体系架构如图9.22所示。

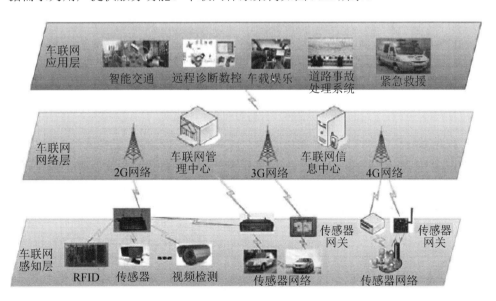

图9.22 车联网系统架构

车联网的网络架构(图 9.23)主要由车车之间的通信和车路之间的通信组成。车辆通过安装的车载单元与其他车辆或者固定设施进行通信。这里的固定设施通常指的是路侧单元。车载单元包括信息采集模块、定位模块、通信模块等。路侧单元一方面将车辆的信息上传至管理控制中心，另一方面也将控制中心下发的指令和相关信息传给车辆。控制中心将其管理区域内路侧单元获取的车辆相关信息进行汇总以对交通状况进行实时监控，包括管理模块、紧急事故处理模块、动态交通诱导模块、停车诱导模块等。此外，驾驶员和乘客也可通过智能手机等设备与车载单元和路侧单元连接，获取所需的信息。

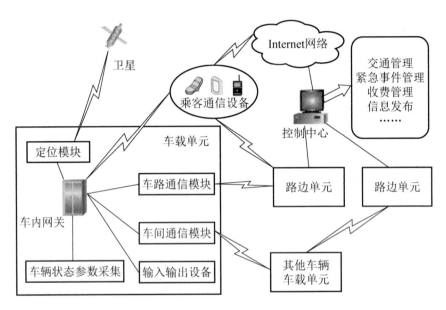

图 9.23　车联网的网络架构

根据系统架构，车联网系统可分为智能车载系统(车辆)与智能路侧系统(基础设施)。其中智能车载系统包括车载信息获取、车载通信和安全预警及控制子系统等；智能路侧系统则包括路侧信息获取、路侧通信、交通信息发布、交通管理与控制等子系统。将二者连接起来的关键是通信技术。图 9.24 所示是车联网技术框架图。

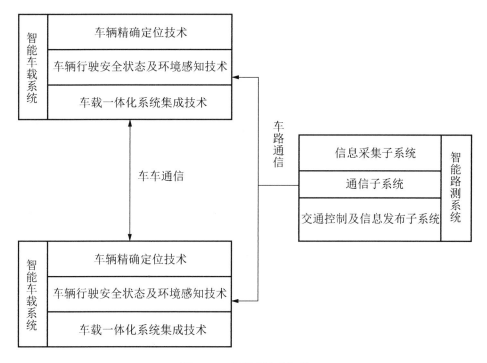

图 9.24 车联网技术架构

4. 关键技术

其中的关键技术包括智能车载系统技术、车路/车车通信技术和智能路测系统技术。

1) 智能车载系统技术

智能车载系统主要是将各类传感器获得的车辆行驶状态信息、周围的环境信息及车辆本身的信息等，经过车载单元的分析和处理以向驾驶员提供信息服务。智能车载系统还能通过与路侧系统之间的通信，接收控制中心发送的信息和指令。智能车载系统技术可划分为车辆精确定位技术、车辆行驶安全状态及环境感知技术和车载一体化系统集成技术。

(1) 车辆精确定位技术。在车联网系统中，车辆的位置信息是最重要的一环。只有知道车辆对象所处的位置，才能进一步实现车辆监控、辅助驾驶、在线调度和路径优化等相关功能。

对车辆的定位分为绝对定位和相对定位。绝对定位一般是通过卫星定位系统集合地理信息系统，在获取车辆的经纬度信息后确定车辆在道路上的位置信息。

这些位置信息用于动态诱导、安全预警等，同时为交通量统计、拥堵分析提供数据基础。目前常见的卫星定位系统有美国的 GPS 系统、俄罗斯的 GLONASS 系统、欧洲的伽利略系统和我国的北斗系统。其中 GPS 系统应用最广，随着北斗系统的进一步建设与完善，在我国使用北斗定位将是未来技术发展的趋势。

但是在城市环境下，如隧道、室内停车场及密集建筑物下等卫星定位系统的定位精度和定位效率欠佳。而车联网环境下，基于车辆与基础设施的通信，车载单元的位置能够通过对路侧单元发射和接收的无线射频信号的范围测量进行相对定位获得。

车辆在运动过程中，常伴有跟随、换道等行为。要获取车辆在车道内的位置、与前后车的相对距离、与邻近车道内同向行驶车辆的相对位置、与对向车辆的相对位置等(图 9.25)就需要采用车载传感器来进行相对定位。

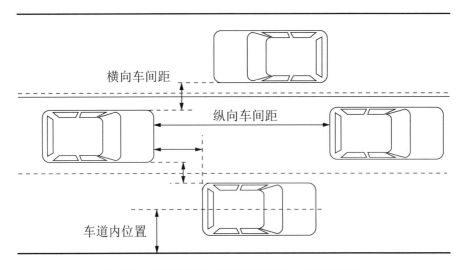

图 9.25　进行车辆相对定位所需要的一些重要参数

常见的用来进行相对定位的传感器有两种，一种是以激光雷达、声呐距离传感器为代表的距离传感器，另一种是视觉传感器。激光雷达和声呐传感器等距离传感器的原理是依靠发射信息进行测距，可以测量车与车之间的距离、车与障碍物之间的距离，却无法识别车辆在车道上的位置。视觉传感器可用来进行位置识别，主要分为单目视觉传感器和多目视觉传感器。单目视觉传感器的原理是投影变化(图 9.26)，图像采集设备通过路面平面上的点和成像平面上的点之间的变换关系来确定位置关系。单目视觉传感器可通过对车道线进行识别以获取定位信息。

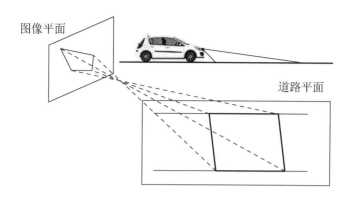

图 9.26　单目视觉传感器的原理

单目视觉传感器可获得平面信息，多目视觉传感器则可以获取三维信息。目前对多目视觉传感器在交通环境下的运用仍处于起步阶段。

未来可通过应用车车通信和车路通信进一步提高绝对定位的精度，并进行相对位置的估算。现阶段提高车辆定位精确度的主要方法是采用多源信息融合技术。

(2) 车辆行驶安全状态及环境感知技术。车辆行驶安全状态信息和环境信息的感知是对车辆控制乃至交通控制的基础。车辆行驶安全信息包括车速、各种介质的温度、驱动系统/转向系统的运行状况等，这些通过安装在汽车上的车用传感器获得。环境信息包括交通状况、交通信号、路面状态、道路线形、行人和非机动车等信息。

交通状况和交通信号信息可通过车路通信从控制中心获得，也可通过视频传感器等综合感知技术来判断。

路面状态信息变化包括路面的物理损坏和因为雨、雪等气候造成的路面附着系数改变，前者可采用激光、射频、红外等传感器来确定，后者可利用对水迹、雪迹、冰迹的识别进行间接计算。这种方法存在一定的滞后性，解决的办法之一是通过车车通信将前车检测到的数据传送至后车。

同时，我国交通状况较为复杂，人车混行、机非混行现象较为严重，因此对行人和非机动车的检测对实现汽车的安全驾驶及无人自动驾驶非常重要，这通过视频传感器、雷达、红外传感器等设备获取。

信息采集之后，再利用多传感器融合技术对获取的信息进行融合，从而获得较为准确的各种状态信息。

(3) 车载一体化系统集成技术。车载一体化技术包括行车安全预警与控制、智能交通信息服务等相关技术，如图 9.27 所示。在车联网环境下，车辆将自身感知到的信息、车车之间通信交互得到的信息和车路通信得到的路侧设备采集到的信息进行处理，进而提供对危险状况预警、对车辆运动状况进行辅助控制、动态交通诱导、停车诱导等相关服务。

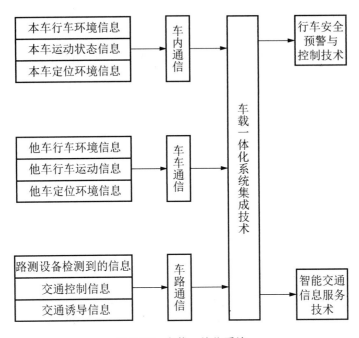

图 9.27　车载一体化系统

　　对危险状况进行预警是最基础的安全保障方法，通过对各个来源的信息进行分析，对危险状况进行量化并分级，根据不同的级别提供不同的预警信息，并给出解决建议。

　　车辆状态辅助控制是更高一级的安全保障措施。在对车辆运动状况进行辅助控制的过程中，既要考虑对车辆的运动状态进行调整以达到紧急避险的效果，还要保证在调整的过程中车辆状态的改变对驾驶员和乘客的影响尽可能小。目前沃尔沃、宝马等汽车厂商已经在其汽车产品中提供了车道并线辅助系统、车道偏离警示系统、可自动制动的自适应续航控制系统、行人探测和全力自动制动系统等主动安全系统，不过这些系统基本还是以车辆自身探测到的信息作为信息来源，未来在车联网环境下通过对多源信息进行融合仍是研究重点。

　　同时要有准确的信息。例如，控制中心可以获得车辆的位置信息、速度、道路交通状况、路径申请需求，以提供更准确的交通诱导服务。而在停车诱导方面，通过 RFID 识别技术，系统可以准确地获知停车场的空闲车位及车辆的停车申请需求，经过系统处理并根据实际情况提供诱导信息，可以避免由于信息滞后和多车申请带来停车冲突。

2) 车路/车车通信技术

车联网通信既可以在车辆与车辆之间进行，也可以在车辆与路边基础设施之间进行。车联网的无线通信技术主要分为两种，一种是无线局域网，另一种是蜂窝移动网络。目前的车载通信市场主要采用 GPRS、CDMA 及 3G 等移动通信技术，但成本较高且速度有限。随着无线城市的建设，越来越多的城市开始覆盖WLAN。使用 WLAN 可以降低成本，提高带宽，能够满足交通信息实时交互的需求。WLAN 环境下，路边基础设施为无线网关 AP，车辆与车辆、车辆与路边基础设施之间通过 WLAN 进行通信。

3) 智能路测系统技术

智能路测系统主要包含 3 个子系统，如图 9.28 所示。一是信息采集子系统，即通过设置的各类传感器进行信息采集；二是通信子系统，完成车辆与路侧设备、路侧设备与控制中心之间的信息交互；三是交通控制及信息发布子系统，负责处理路侧设备采集到的信息和车辆采集到的信息，进行实时的交通控制和信息发布。

智能路测系统							
信息采集子系统			通信子系统		交通控制及信息发布子系统		
交通流状态检测	行人和非机动车检测技术	路面状态及环境检测技术	车车通信技术	车路通信技术	复杂路口交通安全运行速度确定技术	动态协同车道技术	路段车辆违法行为识别与控制技术	协同安全预警技术

图 9.28　智能路侧系统技术

9.3　自动驾驶与共享汽车的发展前景

自动驾驶围绕着汽车不变的主题就是节能、环保、舒适、安全、方便等。信息时代颠覆的不是汽车，而是汽车的孤立人工驾驶。如果说电动汽车是给汽车换了"心脏"的话，那么自动驾驶汽车就是汽车长了"脑袋"和"眼睛"。汽车智能化技术使汽车的操纵越来越简单，把人从低级、烦琐、持久的驾驶活动中解脱出来，动力性和经济性越来越高，行驶安全性越来越好，实现了安全便捷的交通，提高了移动生活品质。

同时，未来的自动驾驶汽车可以通过数据中心的统一控制和运筹分配，将汽车闲置时间降到15%以内，从而用更少的汽车提供更快捷的服务。汽车智能化一直在向前推进，目前已经到了高级阶段，并正在进入更深入、更全面的发展阶段。尽管现在有很多人对自动驾驶汽车的未来持保守态度，认为其真正应用于生活是天方夜谭，但是人类历史表明，对于改变历史的发现，人类的预测都是落后的。也许十年或二十年之后，我们便会发现让人开车是一件非常不可理喻的事情。共享汽车作为共享经济高速发展催生的一种新的物权概念，其汽车本身，可能更多的是一个移动的智能终端，汽车变为物联网和共享经济而生的产品。其构想是打破原有的交通运输体系、原有的运输范畴和整体框架，核心是用机器和系统的可靠性、低错误率来代替人。

作为一种可有效降低汽车保有量、提高汽车使用效率、缓解交通环境问题的服务模式，共享汽车目前在发达国家已经得到相当程度的发展；同时在科技日益发达、人类生活节奏加快、生活水平也在不断提高的今天，自动驾驶汽车成为各国各大企业竞相研发的主要对象。由此可见，未来的共享汽车势必会结合自动驾驶技术，成为一种优于传统租车，更加先进、便捷的汽车服务方式。

在这样一个历史契机下，汽车消费者将逐渐过渡为汽车用户。大多数的自动驾驶汽车都是网络化运营的，对于有车一族，只要单击一下手机 App 上的按钮，就能够让自己的自动驾驶汽车加入共享服务车队。当你工作或在享受假期时，这项服务为你赚到的收入将在极大程度上抵消你(买车)每月的贷款费用。从经济角度考虑，分享汽车更有意义，可以提高利用效率。而对于无车一族，无论是自驾用户还是乘车用户，都能够通过互联网服务商提供的廉价出行服务，既可以租一辆按小时计费的自动驾驶汽车，也可以叫一辆带驾驶员的专车来到达目的地，汽车将你放下，然后接上下一个乘客。这跟今天的模式完全不同，今天的模式效率太低，90%的时间汽车是闲置的。这些汽车都会配备 4G LTE 连接，同时兼容 Apple Car Play、Android Auto 和 Sirius XM。用户可以通过手机 App 来提前预约车辆、解锁启动和打开车内的加热与制冷系统，并且可以创建自己的歌单，播放流媒体音乐并接听电话。这样也无需面对拥有一辆汽车所负担的购买、维护、保险等费用。这既符合共享经济发展趋势，更符合新生代人群的消费观。

在当今的世界，如果没有汽车是不可想象的。但在未来，大众不会购买自动驾驶汽车，少数富人除外。到时驾驶汽车会成为一种爱好，而不是一种必需品。

未来汽车生态，肯定会出现共享化的浪潮，首先市场效率的最大化将产生于逐渐缩减的运输成本，由此产生服务价格进一步降低，从而使得汽车共享将取代汽车的所有权。甚至于未来会在不同的车上针对相同的客户建立一个统一的账户，你喜爱的音乐、你比较熟悉的驾驶感受、你比较习惯的空调温度等都能够经常存储在云端，发送到车上，这也是非常有意思的交互。在未来，自动驾驶汽车将会成为主流，我们会预定自动驾驶汽车。网络相当可靠、效率很高，跟地铁系统差不多，价格也很便宜。汽车作为除手机外的另一个移动终端，具有重要的社会属性。随着科技进步和社会发展，汽车的这份社会属性也令汽车产业转向电动化、智能化、网联化、轻量化。

而车联网的信息交互与信息采集，云计算、大数据的数据处理，以及汽车电子的快速发展等则是自动驾驶与共享汽车模式的技术保障。未来，奇瑞、Google 等公司甚至会研制出专门用来共享的汽车。

大家可以想象这样一幅画面：未来的某一天早上，你惬意地醒来，吃过早饭。当你走出家门口的时候，一辆汽车已经停在你面前；当你靠近车门，接触车门把手的时候，门自动开了。你打开门上车后，在操控面板上选择了目的地，然后选择了放松模式，随后座椅会缓缓下降，调整至最舒服的休息状态，你在座椅上整理上班用的材料或者用手机看新闻、看天气的过程中，汽车就安全高速地行驶起来，车外道路很畅通，没有红绿灯，没有堵车，汽车高速穿越路口时也不会相撞，汽车之间直接沟通的转向、减速、加速等任何行为，都可提前预测、告知，并自行处理。警车、救护车行进在道路上，社会车辆会自动避让。白天，在你进行工作时，它自己便可以上路载客，帮你赚钱。临近下班，它驶回公司门口，你设置好要约会的地点或者回家的路线，在车上听着歌、喝着茶的工夫，它就将你送到了指定地点。

而如果需要租车，你只需要发出用车信息，自动驾驶汽车就可以自动开到身边来；待你下车后，自动驾驶汽车又会找到就近的用户开过去。你不需要自己费时间去找租车、换车网点。这就是人们理想中的未来汽车——高度智能化自动驾驶共享汽车。想想就知道，这会是多么惬意的一幅画面。

参 考 文 献

[1] 杜朝晖. "鹿车"称名考[J]. 中国典籍与文化, 2011(4): 129-133.
[2] 刘志刚. 汽车发展史简述[J]. 汽车运用, 2000(12): 15-16.
[3] 胡小兵. 德国: 高油价催生"汽车共享"[J]. 东北之窗, 2008(7): 40-41.
[4] 叶瑞克, 朱方思宇, 范非, 等. 电动汽车共享系统(EVSS)研究[J]. 自然辩证法研究, 2015(7): 76-80.
[5] 郭文莲, 王鸿富. 电动汽车共享租赁系统[J]. 黑龙江科技信息, 2015(32): 177-178.
[6] 镭射, 迟成. 共享汽车——汽车消费模式的变革[J]. 上海汽车, 2010(12): 1-3.
[7] 高玉民. "共享汽车"——全新的汽车消费模式[J]. 交通与港航, 2007, 21(4): 39-40.
[8] 童淳强. 汽车共享模式探讨[J]. 中国公共安全: 学术版, 2016(Z2): 48-52.
[9] 肖生发, 沈国助, 刘少康. 关于构建和谐汽车社会的思考[J]. 湖北汽车工业学院学报, 2008, 22(4): 69-72.
[10] 岳思含, 王今. 汽车社会可持续发展问题浅析汽车工业研究, 2012(4): 23-25.
[11] 陈家瑞. 汽车构造[M]. 北京: 机械工业出版社, 2009.
[12] 郑劲. DSG双离合变速器的结构分析[J]. 汽车零部件, 2011(4): 85-86.
[13] 吴海波. ESP系统解析[J]. 科技、经济、市场, 2009(9): 9-10.
[14] 宋永华, 阳岳希, 胡泽春. 电动汽车电池的现状及发展趋势[J]. 电网技术, 2011, 35(4): 1-7.
[15] 夏正鹏, 汪兴兴, 倪红军, 等. 电动汽车电池管理系统研究进展[J]. 电源技术, 2012, 36(7): 1052-1054.
[16] 占强. 换挡新技术: 新一代手自一体变速器AMT[J]. 世界汽车, 2007(7): 80-81.
[17] 吉祥. 驾驶模拟器与实车混合训练的有效性实验研究[D]. 昆明: 昆明理工大学, 2014.
[18] 刘波. 废气再循环系统ERG[J]. 现代零部件, 2007(8): 95-98.
[19] 梁锡昌, 吕宏展. 减速器的分类创新研究[J]. 机械工程学报, 2011, 47(7): 1-7.
[20] 程乃士, 张德臻, 刘温, 等. 金属带式车用无级变速器[J]. 中国机械工程, 2000, 11(12): 1421-1423.
[21] 方瑞华, 解跃青, 雷雨成. 空气悬架理论及其关键技术[J]. 同济大学学报: 自然科学版, 2003, 31(9): 1072-1076.
[22] 付百学. 汽车电子稳定程序控制系统[J]. 汽车技术, 2002(6): 42.
[23] 寇国瑷. 汽车发动机无分电器微机控制点火系统[J]. 汽车技术, 1996(1): 10-15.
[24] 鄢圣华. 汽车驾驶模拟器中数据采集系统的设计[J]. 黄石理工学院学报, 2008, 24(3): 20-22.
[25] 喻凡, 黄宏成, 管西强. 汽车空气悬架的现状及发展趋势[J]. 汽车技术, 2001(8): 6-9.
[26] 赵凤伟, 罗佳. 汽车离合器分类及常见故障检测[J]. 企业导报, 2014(22): 22.
[27] 王德平, 郭孔辉, 高振海. 汽车驱动防滑控制系统[J]. 汽车技术, 1997(4): 22-27.

[28] 汪清平, 郝飞, 田小陵, 等. 汽车自适应巡航控制系统[J]. 上海汽车, 2009(8): 23-25.

[29] 王怀玲, 辛辉. 浅谈现代汽车发动机的电控汽油喷射系统[J]. 农业装备与车辆工程, 2009(12): 60-63.

[30] 吴俊, 杨继昌. 全承载车身技术在客车上的应用[J]. 安徽科技, 2012(8): 48-49.

[31] 潘国扬, 石晓辉, 郝建军, 等. 新型无级变速器(CVT)技术解析[J]. 重庆理工大学学报: 自然科学版, 2015, 29(2): 30-35.

[32] 李婕, 宋建桐, 朱春红, 等. 主动车身控制系统功能与原理浅析[J]. 汽车实用技术, 2016(2): 25-27.

[33] 陈识为. 纯电动公交车电传动系统研究[D]. 成都: 西南交通大学, 2012.

[34] 孙淼. 纯电动汽车电控系统研制[D]. 武汉: 武汉理工大学, 2012.

[35] 樊荣. 基于EMT的纯电动城市客车驱动系统研发[D]. 武汉: 武汉理工大学, 2011.

[36] 丁量旭. 客车总体设计KBE系统研究[D]. 重庆: 重庆大学, 2004.

[37] 颜婧宇. Uber(优步)启蒙和引领全球共享经济发展的思考[J]. 商场现代化, 2015(19): 13-17.

[38] 陈国鹏. "互联网+交通"视角下缓解城市交通拥堵的私家车共享模式研究[J]. 城市发展研究, 2016, 23(2): 105-109.

[39] 曹学望. CAN车载媒体网络管理研究[D]. 武汉: 武汉理工大学, 2006.

[40] 贲安庆, 王玉梁, 郑灵. 电动汽车的云端分时租赁系统设计[J]. 工业控制计算机, 2016(5): 148-149.

[41] 张剑武. 基于CAN总线的汽车信息平台的数据获取[D]. 上海: 华东师范大学, 2011.

[42] 刘家侨. 基于CAN总线和IPV6的高可信汽车控制系统的设计与实现[D]. 长春: 吉林大学, 2012.

[43] 林树宽, 于伶姿, 乔建忠, 等. 基于GPS轨迹数据的拥堵路段预测[J]. 东北大学学报: 自然科学版, 2015, 36(11): 1530-1534.

[44] 徐小凤. 基于TTCAN的车载控制网络协议设计与节点开发[D]. 武汉: 华中科技大学, 2007.

[45] 韩屏. 基于USB的车载信息系统[D]. 武汉: 武汉理工大学, 2005.

[46] 孔晓. 基于用户认知的汽车交互界面设计研究[D]. 济南: 山东建筑大学, 2014.

[47] 李昌荣. 汽车行驶记录仪及上位机数据分析软件的开发[D]. 南京: 南京理工大学, 2007.

[48] 匡罗贝. 无线公交车载网络MAC及路由关键技术研究[D]. 长沙: 国防科学技术大学, 2011.

[49] 陈佳瑜. 基于GIS/GPS/GPRS的车辆监控系统的研究及实践[D]. 福州: 福州大学, 2005.

[50] 徐军利. GIS/GPS/GSM在车辆监控系统中的应用研究[D]. 武汉: 武汉理工大学, 2002.

[51] 王志强. 出租汽车卫星定位监控体系建设的实践与思考——以河南省新乡市为例[J]. 交通企业管理, 2016(3): 32-35.

[52] 唐丽华. 纯电动公交车运营监控系统设计研究[D]. 唐山: 河北联合大学, 2012.

[53] 郭锐. 基于GIS/GPS/GPRS的车辆监控终端系统研发[D]. 济南: 山东大学, 2008.

[54] 彭尉. 基于GIS/GPS/GPRS的移动车辆监控系统的设计与研究[D]. 大连: 大连理工大学, 2005.

[55] 程一沛. 基于 GPS/GIS/GPRS 的车辆监控管理系统的设计与开发[D]. 西安：西安科技大学，2009.

[56] 张庆全. 基于 GPS/GIS 车辆监控系统的设计与实现[D]. 哈尔滨：哈尔滨理工大学，2007.

[57] 吴冰. 基于 GPS+GSM 的车辆监控系统的研究[D]. 哈尔滨：哈尔滨工程大学，2002.

[58] 严凯, 萧三匝. [宝驾租车]二次逆袭[J]. 中国企业家，2015(12)：88-90.

[59] 熊燕舞, 祁娟. 宝驾租车：汽车共享谋新局——创始人兼 CEO 李如彬访谈[J]. 运输经济世界，2015(15)：46-49.

[60] 项佳, 于宝成. 基于云数据库的公共自行车管理软件平台[J]. 武汉工程大学学报，2016，38(1)：93-97.

[61] 李紫宸. 奇瑞汽车：共享模式下的颠覆性想象[J]. 商学院，2015(5)：29-30.

[62] 张汝华, 吴祥国, 雷丽. 自行车共享交通系统发展与对策分析[J]. 交通运输工程与信息学报，2011，9(4)：20-26.

[63] [德]康拉德·莱夫. 汽车电气与电子[M]. 孙泽昌, 译. 北京：北京理工大学出版社，2014.

[64] 孙小红. 车联网的关键技术及应用研究[J]. 通信技术，2013(4)：47-50.

[65] 石可箴. 车载电子系统关键技术研究——多功能显示子系统的研发[D]. 上海：上海交通大学，2012.

[66] 何睿斯. 车载网络复杂场景下无线信道测量与建模研究[D]. 北京：北京交通大学，2015.

[67] 田帅. 车载信息系统的研究[D]. 大连：大连海事大学，2007.

[68] 田寅. 城市交通智能感知与传感器网络技术研究[D]. 北京：北京交通大学，2014.

[69] 成昊. 基于 QNX 的车载信息系统嵌入式软件构建及开发方法的研究[D]. 哈尔滨：哈尔滨工业大学，2014.

[70] 谭林. 基于嵌入式 LINUX 的车载信息系统及应用技术平台[D]. 长沙：湖南大学，2009.

[71] 何升帆. 基于智能移动终端的语音车载信息系统的设计研究[D]. 广州：华南理工大学，2014.

[72] 徐向阳. 汽车电器与电子控制技术[M]. 北京：机械工业出版社，2004.

[73] 马可. 嵌入式车载电子系统软件测试方法的研究与应用[D]. 重庆：重庆大学，2008.

[74] 夏胜枝. 物联时代智能车载电子系统发展分析[J]. 电信科学，2011，27(2)：91-95.

[75] 张超杰. 支持车联网的车载信息系统服务平台关键技术研究与实现[D]. 长春：吉林大学，2014.

[76] 张鹏超. 智能车载信息系统研究[D]. 西安：西北工业大学，2005.

[77] 沈金伟. RFID 身份认证技术研究[D]. 广州：广东工业大学，2014.

[78] 田芸. 被动电子标签身份识别中的若干问题的研究[D]. 上海：上海交通大学，2013.

[79] 崔建明. 多因素身份认证协议及基于智能卡的实现研究[D]. 上海：华东师范大学，2013.

[80] 闫浩. 基于 AES 的汽车无钥匙门禁系统的研究与实现[D]. 郑州：郑州大学，2011.

[81] 张洁. 基于 RFID 技术的智能门禁系统设计[D]. 石家庄：河北科技大学，2010.

[82] 冯静. 身份认证的硬件实现及在汽车上的应用[D]. 桂林：桂林电子科技大学，2009.

[83] 陆扣根. GPS 汽车调度管理系统的研究[J]. 科技传播，2012(18)：197.

[84] 谢承诚. GPS 汽车调度管理系统的要点分析[J]. 中国管理信息化，2016(4)：88.

[85] 王斌. GPS 汽车调度管理系统探析[J]. 经营管理者, 2014(15): 369.

[86] 朱振明. GPS 汽车调度管理系统探析[J]. 科技创新导报, 2012(3): 38.

[87] 李强. 出租车智能管理系统[D]. 兰州: 兰州理工大学, 2011.

[88] 高国祥. 关于高校汽车调度管理系统的研究[J]. 企业改革与管理, 2016(10): 202.

[89] 陈林. 基于 3G 移动定位技术的出租车调度管理系统[D]. 成都: 电子科技大学, 2008.

[90] 李建军. 基于 GPS/GIS 城市公共汽车实时调度系统的研究[D]. 成都: 西南交通大学, 2004.

[91] 王瑛. 基于局域网的车辆调度管理系统设计[J]. 电脑知识与技术: 学术交流, 2011, 07(6): 1340-1342.

[92] 王健. 加强车队管理,优化汽车调度[J]. 山东工业技术, 2015(5): 222.

[93] 王奎海. 浅谈汽车调度管理控制分析[J]. 科技经济导刊, 2016(5): 181.

[94] 潘伟忠. 浅析车队管理背景下汽车调度管理水平提升的路径[J]. 科技创新与应用, 2016(24): 275-276.

[95] 王夕平. 浅析加强车队管理优化汽车调度[J]. 黑龙江科技信息, 2014(9): 279.

[96] 陈谱. 中小城市公共汽车运营与管理研究[D]. 重庆: 重庆交通大学, 2012.

[97] 居金娟, 姚弘. 基于 ARM9 和 SIM300 的汽车监控系统设计[J]. 南通职业大学学报, 2010, 24(1): 83-85.

[98] 张明江, 袁弘, 王滨海, 等. 基于可靠性的电动汽车监控系统设计与实现[J]. 制造业自动化, 2014, 36(9): 135-140.

[99] 王薇. 汽车租赁渐火　租车保险受关注[R]. 中国保险报, 2012-02-21.

[100] 边文俊, 边疆. 嵌入式远程智能汽车监控系统的设计与应用[J]. 阴山学刊: 自然科学版, 2014, 28(14): 31-34.

[101] 程加园, 朱定见. 汽车自动驾驶系统的研究[J]. 装备制造, 2010(A01): 160.

[102] 杨帆. 无人驾驶汽车的发展现状和展望[J]. 上海汽车, 2014(3): 35-40.

[103] 乔维高, 徐学进. 无人驾驶汽车的发展现状及方向[J]. 上海汽车, 2007(7): 40-43.

[104] 许占奎. 无人驾驶汽车的发展现状及方向[J]. 科技展望, 2015(32): 231.

[105] 端木庆玲, 阮界望, 马钧. 无人驾驶汽车的先进技术与发展[J]. 农业装备与车辆工程, 2014, 52(3): 30-33.

[106] 闫民. 无人驾驶汽车的研究现状及发展方向[J]. 汽车维修, 2003(2): 9-10.

[107] 王子正, 程丽. 无人驾驶汽车简介[J]. 时代汽车, 2016(8): 82-85.

[108] 吕峰. 无人驾驶智能车控制系统的设计研究[D]. 陕西: 西安工业大学, 2014.

[109] 叶亮. "大数据"背景下我国交通数据管理应用的转型与发展[J]. 交通与运输, 2013, 29(H12): 65-68.

[110] 孟小峰, 慈祥. 大数据管理: 概念、技术与挑战[J]. 计算机研究与发展, 2013, 50(1): 146-169.

[111] 朱建平, 章贵军, 刘晓葳. 大数据时代下数据分析理念的辨析[J]. 统计研究, 2014(2): 10-19.

[112] 白玲玲, 韩天鹏. 大数据在智能交通系统中的应用研究[J]. 电脑知识与技术: 学术交流, 2015(4): 204-206.

[113] 姬倩倩. 公共交通大数据平台架构服务模式研究[D]. 陕西：西安电子科技大学，2014.

[114] 周为钢，杨良怀，潘建，等. 论智能交通大数据处理平台之构建[A]. 第八届中国智能交通年会论文集[C]. 2013.

[115] 倪琴，许丽. 云计算技术在智能交通系统中的应用研究[J]. 交通与运输，2012，28(H7)：106-109.

[116] 曾凯，颜金传. 云计算及其在智能交通上的应用[J]. 现代电信科技，2011，41(5)：45-51.

[117] 许晓冯. 浅谈云计算及其应用[J]. 信息化研究，2010(11)：4-7.

[118] 吴吉义，平玲娣，潘雪增，等. 云计算：从概念到平台[J]. 电信交换，2010(1)：1-11.

[119] 罗军舟，金嘉晖，宋爱波，等. 云计算：体系架构与关键技术[J]. 通信学报，2011，32(7)：3-21.

[120] 谢耀华，付建胜，祖晖. 云计算技术及其在交通领域中的应用[J]. 公路交通技术，2014(6)：84-87.

[121] 杨文娟. 云计算技术在交通领域中的应用研究[J]. 电脑编程技巧与维护，2016(2)：62-63.

[122] 向师仲，李建海，李敏，等. 云计算在智能交通中的应用[J]. 交通运输工程与信息学报，2015，13(2)：45-49.

[123] 袁远明. 智慧城市信息系统关键技术研究[D]. 武汉：武汉大学，2012.

[124] 刘小洋，伍民友. 车联网：物联网在城市交通网络中的应用[J]. 计算机应用，2012，32(4)：900-904.

[125] 乔志龙. 车联网环境下的交通信息采集与通信技术研究[D]. 北京：北方工业大学，2016.

[126] 周户星. 车联网环境下交通信息采集与处理方法研究[D]. 长春：吉林大学，2013.

[127] 曹磊. 全球车联网发展态势研究[J]. 竞争情报，2014(4)：31-44.

[128] 盖世汽车，时代汽车2016，中国车企自动驾驶元年[J]. 时代汽车，2016(7)：8-13.

[129] 翁岳暄，多尼米克·希伦布兰德. 汽车智能化的道路：智能汽车、自动驾驶汽车安全监管研究[J]. 科技与法律，2014(4)：632-655.

[130] 辛妍. 自动驾驶汽车之路[J]. 新经济导刊，2015(7)：20-23.

[131] 夏澈. 自动驾驶汽车技术最新发展[J]. 新经济导刊，2015(7)：24-27.

[132] 张翔. 自动驾驶汽车技术的发展趋势[J]. 汽车电器，2015(8)：1-3.

[133] 夏澈. 自动驾驶汽车时代离我们有多远[J]. 新经济导刊，2016(3)：36-40.

[134] 辛妍. 自动驾驶汽车离我们有多远[J]. 新经济导刊，2016(1)：36-40.

[135] 佚名. 迎接自动驾驶汽车时代的到来[J]. 中国战略新兴产业，2016(17)：64-67.

[136] 陆芸，马钧. 我国汽车共享发展趋势探讨[J]. 汽车实用技术，2016(2)：165-167.

[137] 曾广圆，杨建新，宋小龙. 汽车共享的可持续性与发展潜力分析[J]. 2012中国可持续发展论坛2012年专刊(一)，2013：223-229.

[138] 夏凯旋，何明升. 国外汽车共享服务的理论与实践[J]. 城市问题，2006(4)：87-92.

[139] 夏凯旋，何明升. 汽车共享服务创新及其服务质量评价模型[J]. 甘肃社会科学，2008(1)：206-210.

[140] 李晓江. 中国城市交通的发展呼唤理论与观念的更新[J]. 城市规划，1997(6)：44-48.

[141] Susan A Shaheen, Adam P Cohen. Worldwide Carsharing Growth: An International Comparison[J]. Institute of Transportation Studies Working Paper, 2008, 1992(458718).

[142] 薛跃, 杨同宇, 温素彬. 汽车共享消费的发展模式及社会经济特性分析[J]. 技术经济与管理研究, 2008(1): 54-58.

[143] Swiss. Car-sharing the Key to Combined Mobility[R]. Energy 2000 Motor Fuels Section/Mobility, 2000.

[144] Seik F T. Vehicle ownership restraints and car sharing in Singapore[J]. Habitat International, 2000(24): 75-90.

[145] Susan A Shaheen, Elliot Martin. Assessing Early Market Potential for Carsharing in China: A Case Study of BeiJing[J]. Institute of Transportation Studies Working Paper, 2006: 1-18.

[146] Susan A Shaheen, Matthew Barth. The Potential for Shared-use Vehicle Systems in China[J]. Davis, 2003.

[147] Meijkamp R G. Changing Consumer Behavior through Eco-efficient Services: An Empirical Study on Car Sharing in the Netherlands[J]. PhD dissertation Delft University of Technology, 2000: 61-62.

[148] David Brook. Carsharing-start Up Issues and New Operational Models[J]. Transportation Research, 2004.

[149] Murakami. Method for Efficient Vehicle Allocation in Vehicle Sharing System[J]. Click for Automatic Bibliography Generation, 2005: 12-13.

[150] Franz E. Prettenthaler, Karl W. Steininger. From Ownership to Service Use Lifestyle: The Potential of Carsharing[J]. Ecological Economics, 1999(28): 443-453.

[151] Matthew Barth, Michael Todd. Simulation Model Performance Analysis of a Multiple Station Shared Vehicle System[J]. Transportation Research, 1999(7): 237-259.

[152] Abdolreza Karbassi, Matthew Barth. Vehicle Route Prediction and Time of Arrival Estimation Techniques for Improved Transportation System Management[J]. IEEE Intelligent Vehicles Symposium, 2003, 93(1): 511-516.

[153] Alvina G H Kek, Ruey Long Cheu, Qiang Meng, et al. A Decision Support System for Vehicle Relocation Operations in Carsharing Systems[J]. Transportation Research, 2009, 45(1): 149-158.

[154] 黄肇义. 国内城市交通发展"汽车共用"的探讨[J]. 城市交通, 2004(3): 52-55.

[155] 晋江月. 拼车的经济学分析[J]. 科技信息, 2006(11X): 97.

[156] 雷孟林. 卡普若干问题研究[J]. 城市问题, 2007(10): 67-70.

[157] 张冬平, 张弘韬, 王文华. ZK6118HG-LPG 城市客车底盘设计[J]. 客车技术与研究, 2006, 28(3): 35-36.

[158] 张扬. 燃料电池电动公交车上 ABS 的研究[D]. 沈阳: 沈阳工业大学, 2007.

[159] 李婷. TopDown 在整车总布置方案中的运用[J]. 汽车与配件, 2015(52): 54-55.

[160] 李飞. 传统的客车总布置系统与基于知识工程的客车虚拟总布置系统对比[J]. 中小企业管理与科技旬刊, 2016(13): 134-135.

[161] 王平. 串联式混合动力公交车的总体设计与仿真研究[D]. 合肥：合肥工业大学，2008.
[162] 王立国. 纯电动客车动力总成控制策略研究[D]. 长春：吉林大学，2009.
[163] 吕宏. 电动汽车电机的要求和发展趋势[J]. 汽车零部件，2011(4)：17-18.
[164] 余群明. 电动汽车电控系统发展现状及趋势[J]. 汽车零部件，2011(4)：18-19.
[165] 李苒，傅茂海. 高速客车转向架发展及运用研究[J]. 铁道车辆，2004，42(10)：1-7.
[166] 任保宽，任秀苹，李晓霞. 国内新能源公交车发展状况与问题探析[J]. 交通节能与环保，2013(4)：28-32.
[167] 李振磊. 混合动力电动汽车的动力系统设计与仿真[D]. 长沙：湖南大学，2007.
[168] 雷君. 混合动力公交车机械式自动变速箱研究[D]. 上海：同济大学，2007.
[169] 周敦杰. 中国公路学会会议论文集[C]. 西安：陕西科学技术出版社，2005：12-16.
[170] 王磊. 客车驱动防滑系统控制算法的研究[J]. 机械研究与应用，2010，23(2)：12-15.
[171] 王克茂. 如何正确使用国产高级大型客车上的新技术[J]. 商用汽车，2004(6)：94-95.
[172] 余群明，石小波，王雄波，等. 电动汽车技术(5)电动汽车电控系统发展现状及其趋势[J]. 大众用电，2008(5)：36-37.
[173] 顾建国. 我国新能源公交车发展探讨(三)：燃料电池汽车的发展前景[J]. 人民公交，2010(3)：68-71.
[174] 戚金凤. 汽车维护保养[J]. 科技创新导报，2013(14)：16-17.
[175] 卢荣升，吴宇斌. 浅谈加强汽车二级维护和确定二级维护周期[J]. 北方交通，1995(2)：38-40.
[176] 陈美. 浅谈汽车维护与保养[J]. 科学咨询：科技·管理，2013(14)：53-54.
[177] 王建. 浅谈营运车辆周期维护和依法管理[J]. 汽车维护与修理，2006(12)：39-40.
[178] 魏厚江. 浅析汽车日常维护与保养的方法[J]. 科技展望，2016，26(3)：251.
[179] 许大伟. 谈汽车的定期维护[J]. 民营科技，2011(10)：18.

北京大学出版社汽车类教材书目

序号	书 名	标准书号	著作者	定价	出版日期
1	汽车构造(第2版)	978-7-301-19907-7	肖生发，赵树朋	56	2014.1
2	汽车构造学习指导与习题详解	978-7-301-22066-5	肖生发	26	2014.1
3	汽车发动机原理(第2版)	978-7-301-21012-3	韩同群	42	2013.5
4	汽车设计	978-7-301-12369-0	刘涛	45	2008.1
5	汽车运用基础	978-7-301-13118-3	凌永成，李雪飞	26	2008.1
6	现代汽车系统控制技术	978-7-301-12363-8	崔胜民	36	2008.1
7	汽车电气设备实验与实习	978-7-301-12356-0	谢在玉	29	2008.2
8	汽车试验测试技术（第2版）	978-7-301-25436-3	王丰元，邹旭东	36	2015.3
9	汽车运用工程基础(第2版)	978-7-301-21925-6	姜立标	34	2016.3
10	汽车制造工艺（第2版）	978-7-301-22348-2	赵桂范，杨 娜	40	2013.4
11	车辆制造工艺	978-7-301-24272-8	孙建民	45	2014.6
12	汽车工程概论	978-7-301-12364-5	张京明，江浩斌	36	2008.6
13	汽车运行材料（第2版）	978-7-301-22525-7	凌永成	45	2015.6
14	汽车运动工程基础	978-7-301-25017-4	赵英勋，宋新德	38	2014.10
15	汽车试验学	978-7-301-12358-4	赵立军，白 欣	28	2014.7
16	内燃机构造	978-7-301-12366-9	林 波，李兴虎	26	2014.12
17	汽车故障诊断与检测技术	978-7-301-13634-8	刘占峰，林丽华	34	2013.8
18	汽车维修技术与设备（第2版）	978-7-301-25846-0	凌永成	36	2015.6
19	热工基础（第2版）	978-7-301-25537-7	于秋红，鞠晓丽等	45	2015.3
20	汽车检测与诊断技术	978-7-301-12361-4	罗念宁，张京明	30	2009.1
21	汽车评估（第2版）	978-7-301-26615-1	鲁植雄	38	2016.1
22	汽车车身设计基础	978-7-301-15619-3	王宏雁，陈君毅	28	2009.9
23	汽车车身轻量化结构与轻质材料	978-7-301-15620-9	王宏雁，陈君毅	25	2009.9
24	车辆自动变速器构造原理与设计方法	978-7-301-15609-4	田晋跃	30	2009.9
25	新能源汽车技术（第2版）	978-7-301-23700-7	崔胜民	39	2015.4
26	工程流体力学	978-7-301-12365-2	杨建国，张兆营等	35	2011.12
27	高等工程热力学	978-7-301-16077-0	曹建明，李跟宝	30	2010.1
28	汽车电气设备（第3版）	978-7-301-27275-6	凌永成	47	2016.8
29	汽车电气设备	978-7-301-24947-5	吴焕芹，卢彦群	42	2014.10
30	汽车电器与电子设备	978-7-301-25295-6	唐文初，张春花	26	2015.2
31	现代汽车发动机原理	978-7-301-17203-2	赵丹平，吴双群	35	2013.8
32	现代汽车新技术概论（第2版）	978-7-301-24114-1	田晋跃	42	2016.1
33	现代汽车排放控制技术	978-7-301-17231-5	周庆辉	32	2012.6
34	汽车服务工程（第3版）	978-7-301-28508-4	鲁植雄	46	2017.8
35	汽车使用与管理	978-7-301-18761-6	郭宏亮，张铁军	39	2013.6
36	汽车数字开发技术	978-7-301-17598-9	姜立标	40	2010.8
37	汽车人机工程学	978-7-301-17562-0	任金东	35	2015.4
38	专用汽车结构与设计	978-7-301-17744-0	乔维高	45	2014.6
39	汽车空调	978-7-301-18066-2	刘占峰，宋 力等	28	2013.8
40	汽车空调技术	978-7-301-23996-4	麻友良	36	2014.4
41	汽车 CAD 技术及 Pro/E 应用	978-7-301-18113-3	石沛林，李玉善	32	2015.4
42	汽车振动分析与测试	978-7-301-18524-7	周长城，周金宝等	40	2011.3
43	新能源汽车概论（第2版）	978-7-301-25633-6	崔胜民	37	2016.3
44	新能源汽车基础	978-7-301-25882-8	姜顺明	38	2015.7

序号	书 名	标准书号	著作者	定价	出版日期
45	汽车空气动力学数值模拟技术	978-7-301-16742-7	张英朝	45	2011.6
46	汽车电子控制技术(第3版)	978-7-301-27262-6	凌永成	46	2017.1
47	车辆液压传动与控制技术	978-7-301-19293-1	田晋跃	28	2015.4
48	车辆悬架设计及理论	978-7-301-19298-6	周长城	48	2011.8
49	汽车电器及电子控制技术	978-7-301-17538-5	司景萍,高志鹰	58	2012.1
50	汽车车身计算机辅助设计	978-7-301-19889-6	徐家川,王翠萍	35	2012.1
51	现代汽车新技术	978-7-301-20100-8	姜立标	49	2016.1
52	电动汽车测试与评价	978-7-301-20603-4	赵立军	35	2012.7
53	电动汽车结构与原理	978-7-301-20820-5	赵立军,佟钦智	35	2015.1
54	二手车鉴定与评估	978-7-301-21291-2	卢伟,韩平	36	2015.4
55	汽车微控制器结构原理与应用	978-7-301-22347-5	蓝志坤	45	2013.4
56	汽车振动学基础及其应用	978-7-301-22583-7	潘公宇	29	2015.2
57	车辆优化设计理论与实践	978-7-301-22675-9	潘公宇,商高高	32	2015.2
58	汽车专业英语	978-7-301-23187-6	姚嘉,马丽丽	36	2013.8
59	车辆底盘建模与分析	978-7-301-23332-0	顾林,朱跃	30	2014.1
60	汽车安全辅助驾驶技术	978-7-301-23545-4	郭烈,葛平淑等	43	2014.1
61	汽车安全	978-7-301-23794-6	郑安文	45	2015.4
62	汽车安全概论	978-7-301-22666-7	郑安文,郭健忠	35	2015.10
63	汽车系统动力学与仿真	978-7-301-25037-2	崔胜民	42	2014.11
64	汽车营销学	978-7-301-25747-0	都雪静,安惠珠	50	2015.5
65	车辆工程专业导论	978-7-301-26036-4	崔胜民	35	2015.8
66	汽车保险与理赔	978-7-301-26409-6	吴立勋,陈立辉	32	2016.1
67	汽车理论	978-7-301-26758-5	崔胜民	32	2016.1
68	新能源汽车动力电池技术	978-7-301-26866-7	麻友良	42	2016.3
69	汽车车身控制系统	978-7-301-27023-3	杭卫星	28	2016.5
70	汽车发动机管理系统	978-7-301-27083-7	贝绍轶	28	2016.6
71	汽车底盘控制系统	978-7-301-27693-8	赵景波	32	2016.11
72	汽车底盘机械系统	978-7-301-27270-1	李国庆	28	2016.7
73	现代汽车新技术（第2版）	978-7-301-27425-5	姜立标	57	2016.8
74	汽车新能源与排放控制（双语教学版）	978-7-301-27589-4	周庆辉	35	2016.10
75	汽车新技术	978-7-301-27692-1	邹乃威,周大帅	46	2016.11
76	汽车发动机机械系统	978-7-301-27786-7	李国庆	28	2016.12
77	道路交通安全	978-7-301-27868-0	郑安文	50	2017.1
78	共享汽车概论	978-7-301-28491-9	李旭等	42	2017.8

如您需要更多教学资源如电子课件、电子样章、习题答案等,请登录北京大学出版社第六事业部官网 www.pup6.cn 搜索下载。

如您需要浏览更多专业教材,请扫下面的二维码,关注北京大学出版社第六事业部官方微信（微信号：pup6book）,随时查询专业教材、浏览教材目录、内容简介等信息,并可在线申请纸质样书用于教学。

感谢您使用我们的教材,欢迎您随时与我们联系,我们将及时做好全方位的服务。联系方式：010-62750667,童编辑,13426433315@163.com,pup_6@163.com,lihu80@163.com,欢迎来电来信。客户服务QQ号：1292552107,欢迎随时咨询。